Gazastreifen
Bebautes Gebiet
Palästinensische Flüchtlingslager (UNRWA)
von Israel gebaute Zufluchtsstätten
Jüdische Siedlungen
Jüdische militärische Einrichtungen
Grenzübergang
Mittelmeer
Ele Sinai
Dugit
Nisanit
Erez
Beit Lahia
Jabalia
Al-Sbatti
Shaykh Radwan
Beit Lahia
Beit Hanun
Gaza
Netzarim
Karni
Nuseirat
al-Boureij
Dir al-Balah
Shaykh al Megbazi
Dir al-Balah
Kfar Darom
Nezer Hazan
Katif
Kfar Yam
Al Amal
Neve Dekalim
Khan Younis
Khan Younis
Waffenstillstandslinie von 1950
Gadid
Bedolah
Abasan
Tel Sultan
Moraq
Israel
Rafah
Rafah
Sufa
Sede Nizzan
Ägypten
0 2 4 6 8 10 km

Hamburger Edition
Institut für Sozialforschung

Lætitia Bucaille

Generation Intifada

Aus dem Französischen
von Ilse Utz

Hamburger Edition

Hamburger Edition HIS Verlagsges. mbH
Mittelweg 36
20148 Hamburg

Titel der französischen Ausgabe: »Générations Intifada«

Umschlaggestaltung: Wilfried Gandras,
unter Verwendung eines Fotos von Ulla Kimmig
Typographie und Herstellung: Jan Enns
Satz: aus Stempel Garamond
von Dörlemann-Satz, Lemförde
Druck und Bindung: Clausen & Bosse, Leck
Printed in Germany
ISBN 3-930908-93-X
1. Auflage März 2004

Inhalt

Einleitung

Der Besuch Ariel Sharons auf dem Tempelberg in Jerusalem am 28. September 2000 versetzte die palästinensischen Gebiete in Aufruhr. Die Ursachen des Aufstands liegen allerdings tiefer. Die angestaute Enttäuschung über einen Friedensprozeß, dessen Versprechen nicht eingelöst wurden, das Gefühl, von dem Gegner und Verhandlungspartner Israel über den Tisch gezogen worden zu sein, das Fehlen einer politischen Perspektive aufgrund des Scheiterns des Gipfels von Camp David im Juli 2000 und die Unzufriedenheit über die Arbeit der palästinensischen Autonomiebehörde erklären, warum junge Männer und militante Aktivisten im Westjordanland und im Gazastreifen den palästinensischen Nationalismus durch Angriffe auf Israel wiederaufleben lassen wollen. Die »Al-Aqsa-Intifada«[1], wie sie von den israelischen Medien genannt wird, der zweite Aufstand in den seit 1967 besetzten palästinensischen Gebieten, hat kaum Ähnlichkeit mit der Intifada von 1987, in deren Mittelpunkt Aktionen des zivilen Ungehorsams standen. Gleichwohl hat sich dieser Ausdruck – auch bei den Palästinensern – durchgesetzt. Welche Bedeutung ist diesem Aufstand beizumessen?

Die eigentliche Frage betrifft die politische Stoßrichtung der Al-Aqsa-Intifada. Handelt es sich um das erneute Aufflammen eines Konflikts, der fast das ganze 20. Jahrhundert durchzieht und in dem sich zwei Völker unversöhnlich gegenüberstehen? Oder um eine Etappe im nationalen Befreiungskampf der Palästinenser, eine letzte harte Auseinandersetzung auf dem Weg zur Bildung eines unabhängigen Staates? Während man heute aufgrund der fehlenden politischen Perspektive der ersten Hypothese zuneigt, hat auch die zweite etwas für sich, wenn man bedenkt, wie vehement die Palästinenser ihre Forderungen vertreten und daß Israel nicht in der Lage sein dürfte, auf Dauer ein Besatzungsregime aufrechtzuerhalten.

Nach dem Scheitern der politischen Verhandlungen setzen die Palästinenser auf die direkte Konfrontation, um ihre Souveränität

---

1 In der Mitte des Tempelbergs in Jerusalem befindet sich die Al-Aqsa-Moschee, die drittheiligste Stätte des Islam.

zu erlangen. Doch da sowohl die Palästinenser als auch die Israelis nach ihrer eigenen Logik handeln, besteht die Gefahr, daß der Prozeß die Herstellung der Souveränität behindert, wenn nicht gar verhindert.

Zunächst ist festzustellen, daß die Schwächen und Widersprüchlichkeiten des Kampfes der Palästinenser die nationale Befreiung sehr erschweren. Die Träger des neuen Aufstands gehen kaum koordiniert vor, ihre Ziele und Methoden weichen häufig voneinander ab, und ein Teil von ihnen isoliert sich von der übrigen Gesellschaft. Die Al-Aqsa-Intifada ist keine strukturierte Bewegung, an der die gesamte palästinensische Bevölkerung beteiligt ist. Hinzu kommt, daß die palästinensische Autonomiebehörde, die gezwungen ist, ein international angesehener Verhandlungspartner zu bleiben, die bewaffneten Kämpfer kaum kontrollieren kann.

Es lassen sich mehrere Phasen und unterschiedliche Aktionsformen ausmachen. In den ersten Monaten drückt sich der Aufstand im wesentlichen in Demonstrationen aus, bei denen Jugendliche Steine auf Panzer und sehr gut ausgerüstete Soldaten werfen. Der Tod von palästinensischen Kindern und Jugendlichen scheint sinnlos und der Kampf von vornherein verloren zu sein, aber er schockiert und bewegt die internationale Öffentlichkeit. Das Bild vom Tod des kleinen verängstigten Mohamed al-Dura, der von der israelischen Armee neben seinem Vater erschossen wurde, geht um die Welt. Die Bilder zeigen das sehr ungleiche Kräfteverhältnis und den unverhältnismäßigen Einsatz militärischer Mittel durch Israel. Das für die Palästinenser positive Echo in den Medien ist allerdings nur vorübergehend; es zeigt sich, daß sie nur einen scheinbaren Sieg errungen haben, als andere Bilder, wie der Lynchmord an vier Israelis durch eine entfesselte Menge in Ramallah, durch die Medien verbreitet werden. Zudem ist der Einfluß von Bildern auf die Wahrnehmung der palästinensischen Frage relativ begrenzt, da sie vor allem vorgefaßte Meinungen verstärken: Für die einen ist die große Zahl von Kindern und Jugendlichen, die von den Israelis erschossen werden, ein Zeichen für die Verantwortungslosigkeit der palästinensischen Eltern, die ihren Kindern erlauben oder sie sogar ermutigen, die Konfrontation mit der israelischen Armee zu suchen; für die anderen zeigt sich daran die Grausamkeit und Unangemessenheit des israelischen Vorgehens. Die internationale Öffentlichkeit durch die

Medien gewinnen zu wollen, ist eine unsichere und schwierige Strategie. Auf nationaler Ebene bekommt die palästinensische Gesellschaft durch den Tod der Steinewerfer den Status eines Opfers, das nicht in der Lage ist, die Besatzungsmacht mit wirksamen Mitteln zu bekämpfen.

In einer zweiten Phase, die im April 2001 beginnt, greifen bewaffnete, der Fatah angehörende Gruppen Siedler und Posten der israelischen Armee im Westjordanland und im Gazastreifen an. Trotz einiger gewagter Vorstöße bringt der Einsatz von Waffen wenig, weil die jungen Männer, deren Aktionen nicht koordiniert sind, keine richtige Guerilla bilden. Das harte Vorgehen Israels gegen die Aktivisten schwächt die Bewegung, die für den bewaffneten Kampf eintritt. Die völlige Abriegelung der besetzten Gebiete, die Schließung der Straßen zwischen den palästinensischen Orten, die Wiederbesetzung von Zonen, die schon autonom waren, und die Zerstörung von Häusern sowie zivilen und militärischen Einrichtungen durch Bulldozer und F 16-Flugzeuge stellen eine schwere Belastung für die Zivilbevölkerung dar, die sich dadurch noch weniger mit dem Vorgehen der bewaffneten Gruppen solidarisiert.

Die politische Klasse, die Intellektuellen und ein Teil der Mittelschichten halten diese Kampfform für unangebracht; sie sind der Meinung, daß die Palästinenser nichts zu gewinnen haben, wenn sie sich auf eine militärische Konfrontation einlassen. Sie fordern die Organisierung zivilen Ungehorsams. Das harte Vorgehen der *Israeli Defence Forces* (IDF) und das Fehlen einer direkten Auseinandersetzung mit den Einrichtungen des israelischen Staats, die durch die palästinensische Autonomiebehörde ersetzt wurden, machen die Verfolgung dieser Strategie jedoch sehr schwer.

Die bewaffneten Flügel der islamistischen Organisationen haben die Praxis der Selbstmordanschläge gegen israelische Zivilisten wiederbelebt. Zu Beginn der Intifada werden mehrere verheerende Attentate verübt. Im Gegensatz zu den anderen Aktionsformen stellen sie für die Palästinenser eine Möglichkeit dar, Israel erhebliche Verluste zuzufügen und das Kräfteverhältnis für kurze Zeit umzukehren. Seit einiger Zeit ahmen die zur Fatah gehörenden Aktivisten die Methoden der Islamisten nach. Doch diese mörderische Gewalt radikalisiert die israelische Gesellschaft, veranlaßt die Regierungen, schärfere Sicherheitsmaßnahmen zu ergreifen, und führt zu einem

Legitimitätsverlust der Palästinenser auf der internationalen Bühne. Die harten Vergeltungsschläge des israelischen Staates verschaffen wiederum den extremistischen Kräften Zulauf.

Daß die Situation so festgefahren ist, liegt daran, daß Israel jetzt die militärische Option bevorzugt, da es in diesem Bereich eine unbestreitbare Überlegenheit besitzt. Die Regierung von Ehud Barak führte zwar Verhandlungen mit den Vertretern der palästinensischen Autonomiebehörde, hat zuvor aber durch ihre Vergeltungsaktionen die Spirale der Gewalt nach oben getrieben. Der im Februar 2001 gewählte Ariel Sharon verschärft die Politik der Vergeltung und bricht die Gespräche mit Yassir Arafat ab, den er für die Selbstmordanschläge verantwortlich macht. Indem der neue Ministerpräsident das Ende der Intifada als Voraussetzung für die Wiederaufnahme des Friedensprozesses fordert, behandelt er die von den Palästinensern ausgeübte Gewalt schlicht als eine Frage der Aufrechterhaltung der Ordnung und weigert sich, sie als Symptom einer politischen Sackgasse zu sehen. Zudem hat Ariel Sharon es verstanden, sich die neue nach den Attentaten vom 11. September 2001 entstandene internationale Lage zunutze zu machen. Er hat die Urheber der Anschläge auf das World Trade Center mit den Selbstmordanschlägen auf israelische Zivilisten gleichgesetzt. Außerdem hat er zu beweisen versucht, daß der Chef der palästinensischen Autonomiebehörde nicht nur für die Gewalt verantwortlich, sondern auch unfähig ist, die palästinensischen Gebiete zu regieren. Der doppelte Vorwurf an Arafat, sich schuldig gemacht zu haben und zugleich gegenüber extremistischen Kräften machtlos zu sein, ist zwar widersprüchlich, doch wenn Ariel Sharon Yassir Arafat mit Osama Bin Laden vergleicht, stößt er bei den führenden amerikanischen Politikern nicht auf echten Widerstand und ruft bei der Europäischen Union nur halbherzige Proteste hervor. Die israelische Öffentlichkeit ist weitgehend davon überzeugt, daß der Vorsitzende der palästinensischen Autonomiebehörde »ausgeschaltet« werden muß. Sie macht sich erneut die bis zum Anfang der neunziger Jahre vorherrschende Auffassung zu eigen, der Chef der PLO leite eine terroristische Vereinigung. Enttäuscht und bestürzt über die Ablehnung der Friedensvorschläge von Camp David im Juli 2000 durch die Palästinenser, obwohl sie großzügige Regelungen enthielten oder zumindest neue Wege wiesen, stellt sich ein Teil der israelischen

Linken hinter die Strategie der Regierung. Auf beiden Seiten verstärkt die regressive Wahrnehmung des Gegners die Ohnmacht der Politik.

Das Fehlen einer politischen Lösung kommt die Palästinenser teuer zu stehen. Auf die Dauer wird sie auch von Israel und den Israelis ihren Preis fordern. Der unmittelbarste und sichtbarste Preis ist der Verlust von Menschenleben. Durch Sicherheitsmaßnahmen und militärische Mittel lassen sich Selbstmordattentäter nicht abschrecken. Wenn der israelische Staat längerfristig nicht bereit ist, einen Trennungsstrich zwischen sich und den Palästinensern zu ziehen, das heißt, der Errichtung eines palästinensischen Staates in den Grenzen von 1967 zuzustimmen, wird auf seinem Territorium eine recht große arabische Bevölkerung leben. Will er seine demokratischen Prinzipien nicht verletzen, wird er diese beträchtliche Minderheit zu israelischen Staatsbürgern machen müssen, was allerdings bedeuten würde, daß der jüdische Charakter des Staates verlorenginge. Die meisten Israelis lehnen diese Alternative ab.

Sollten die Palästinenser und die Israelis dazu verurteilt sein, niemals die Barrieren zu überwinden, die sie vom Frieden trennen?

Dieses Buch möchte die Erfahrungen der Palästinenser im Westjordanland und im Gazastreifen darstellen. Indem wir den politischen und persönlichen Weg einiger von ihnen nachgehen, wollen wir vor allem das Umschlagen eines Friedensprozesses in eine Kriegslogik erklären. Daß Teile der Bevölkerung bereit sind, eine Konfrontationsstrategie zu verfolgen, bedeutet allerdings nicht, daß sie eine Koexistenz mit dem israelischen Staat ablehnen. Ein Teil der jungen Leute, die versuchen, eine Guerilla zu organisieren und die schon während der ersten Intifada am Kampf gegen Israel teilgenommen haben, ist in Wirklichkeit häufig pragmatisch eingestellt und kompromißbereit. Die Einrichtung der palästinensischen Autonomiebehörde 1994 weckte bei der palästinensischen Bevölkerung Hoffnungen. Doch es zeigte sich schnell, daß Israel trotz der getroffenen Vereinbarungen weiterhin die Kontrolle über die palästinensischen Gebiete hatte und daß die Palästinenser keine Souveränität erlangten. Angesichts der nicht eingelösten Versprechen der Friedensabkommen und der Unfähigkeit der palästinensischen Führung, die nationale Befreiung zu verwirklichen, haben sich Enttäuschung und Bitterkeit angestaut. Daß es zur Al-Aqsa-Intifada kam, lag auch an der Entwicklung der politischen Verhältnisse in den palästinensischen Gebieten. Die Geschichte des Verhältnisses der Palästinenser zu Israel ist untrennbar mit der Geschichte des Verhältnisses der Palästinenser zu sich selbst verbunden.

Die palästinensische Intifada: Der Aufstand gegen die israelische Besatzung 1987–1994

Ein Aprilabend in Nablus im Jahre 2001. Es ist schwül, denn der *khamsin*[1] weht noch heiß in die von den umliegenden Hügeln eingeschlossene Stadt. Schüsse hallen wider. Eine Gruppe von *Shebab*[2] hat beschlossen, einen israelischen Armeeposten auf einem der Berge anzugreifen, die die Stadt überragen. Seit sechs Monaten hat die IDF einige strategisch wichtige Punkte so ausgebaut und befestigt, daß sie von dort aus die israelischen Siedlungen schützen und mögliche Angriffe der Palästinenser erfolgreich abwehren kann. Einige junge Leute, die die Gefahr nicht scheuen, sind, mit einer M 16 bewaffnet, die sie über die Schulter gehängt haben, und mit einem Mobiltelefon am Gürtel den Berg hochgeklettert. Sie nähern sich den israelischen Soldaten und versuchen, sie zu überrumpeln. Geschützt durch ihre kugelsicheren Westen und die Mauern, die sie um ihren Posten herum errichtet haben, erwidern die Soldaten das Feuer der *Shebab*. Wagemutig, wie diese sind, ziehen sie sich nicht zurück. Als die Soldaten sie umzingeln, fragt sich die kleine Gruppe, ob das nicht ihr Ende ist. In diesem Augenblick klingelt Samis Telefon. Er spricht in sein *jawal*[3]: es ist seine Freundin Iman, die sich Sorgen macht und sich erkundigt, ob er in Gefahr ist. Von dem Haus aus, in dem sie mit ihrer Familie im Flüchtlingslager Balata wohnt, sind die Schüsse zu hören. Sami kann sie nicht beruhigen: »Sag mir adieu.« Zwei Stunden vergehen; Iman ist zwischen dem Wunsch, etwas von ihm zu hören, und der Angst, ihn abzulenken und in Gefahr zu bringen, hin

1 Ein heißer Wind, der zu Beginn des Frühjahrs von der Wüste her weht und feinen Sandstaub mit sich führt.

2 Arabischer Begriff für »junge Männer« (*Sheb* ist der Singular). Im palästinensischen Kontext bezeichnet das Wort *Shebab* die Aktivisten, die an der Intifada teilgenommen haben. Daher tritt der Aspekt des Alters hinter das Kriterium der Beteiligung am Kampf zurück.

3 *Jawal* ist das Mobiltelefon; Betreiber des Mobilfunknetzes ist die palästinensische Telefongesellschaft.

und her gerissen. Sami und seine Freunde suchen nach einem Ausweg aus der Falle, in die sie geraten sind. Sie rufen den Bürgermeister von Nablus an und verlangen, daß er in dem Gebiet, in dem sie sich befinden, sofort die Straßenbeleuchtung abstellt. Im Schutz der Dunkelheit können die *Shebab* nach mehreren Stunden der Gefahr entkommen und in das Lager Balata zurückkehren.

Zu viert halten sie sich in Samis Zimmer auf, trinken Kaffee und füllen Aschenbecher mit Kippen: Najy und Bassam[4], seine Jugendfreunde und Kampfgefährten, die, wie er, im Gefängnis und im Exil waren, und Fouad, ein anderer junger Mann aus dem Lager. Als im Herbst 2000 in den von Palästinensern bewohnten Gebieten die Wut um sich griff, organisierte sich die Gruppe, um vor Ort präsent zu sein. Die Auseinandersetzungen konzentrierten sich zunächst auf das Grab Josephs, das in Nablus von israelischen Soldaten bewacht wurde. Religiös eingestellte Juden kamen hierher, um zu beten. Dieser Ort hatte schon eine wichtige Rolle bei den Zusammenstößen im September 1996 gespielt, die dadurch ausgelöst worden waren, daß in unmittelbarer Nähe der Al-Aqsa-Moschee in Jerusalem mit der Aushebung eines Tunnels begonnen worden war. Mehrere israelische Soldaten waren hier ums Leben gekommen. Im Oktober 2000 kommen am Grab des Propheten erneut israelische Soldaten, Zivilisten und palästinensische Polizisten ums Leben. Die Verluste der Israelis sind so groß, daß die IDF mit den Palästinensern ihren Rückzug aushandelt und ihnen den Schutz der heiligen Stätte überläßt. Danach nimmt die Spannung ab. Die Ruhe hält indes nicht an. Im März 2001 kommt es zu neuen Zusammenstößen, bei denen mehrere Jugendliche, die an großen Demonstrationen auf der Straße von al-Quds[5] bis zur Sperre der israelischen Armee teilgenommen hatten, von der Armee erschossen werden. Als Vergeltung beschießen bewaffnete Gruppen Einrichtungen des israelischen Staates.

Sami, Najy, Bassam und Fouad führen zwar seltener Angriffe durch, versorgen sich aber weiterhin mit Waffen und bleiben wach-

---

4 Sami, Najy und Bassam sind die Hauptpersonen des Buches; wie bei allen anderen Protagonisten handelt es sich bei ihnen um reale Personen. Ihr Leben wird auf den Seiten 13 bis 76 und 144 bis 188 beschrieben.

5 Al-Quds ist der arabische Ausdruck für Jerusalem.

sam. Sie wissen, daß sie von der israelischen Armee gesucht werden, und wechseln häufig ihren Aufenthaltsort in einem Radius von einigen Kilometern. Am Tage halten sie sich von den Bergen um Nablus fern. Sie müssen auf jeden Fall vermeiden, in die Nähe eines *checkpoint* der israelischen Armee zu kommen, wo sie festgenommen werden könnten, oder sich im Lager im Blickfeld der auf den Hügeln verschanzten Soldaten zu bewegen. Sami schläft während eines Teils des Tages, führt lange Telefongespräche mit Iman und empfängt seine Freunde in seinem Zimmer, wo er zwischen einem Bett, einem Fernsehapparat, einem Computer, Sesseln, einem niedrigen Tisch und einigen Kastenmöbeln lebt.

Sami und Najy kennen sich, solange sie denken können. Sie stammen aus kinderreichen, einfachen Familien, sind im Lager Nachbarn und haben zusammen die Schule besucht. Sami macht den Eindruck eines ruhigen und gesetzten, ernsten und etwas finsteren Mannes, doch dieser Eindruck verfliegt, wenn er seiner Spottlust freien Lauf läßt. Er zieht nie seinen Blouson aus, so als sei er immer auf dem Sprung. Najy wäre fast schön zu nennen, hätte er nicht ein zerfurchtes Gesicht und wäre seine Aggressivität nicht so deutlich spürbar. Er wirkt zunächst schroff, und er ist impulsiv, wenn es darum geht, potentielle Gefahren zu wittern und zur Waffe zu greifen. Sieht man Najy und Bassam zusammen, könnte man sie für Brüder halten. Sie sind vom gleichen Typ: nicht sehr groß und schlank, gezeichnet von den Spuren des Lebens im Untergrund und den im Gefängnis durchgeführten Hungerstreiks. Bassam ist der älteste der Gruppe. Er ist verantwortungsbewußter, reifer und zugänglicher als die anderen.

Sami und Najy, die schon als Kinder miteinander gespielt haben, sind unzertrennlich. Im Alter von sieben Jahren fertigt Najy eine palästinensische Fahne an. Mit dieser Fahne geht er zusammen mit Sami auf eine Demonstration von Palästinensern in der Nähe des Lagers. Am Abend bekommt er dafür von seinen Eltern eine Tracht Prügel. Als ein Jahr später sein Vater stirbt, hinterläßt er eine Frau mit elf Kindern, acht Jungen und drei Mädchen. Najy ist schwierig. Als er und Sami dreizehn Jahre alt sind, bedrohen sie einen Lehrer, der einen von ihnen für einige Tage von der Schule verwiesen hatte. Einige Zeit später bauen sie eine Waffe und schießen zusammen mit anderen Jungen auf eine israelische Siedlung. Sami kommt mit heiler

Haut davon, er kann fliehen und wird nicht denunziert. 1985, als Najy noch keine vierzehn Jahre alt ist, wird er von einem israelischen Militärgericht zu einer Strafe von fünf Jahren Gefängnis verurteilt. Wie Najy erzählt, hat er geweint, als er den Urteilsspruch hörte. Aber er fügt sogleich hinzu:

»Als der Richter das Urteil verkündete, habe ich auf meinen Anwalt[6] eingeschlagen und den Richter angespuckt. Ich habe zu ihm gesagt: Du steckst ein Kind ins Gefängnis, aber du wirst sehen, daß es als Mann herauskommen wird.«

Was für ein Mann? Bestand die Absicht der israelischen Militärverwaltung darin, Jugendliche kleinzukriegen, so ist sie gescheitert. Hinter Gittern ist die Generation von Najy hart geworden, und dort hat sie hat eine gründliche politische Schulung erhalten. Die unerschrockenen und rebellischen Jugendlichen sind zu politisierten militanten Kämpfern geworden. Für Tausende von Palästinensern waren die israelischen Gefängnisse eine regelrechte Schule. Von den älteren Häftlingen, die die ersten, der PLO angeschlossenen Widerstandsnetze geschaffen und ihr politisches Engagement mit langen Gefängnisstrafen bezahlt haben, erhalten die Jugendlichen eine ideologische Schulung, die sie zu militanten Aktivisten macht.

Im Gefängnis trifft Najy Bassam wieder, der versucht, ihm Mut zu machen. Bassam ist schon seit einigen Monaten eingesperrt. Auch er ist zum ersten Mal im Gefängnis. Er ist fünfzehn Jahren alt, engagiert sich seit zwei Jahren in der Fatah und gehört zu einer Gruppe, die Molotowcocktails auf israelische Patrouillen wirft. Najy, der ebenfalls mit der Fatah sympathisiert, schließt sich im Gefängnis dieser Gruppe an.[7] Sami wird erst zwei Jahre später das Schicksal seiner Freunde teilen.

Die Fatah, in den fünfziger Jahren von Mitgliedern der palästinensischen Diaspora gegründet, wird in den besetzten Gebieten populär, als ihre *Fedayin*[8] durch Guerillaangriffe auf Israel Anfang der siebziger Jahre hervortreten. In dieser Zeit, in der die Führer der Fa-

---

6 Najys Rechtsanwalt ist ein Palästinenser.

7 In den israelischen Gefängnissen bilden die Gefangenen Gruppen je nach ihrer politischen Zugehörigkeit.

8 Bedeutet auf arabisch »Kämpfer«.

tah zuerst in Jordanien und dann im Libanon leben, denken diese nicht daran, mit Hilfe der Palästinenser in den besetzten Gebieten eine Widerstandsfront gegen Israel zu eröffnen. Im Laufe der siebziger Jahre kommt es aber zu Kontakten zwischen diesen Gruppen, und erste Netze entstehen im Westjordanland und im Gazastreifen. Nach der Niederlage der PLO im Libanon und der Verlegung ihres Hauptquartiers nach Tunesien kommen die Aktivisten in den besetzten Gebieten zu dem Schluß, daß es notwendig ist, in der palästinensischen Gesellschaft politische Strukturen und politisches Engagement zu entwickeln. Das militärische Besatzungsregime hat die Fatah verboten und verfolgt ihre Anhänger; diese gründen 1981 das sozial engagierte Jugendkomitee, bekannter unter dem Namen *Shabiba*[9]. Offiziell verfolgt diese Organisation keine politischen Ziele, aber in Wirklichkeit ist sie eine Tarnorganisation der Fatah, der es darum geht, Kämpfer zu rekrutieren. An den höheren Schulen, an den Universitäten und in bestimmten Wohnvierteln bilden sich Gruppen, die gegenseitige Hilfe und kulturelle Veranstaltungen organisieren. Auf diesem Weg gewinnt die Fatah schnell eine große Anhängerschaft und holt ihren Rückstand gegenüber den linken Organisationen auf, die seit den siebziger Jahren in den besetzten Gebieten aktiv sind. Die zur Verfügung stehenden Geldmittel sind beträchtlich, und ihre Botschaft ist leicht zugänglich und ansprechend. Da sich die Fatah als eine revolutionäre Kraft versteht, legt sie sich nicht auf eine bestimmte Ideologie fest. Sie will das gesamte palästinensische Volk unabhängig von den Überzeugungen der einzelnen geschlossen hinter sich bringen. In den achtziger Jahren wird die Fatah zur populärsten politischen Organisation in den besetzten Gebieten. Alle Energien müssen sich auf die Befreiung Palästinas konzentrieren, die in der Charta der PLO als unvereinbar mit der Existenz Israels beschrieben wird; die ideologischen Meinungsverschiedenheiten werden zurückgestellt, da es zuerst gilt, sich über die im Befreiungskampf anzuwendenden Strategien Gedanken zu machen.

---

9 Bedeutet »Jugend«.

In israelischen Gefängnissen

Bassam vergleicht die verschiedenen Gefängnisse, in denen er war. Zuerst kam er in das Gefängnis von Hebron, wo er mehrmals verhört wurde.

»Am Anfang war es sehr hart. Mit fünfzehn Jahren ist man wirklich noch sehr jung. In Hebron war der Winter schrecklich, und unsere Zellen waren eiskalt. Draußen schneite es, und trotz der Kälte gab es Schaben. Die Zeit der Verhöre war besonders schlimm. Körperlich, aber vor allem seelisch. Manche haben bleibende Schäden davongetragen, einige sind verrückt geworden.«

Dann wird Bassam in das Gefängnis von Nablus verlegt, wo er von den Häftlingen freundlich aufgenommen und in das von den Fatah-Führern ausgearbeitete Schulungs- und Trainingsprogramm einbezogen wird. Die revolutionäre Organisation fordert von den Häftlingen große Disziplin und fortwährende Anstrengungen. Um sieben Uhr morgens werden die 40 Insassen jeder Zelle geweckt. Nach einer kurzen Morgentoilette werden die Häftlinge von der Gefängnisverwaltung gezählt, und dann beginnen die Pflichten, die sich die Palästinenser selbst auferlegt haben. Sie sind gehalten, sich mehrere Stunden lang mit dem Stoff zu befassen, den sie gewählt haben. Danach finden ausführliche Diskussionen über politische Themen statt; das Ziel ist, die Jüngsten mit der Geschichte Palästinas vertraut zu machen und ihnen politisches Bewußtsein zu vermitteln. Zum Programm gehören auch sportliche Aktivitäten. Jeden Tag kann jeder Häftling über zwei Stunden frei verfügen. Vom Aufstehen bis zum Schlafengehen ist die Zeit streng eingeteilt.

Im Gefängnis von Nablus ist der zwölf Jahre ältere Hussam Khader[10] einer der Initiatoren dieses Programms. Dieser gute und sehr verantwortungsbewußte Organisator ist im Lager Balata für die Fatah verantwortlich. Seiner Ansicht nach erfordert der Kampf gegen die Besatzung eine quasimilitärische Disziplin und einen einwandfreien Lebenswandel. Najy erzählt, daß sein rebellischer Geist sich jeden Tag gegen Hussams Absichten gesträubt hat, denn Hussam Khader und seine Zellengenossen wollten den Jüngsten das Rauchen

---

10 Heute ist er ein Mitglied des Palästinensischen Legislativrats.

starker Zigaretten untersagen. Angesichts des Widerstands gaben die Älteren nach und begnügten sich damit, die Zigaretten zu rationieren. Der prinzipienfeste Hussam konnte zwar hart sein, gewann aber die Achtung von *Shebab* wie Bassam und Najy. Er kam als sehr junger Mann ins Gefängnis. Er erzählt, er sei 1979 im Alter von 17 Jahren festgenommen worden:

»Ich war achtzehn Tage lang eingesperrt, und ich habe Häftlinge getroffen, die von der Fatah und der Revolution gesprochen haben. Da habe ich angefangen, mich für Politik zu interessieren.«

Nachdem Bassam zwei Jahre in Nablus verbracht hat, wird er wieder in die Haftanstalt von Hebron verlegt. Dort haben sich die Methoden der israelischen Gefängnisverwaltung nicht geändert, sie geht wesentlich härter vor als die in Nablus.

»Zwei- bis dreimal pro Monat drangen die Soldaten in unsere Zellen ein und versprühten Tränengas. Oder wir wurden kollektiv bestraft, wir mußten uns nackt im Hof aufhalten, und sie schlugen uns mit Stöcken und Eisenstangen. Die meisten Soldaten kamen aus den Siedlungen und waren religiös; sie hassen uns am meisten. Sie verhalten sich nicht wie liberale Juden. Im Gefängnis von Nablus konnte ein Vertreter der Häftlinge zum Gefängnisdirektor gehen und ihm unsere Forderungen vortragen. Er hörte uns wenigstens an, auch wenn er meistens sagte, daß er die Forderungen nicht erfüllen könne. Dann traten wir in einen Hungerstreik.«

Besuche von der Familie sind alle zwei Wochen für eine halbe Stunde erlaubt. Die Angehörigen der Häftlinge warten bei jedem Wetter draußen, ohne eine Sitzgelegenheit zu haben. Im Gefängnis von Hebron werden sie von den wachhabenden Soldaten häufig grob behandelt, nachdem sie schon einen langen Weg zurückgelegt haben, da Nablus im Norden des Westjordanlandes liegt. Sie müssen zusammen ein Taxi bis zum etwa 50 Kilometer entfernten Ramallah nehmen, dann ein weiteres von Ramallah nach Bethlehem. Haben sie keine Genehmigung, Jerusalem zu durchqueren, müssen sie die Heilige Stadt umfahren, wodurch die Wegstrecke dreimal so lang wird. Von Bethlehem aus sind es bis Hebron noch einmal 20 Kilometer. Bassams Mutter kommt am häufigsten. Jeden Freitag besucht sie einen ihrer drei Söhne; jeder sitzt in einem anderen Gefängnis.

Von Hebron aus wird Bassam erneut verlegt. Seine beiden letzten Haftjahre verbringt er im Gefängnis von Jneid in Nablus, wo vor allem Palästinenser einsitzen, die lange Strafen zu verbüßen haben.

Auch dort greift die Gefängnisverwaltung hart durch. Doch Bassam findet Zuspruch bei den älteren, erfahreneren und abgehärteteren Häftlingen. In dieser Zeit liest er viel. Er lernt Hebräisch und eignet sich die Grundkenntnisse des Englischen, der Sprache Shakespeares, an. Aber sein Zellengenosse, der ihn Englisch lehrt, wird in ein anderes Gefängnis verlegt, bevor er ihm seine umfangreichen Sprachkenntnisse vermitteln kann.

So eignen sich Oberschüler und Studenten im Gefängnis Wissen an. Häufig erlernen sie Fremdsprachen, namentlich Hebräisch. Die Sprache der Besatzer zu beherrschen, ist für diejenigen wichtig, die ein Diplom machen wollen. Die Gefängnisverwaltung erlaubt den Häftlingen, im gebührenpflichtigen Fernstudium an Kursen der Hebräischen Universität in Jerusalem teilzunehmen; nicht gestattet ist ihnen, an Kursen einer palästinensischen Universität teilzunehmen, die in arabischer Sprache gegeben werden. Ab und zu kommt ein Professor zu den Häftlingen, um ihnen den Stoff näher zu erläutern. Die Prüfungen finden in den Räumen der Gefängnisverwaltung statt. Es sind im allgemeinen die zu langen Strafen verurteilten Palästinenser, die sich für den Weg einer akademischen Ausbildung entschieden haben.

Bassam wird am 16. Januar 1991 freigelassen, an dem Tag, als der Irak von den Alliierten angegriffen wird.[11] Von diesem Tag an wird während der gesamten Dauer des Golfkriegs eine totale Ausgangssperre über die besetzten Gebiete verhängt, während der Irak Israel mit Raketen angreift, um die ganze Region in Flammen zu setzen. Zwei Stunden pro Tag oder alle zwei Tage hebt die israelische Armee die Ausgangssperre auf, damit sich die palästinensischen Familien mit Lebensmitteln versorgen können. Doch 40 Tage lang können die Bewohner des Westjordanlands und des Gazastreifens weder arbeiten noch studieren, und die meisten von ihnen haben in dieser Zeit auch kein Einkommen. Von der Außenwelt abgeschnitten, kämpfen sie gegen Angst und Langeweile. Sie wagen sich höchstens ab und zu zu ihren Nachbarn, um mit ihnen Karten zu spielen.

---

11 Nach dem Überfall des Irak auf Kuweit im August 1990 und angesichts der Weigerung Saddam Husseins, seine Truppen zurückzuziehen, stellen sich die USA an die Spitze einer Koalition von europäischen und arabischen Staaten, die den Irak angreift.

Bassam kommt aus dem Gefängnis, doch die Stadt ist leer und verlassen. Ganz auf sich gestellt, findet er nicht den Weg zu seinem eigenen Haus. Soldaten, die über die Einhaltung der Ausgangssperre wachen, halten ihn an und lassen ihn dann weitergehen. Bassam klopft an die Tür eines Hauses. Man läßt ihn herein, bietet ihm einen Tee an und ruft einen Krankenwagen, der ihn in das Flüchtlingslager Balata bringt. Dort wird er von seiner Familie, seinen Nachbarn und seinen Freunden begrüßt. Doch von der wiedererlangten Freiheit hat er nicht viel. Über einen Monat, bis zum Ende des Golfkriegs, ist Bassam an das dunkle Haus gefesselt, das er mit seiner Familie bewohnt. Die palästinensische Gesellschaft, die unter dem Krieg schwer zu leiden hatte, zieht sich in sich selbst zurück.

Verfolgte Untergrundkämpfer

Im Frühjahr 1991 kehrt wieder eine gewisse Normalität ein. In den Städten läßt der Druck der Armee ein wenig nach. Bassam macht sein Abitur und nimmt seine politischen Aktivitäten wieder auf. Es dauert nicht lange, bis er ins Fadenkreuz der israelischen Armee gerät. Im Herbst dringen israelische Soldaten in sein Haus ein, stellen alles auf den Kopf und fordern die Übergabe des jungen Mannes. Bassam geht in den Untergrund; er schläft nicht mehr zu Hause und wechselt im Flüchtlingslager Balata ständig seinen Aufenthaltsort. Najy, der im Verdacht steht, an der Ermordung eines Kollaborateurs beteiligt gewesen zu sein, wird ebenfalls von der israelischen Armee gesucht. In dieser Zeit bilden Bassam, Sami und Najy eine geheime bewaffnete Gruppe. Sieben weitere junge Männer aus Balata schließen sich ihnen an. Sie nehmen Kontakt mit der PLO in Amman und Tunis auf und bekommen von dort Unterstützung zugesichert. Gleichzeitig bleiben sie zwar mit den Kommandostrukturen vor Ort in Verbindung, operieren aber völlig selbständig. Mit leichten Waffen ausgerüstet, konzentrieren sie ihre Offensiven auf die Patrouillen der Armee und die israelischen Siedler. Meistens verstekken sie sich am Straßenrand, lauern ihnen auf, schießen und fliehen. Manchmal treffen sie ihr Ziel.

»Wir wollen unser Land befreien. Wir sind realistisch und erkennen das Prinzip zweier Staaten an. Um das Recht auf ein eigenes Heimatland zu erlangen, wenden wir politische und militärische Mittel an. Die Besatzung hindert uns daran, so zu leben, wie wir möchten. Wir brauchen eine Revolution, um die Lage zu verändern.«

In Übereinstimmung mit der Auffassung der Fatah lehnen die *Shebab* Angriffe auf israelische Zivilisten ab und beschränken ihre Aktivitäten auf die besetzten Gebiete. Sie vermeiden es auch, sich mit der schwierigen Frage des Umgangs mit Kollaborateuren zu befassen. Dabei gibt es in den besetzten Gebieten viele Informanten, die für die israelische Armee arbeiten. Sie versorgen die Besatzungsmacht mit zahlreichen Informationen, weil sie sich einen materiellen Gewinn versprechen, weil sie erpreßt oder weil sie manipuliert werden.

Als die Intifada beginnt, versuchen deren Anführer, die Kollaborateure kaltzustellen. Manche werden überwacht und bekommen einen Aufenthaltsort zugewiesen, und damit sie die an sie gerichteten Warnungen ernst nehmen, werden sie auch physisch – mitunter mit einer Schußwaffe – bedroht. Diejenigen, die als besonders gefährlich und unzuverlässig gelten, werden liquidiert. Diese Aufgabe haben bewaffnete *Shebab*-Gruppen übernommen, von denen sich einige ausschließlich auf diese Aktivitäten konzentrieren und den Kampf gegen die israelische Armee aufgegeben haben. Sehr schnell steigt die Zahl der Hinrichtungen, ohne daß sich die Rächer die Zeit genommen hätten, die Verdachtsmomente zu überprüfen. Da die Dinge aus dem Ruder zu laufen drohen, hat Yassir Arafat in einem Appell ein Ende der Morde an Kollaborateuren in den besetzten Gebieten gefordert.

Bassams Gruppe hat zwar sowenig wie möglich die Rolle des Rächers gespielt, aber Najy hielt es zweimal für nötig, etwas zu unternehmen.

»Das erste Mal habe ich einen Kollaborateur in der Nähe des Rathauses von Nablus umgebracht. Das war ein bekannter Informant, der sich nicht scheute, sich öffentlich mit Armeeangehörigen sehen zu lassen. Ich bin auf diesen Mann zugegangen und habe ihn gefragt, ob er Soundso ist. Als er darauf mit Ja antwortete, habe ich ihn erschossen. Man soll nicht glauben, daß es leicht ist, jemanden umzubringen. Ich zitterte und hatte nachts Alpträume. Aber beim zweiten Mal war es nicht mehr so schlimm. Es handelte sich um einen palästinensischen Polizisten, der weiterhin für die israelische Verwaltung arbeitete, obwohl ihm mehrmals nahegelegt worden war, diese

Tätigkeit aufzugeben. Er war in seinem Auto, ich habe mich auf den anderen Sitz gesetzt und mich vergewissert, wer er war. Er begriff, was ich vorhatte, und es gab einen Kampf. Ich war wütend und habe sechsmal auf ihn geschossen. Dann kam Sami, und wir sind zusammen geflüchtet, weil israelische Soldaten aufkreuzten.«

Es sind nicht die Patrouillen der regulären Armee, die die *Shebab* fürchten. Für sie geht die Gefahr von den israelischen Spezialeinheiten aus. Um die Repression noch wirksamer zu machen und politische und militärische Netzwerke zu zerschlagen, hat sich die israelische Armee neue Aktionsformen einfallen lassen. Die Spezialeinheiten bestehen aus Israelis, die man aufgrund ihres Aussehens und der Beherrschung der arabischen Sprache für Palästinenser halten könnte. Falls nötig, dringen sie in arabische Dörfer ein, und um kein Mißtrauen aufkommen zu lassen und harmlos zu erscheinen, verkleiden sie sich als Frau oder als alter Mann. Ein Bündel, das einem eingewickelten Säugling ähnelt, ein Schleier, ein falscher Bart, ein Stock, ein *Kufiya*, wie es *Shebab* tragen, die nicht erkannt werden wollen, damit tarnen sich die Israelis der Sondereinheiten. Da sie über die Palästinenser, auf die sie es abgesehen haben, gut unterrichtet sind, handeln sie sehr schnell. Sie kommen überraschend, lauern ihrer Beute auf, schießen und verschwinden wieder.

1992 ist Bassams Gruppe ins Visier des militärischen Nachrichtendienstes geraten. Die Schlinge zieht sich um diese *Shebab* zusammen. Fünf von ihnen werden von der israelischen Armee festgenommen. Einige Wochen später fällt eine Spezialeinheit zweimal in das Lager Balata ein. Beim ersten Mal werden drei junge Männer erschossen, die sich kurze Zeit später mit Bassam, Sami und Najy treffen wollten. Beim zweiten Mal entgeht Bassam knapp dem Tod: Als er in einer engen Gasse des Lagers mit Khaled, einem Mitglied der Gruppe, und Youssef, einem Mitglied der Fatah, spricht, das ebenfalls gesucht wird, beschließt Bassam, kurz zu Hause vorbeizuschauen. Als er nach ein paar Minuten zurückkommt, hört er Schüsse und versteht sofort. Er drängt die Jugendlichen, Steine auf die Mitglieder der Sondereinheit zu werfen, um deren Handlungsfähigkeit einzuschränken. Khaled ist schon getroffen, Youssef kann fliehen, wird aber einige Wochen später gefaßt und zu 25 Jahren Gefängnis verurteilt. Bassam kommt wieder einmal mit heiler Haut davon. Die israelische Einheit zieht sich mit der Leiche Khaleds zurück.

Da die Spezialeinheiten immer rücksichtsloser vorgehen, ist das Lager für die Gruppe nicht mehr sicher. Es reicht nicht, daß die *Shebab* nicht mehr zu Hause schlafen. Die Armee durchsucht regelmäßig ihre Häuser und übt Druck auf die Familien auf, damit die Söhne aufgeben. Gegenstände und Möbel werden zerstört; Brüder und Neffen werden festgenommen, damit die Aktivisten sich ergeben. Die *Shebab* bleiben immer länger in ihren – manchmal unterirdischen – Verstecken in den Hügeln. Sie ernähren sich von dem, was sie dort vorfinden, rauchen eine Zigarette nach der anderen, beobachten die Umgebung und warten auf Informationen und Lebensmittel von ihren Kontaktleuten. Sie sind der Kälte, dem Regen, dem Schnee ausgesetzt. Die Gruppe sucht sich auf dem Land einen neuen Unterschlupf und unterhält Kontakte mit anderen bewaffneten Gruppen in Nablus oder im Westjordanland. Ab und zu kehrt sie ins Lager oder in die Stadt zurück. Die *Shebab* können auf die Hilfe ihrer Familien zählen, die sie aufnehmen, ernähren und über die Bewegungen der Armee unterrichten. Dennoch ist das Leben unsicher. Trotz der von ihnen gesammelten Informationen, ihrer Vorsichtsmaßnahmen und trotz ihrer Waffen und ihrer List haben sie nur eine Galgenfrist. Das wissen sie. Der Nachrichtendienst der IDF hat nicht das Ziel aufgegeben, sie zu ergreifen oder zu töten.

Im Juli 1992 begeben sich die drei Freunde zur al-Najah-Universität, die auf einem der Hügel von Nablus gelegen ist. Dort sollen sie jemanden treffen; es wird nicht lange dauern. Für die Armee reicht die Zeit jedoch aus, um den Campus zu umstellen. Die drei gesuchten *Shebab* denken nicht daran, sich zu ergeben. Die israelische Armee belagert die Universität. Niemand, weder Studenten noch Professoren, noch Verwaltungsangestellte, darf das Universitätsgelände betreten oder verlassen. In den Hörsälen, in der Cafeteria und im Innenhof kommt man mit der Situation einigermaßen zurecht. Insgesamt sind 5000 Studenten auf dem Campus eingeschlossen, die die Gesuchten tatkräftig unterstützen. Sie wollen, daß die verfolgte Gruppe der israelischen Armee standhält, auch wenn sie selbst darunter leiden müssen. Die *Shebab* der bewaffneten Gruppen werden von den Studenten bewundert. Sie gelten als Helden, die bereit sind, für ein politisches Ideal Opfer zu bringen, und die sich durch ihren Mut und ihre Kaltblütigkeit auszeichnen; die Tatsache, daß ihre Aktivitäten von einer geheimnisvollen Aura umgeben sind, hebt ihr Ansehen bei den Studenten noch mehr. Bassam, Sami und Najy sind von der großen Solidarität dieser jungen Leute gerührt. Nach 72 Stunden sind die Vorräte und das Wasser der Cafeteria erschöpft; einigen Studenten geht es nicht gut. Draußen verhandeln israelische Militärangehörige, das Internationale Rote Kreuz und politische Repräsentanten der Palästinenser. Die israelische Armee fordert die Herausgabe von 39 Personen, was abgelehnt wird. Sie geht auf sechs herunter. Der Kompromiß erspart den Aktivisten zwar das Gefängnis, aber frei sind sie trotzdem nicht: sie werden verbannt und müssen auf der Stelle ihre Heimat verlassen. Ein Wagen des Roten Kreuzes bringt sie nach Jordanien. Die Belagerung dauerte vier Tage.

Das erzwungene Exil

Während der ganzen Fahrt bis zur Grenze haben die *Shebab* den Eindruck, daß ihnen die Armee auf den Fersen ist; sie haben Angst, erschossen zu werden. Sie überqueren den Jordan und kommen in Amman an, wo sie vom palästinensischen Botschafter und von für das Westjordanland verantwortlichen Fatah-Mitgliedern erwartet werden, die einige Jahre zuvor vom israelischen Staat vertrieben worden waren. Zu ihnen gehören Marwan Barghouti, Repräsentant der Fatah in Ramallah, und Tayssir Nasrallah, der aus dem Flüchtlingslager Balata stammt und Vorsitzender des Komitees der *Shabiba* in Nablus war. Jetzt arbeiten sie in dem Büro West der PLO[12], das die Aufgabe hat, Kontakte mit den Palästinensern in den besetzten Gebieten herzustellen und die Führung der Intifada zu übernehmen. Bassam, Sami und Najy bekommen ein Abendessen und stehen noch immer unter Schock: sie hätten sterben oder hinter Gitter kommen können; jetzt sind sie in dieser unbekannten, merkwürdig ruhigen Stadt, nachdem sie abrupt aus ihrer Welt der Besatzung und des Untergrundkampfes herausgerissen wurden.

---

12 Ursprünglich leitete Khalil al-Wazir alias Abu Jihad, Gründungsmitglied der Fatah, das Büro West. Die israelischen Geheimdienste brachten ihn am 16. April 1988 um, da er die im Rahmen der Intifada durchgeführten Aktionen koordinierte.

Bassam verbringt die ersten beiden Monate in Jordanien, wo er sich jeden Morgen beim jordanischen Nachrichtendienst melden muß:

»Unglaublich! Die Jordanier, die angeblich unsere Verbündeten sind, wollten mich ausquetschen und so viele Informationen über die Fatah wie möglich aus mir herausholen. Zwei Monate lang haben sie mich nicht in Ruhe gelassen. Als ich merkte, was da lief, bin ich aus allen Wolken gefallen. Übrigens ist es mir jetzt verboten, mich in Jordanien aufzuhalten.«

Sobald die drei Freunde Ende 1992 ihren jordanischen Paß erhalten haben,[13] gehen sie für zwei Jahre in den Irak. Bassam arbeitet auf ein Diplom im Fach Verwaltungswissenschaft hin, Sami und Najy machen ihr Abitur. Alle drei Monate fahren sie nach Amman, um das Geld abzuholen, das die PLO ihnen für ihren Lebensunterhalt zur Verfügung stellt. Trotz der Auswirkungen des Krieges auf die irakische Wirtschaft und Gesellschaft verbringen die *Shebab* aus Balata in Bagdad eine gute Zeit. Bassam bestätigt das:

»Das war die glücklichste Zeit meines Lebens. Ich fühlte mich frei und konnte überallhin gehen. Kein Vergleich mit Jordanien. Auch wenn es für die Iraker keine Demokratie gab und sie wegen des Embargos große wirtschaftliche Schwierigkeiten hatten, fühlte ich mich frei. Ich konnte überallhin gehen und sagen, was ich dachte. Endlich konnte ich etwas von der Welt sehen. Ich fand viele Freunde. Die Iraker schätzten uns.«

Auch Najy genießt seine neue Freiheit. Er hat gehört, daß es in Bagdad Prostituierte gibt, aber er weiß nicht wo. Im Restaurant eines Hotels lädt eine Frau mit mehreren Kindern ihn ein, an ihrem Tisch Platz zu nehmen. Najy ist völlig nichtsahnend. Ein Angestellter des Hotels klärt ihn später darüber auf, daß diese Frau käuflich ist. Najy trifft die Frau erneut. Er ist vor allem irritiert und beschließt, sie zu fragen, aus welchen Gründen sie dieses Gewerbe ausübt. Sie sagt,

---

13 Die jordanischen Behörden stellten die Pässe der Einwohner des Westjordanlands aus. Zwischen 1948 und 1967 gehörte dieses Gebiet zum haschemitischen Königreich. 1988 beendete die jordanische Regierung die administrativen Beziehungen mit dem Westjordanland (insbesondere die Bezahlung der Beamten). Damit erkannte sie indirekt die PLO als alleinige legitime Vertreterin des palästinensischen Volkes an. Doch die Einwohner des Westjordanlands konnten auch danach noch einen jordanischen Paß bekommen.

daß sie die Augenoperation ihrer jüngsten Tochter bezahlen muß. Der schockierte Najy versichert ihr, er werde die Operation bezahlen. Mit dieser Frau macht er seine ersten sexuellen Erfahrungen.

Während seines Aufenthalts im Irak trinkt Najy auch zum ersten Mal Alkohol und entdeckt, wie es ist, betrunken zu sein. In dem Haus, in dem er mit seinen Freunden wohnt, ist es für ihn ein leichtes, an Mädchen und alkoholische Getränke zu kommen. Bassam, der täglich betet, will von alledem nichts wissen. Najy sammelt Erfahrungen und hat viele Liebschaften. Als er erfährt, daß eine dieser Frauen die Ehefrau eines Oberst des irakischen Nachrichtendienstes ist, bekommt er es mit der Angst zu tun und trennt sich schleunigst von ihr. Er verliebt sich in eine Frau, die mit einem Mann verheiratet ist, der ständig auf Reisen ist, und verbringt ganze Nächte bei dieser Frau, die Hanane heißt. Diesen Vornamen wird er seiner ersten Tochter geben.

Als sie wieder einmal in Amman sind, werden die drei Freunde und Helden von Nablus Yassir Arafat vorgestellt. Najy kann es gar nicht glauben. Mehrmals fragt er Marwan Barghouti: »War das tatsächlich Abu Ammar?« Najy erinnert sich: »Er kam mir so klein vor, und auch seine Hand, als er sie in meine legte.« Die im Exil lebenden Palästinenser treffen sich regelmäßig, und es entstehen enge Freundschaften. Najy wird Barghoutis Schützling. Tayssir Nasrallah und seine Frau nehmen sich der drei *Shebab* an, und wenn sie zusammen sind, wird wieder ein wenig von der Atmosphäre Balatas spürbar.

Die Palästinenser im Exil sind Opfer der israelischen Politik der Vertreibung von palästinensischen Aktivisten, die in den siebziger Jahren eingeleitet und in den achtziger Jahren intensiviert wurde. Da Barghouti und Nasrallah für die politische Agitation in den besetzten Gebieten verantwortlich waren, wollte der israelische Staat durch ihre Vertreibung die Widerstandsnester zerschlagen. Dieses Vorgehen hat jedoch die Intifada nicht verhindert. Von Amman, Bagdad und Tunis aus hält die erste Generation von Fatah-Aktivisten Kontakt mit der Basis.

Die Führung der Intifada

Nach Abbüßung seiner Strafe im Gefängnis von Nablus mußte Hussam Khader 1988, vor Beginn der Intifada, die besetzten Gebiete verlassen. Ein Jahr später wurde Tayssir Nasrallah ebenfalls gezwungen, ins Exil zu gehen. Sie waren schon lange militante Aktivisten. In den sechziger Jahren im Flüchtlingslager Balata geboren, kämpften sie gemeinsam auf seiten der Fatah und bauten in ihrem Umfeld politische Strukturen auf. Mit den aus der *Shabiba* rekrutierten Mitkämpfern überziehen sie das ganze Lager mit einem Netz von Zellen. Hussam Khader und Tayssir Nasrallah geben dem Lager eine politische Struktur: es wird in verschiedene Viertel aufgeteilt, die den Namen der Städte oder Dörfer tragen, aus denen die Flüchtlinge stammen, und militanten Aktivisten unterstellt. Es obliegt den von ihnen gebildeten Ausschüssen, das Lager sauberzuhalten, bedürftigen Familien zu helfen und antiisraelische Demonstrationen zu organisieren.

Der Kampf gegen die Besatzung bedeutet auch, daß die, die als schädlich für die Gesellschaft betrachtet werden – die Alkohol trinken und Haschisch rauchen, als Informanten im Dienst der IDF stehen oder als Straftäter gelten –, aus Balata verschwinden müssen. Sie alle werden aufgefordert, von ihrem Tun abzulassen und sich der neuen moralischen Ordnung zu unterwerfen. Die Kämpfer, die sich für diese neue Ordnung verantwortlich fühlen, gehören zu einer neuen Generation, die praktisch nur die israelische Besatzung kennengelernt hat: Sie werden aktiv, weil sie von dem Gefühl getrieben werden, daß man sich auflehnen muß. Aufgrund ihres politischen Idealismus vertreten sie Prinzipien, die auf eine Revolution hinauslaufen: Die Gesellschaft muß sich verändern und an sich selbst arbeiten, um dem Feind Israel gewachsen zu sein. Mit ihren straffen Organisationsmethoden und dem festen Willen, ihr Ziel zu erreichen, können sie einen Teil der Jugendlichen für sich gewinnen. Im Lager Balata kommt es zur Intifada, nachdem es Zusammenstöße mit der israelischen Armee gegeben hat.

Die *Fathoui*[14] des Lagers sagen übrigens, die Intifada habe schon 1982 bei ihnen in Balata begonnen und sich dann auf die restlichen

---

14 Arabischer Begriff, mit dem ein Mitglied der Fatah bezeichnet wird.

Gebiete ausgedehnt. Sie meinen, die stark mobilisierten Bewohner Balatas hätten einen hohen Tribut für ihren Kampf gegen die Besatzer bezahlt. Unter der Führung der *Shabiba* brach in Balata eine Art Aufstand aus:

»Die Steine flogen Tag und Nacht, obwohl die Späher der Armee wochenlang ununterbrochen auf den Dächern auf der Lauer lagen. Die Molotowcocktails setzten ihnen so zu, daß die Patrouillen der israelischen Armee beschlossen, sich sowenig wie möglich im Lager sehen zu lassen.«[15]

Die Flüchtlingslager, die schon immer Zentren des Widerstands in den besetzten Gebieten waren, gaben den Anstoß zum Aufstand. Am 9. Dezember 1987 prallt ein Jeep der IDF gegen einen Wagen, der palästinensische Arbeiter nach Israel bringen soll. Vier von ihnen, die in Jabalia wohnen, sind sofort tot. Rasch breitet sich ein Gerücht aus, wonach der Zusammenstoß bewußt herbeigeführt worden sei, um Palästinenser zu töten. Einige Stunden später kommt es zu spontanen Wutausbrüchen im Lager Jabalia im Norden des Gazastreifens, und Wachposten der israelischen Armee werden von Hunderten von Demonstranten angegriffen. Der Aufstand greift um sich und erfaßt die Lager, die einfachen Wohnviertel, die Städte im Gazastreifen und im Westjordanland.

Die politischen Organisationen erkennen schnell den Umfang der Bewegung und beschließen, ihn zu strukturieren. Sie stellen sich an die Spitze des Aufstands und versuchen, ihm eine langfristige Perspektive zu geben. Die Vereinigte Nationale Führung wird gegründet. Sie umfaßt vier Organisationen, die zur PLO gehören: die Fatah, die Volksfront für die Befreiung Palästinas (PFLP), die Demokratische Front für die Befreiung Palästinas (DFLP) und die Kommunistische Partei Palästinas. Das Ziel ist, die verschiedenen politischen Kräfte zusammenzuführen, um möglichst große Teile der Gesellschaft zu mobilisieren. Die Vertreter der verschiedenen Organisationen, die die Vereinigte Nationale Führung bilden, arbeiten die Richtlinien für den Aufstand aus. Sie stellen regelmäßig die Ziele der durchzuführenden Aktionen dar, und ihre schriftlichen Kommuniqués enthalten genaue Anweisungen für das weitere Vorgehen. Die Volkskomitees, die zuerst spontan in den Wohnvierteln

15 Ze'ev Schiff, Ehud Ya'ari, Intifada, Paris 1991, S. 71.

entstanden, werden jetzt von politischen Aktivisten kontrolliert. Sie werden zu einem Instrument der Nationalen Führung, verbreiten dessen Botschaften und sorgen dafür, daß diese praktisch umgesetzt werden. Rasch werden sie von der israelischen Militärverwaltung verboten und gehen in den Untergrund.

Die islamistischen Organisationen beteiligen sich nicht an der Nationalen Führung: Sie bewahren zwar ihre Unabhängigkeit, sind aber trotzdem aktiv, geben ihre eigenen Flugblätter heraus und bilden Aktionsgruppen; ihre Führer stehen in Kontakt mit den Verantwortlichen der Nationalen Führung, um die Aktivitäten zu koordinieren.

Die Intifada, die immer größer werdenden Demonstrationen und die im Dezember 1987 entstandenen Volkskomitees sind folglich nicht das Werk der politischen Organisationen. Diese ernten die Früchte einer Arbeit, die von langer Hand vorbereitet wurde. Die in den siebziger und achtziger Jahren in der *Shabiba,* der Moslembruderschaft und den linken marxistischen Bewegungen ausgebildeten Aktivisten sind das Reservoir, aus dem sich die Kämpfer und die führenden Köpfe der Intifada rekrutieren.

Die Nationale Führung arbeitet ein Aktionsprogramm aus, das darauf abzielt, die palästinensische Gesellschaft von den Strukturen der Besatzungsmacht abzukoppeln. Auf den von ihr herausgegebenen Flugblättern werden die Palästinenser aufgefordert, Verwaltungsmaßnahmen und Produkte der Israelis zu boykottieren, die Geschäftsinhaber sollen keine Mehrwertsteuer abführen, die Angestellten der israelischen Zivilverwaltung, insbesondere Polizisten, ihre Tätigkeit aufgeben. Ein Kommuniqué ruft die palästinensischen Arbeiter auf, ihre Arbeitskraft nicht mehr in Israel zu verkaufen. Unter der Führung militanter politischer Kämpfer nimmt die Bevölkerung an den Aktionen des zivilen Ungehorsams teil. Das erste Jahr der Intifada ist durch die massive Unterstützung der Bevölkerung gekennzeichnet.

Mehrmals revidieren die Führer der Bewegung die von ihnen festgelegten Ziele, um die Bevölkerung nicht zu überfordern. Der Aufruf zum Boykott der israelischen Arbeitgeber wird fallengelassen, da zu viele Familien im Westjordanland und im Gazastreifen von dem Lohn des Vaters oder Bruders abhängig sind, der in einem israelischen Restaurant oder auf einer israelischen Baustelle arbeitet. Dagegen wird die Aufforderung, die Tätigkeit als Polizist aufzugeben, mehrfach wiederholt; diejenigen, die ihr nicht nachkommen, bekommen es mit den *Shebab* zu tun, die es sich zur Aufgabe gemacht haben, die von der Nationalen Führung herausgegebenen Anweisungen durchzusetzen. Es werden auch Streiks und Demonstrationen beschlossen. Die Befolgung der von der Nationalen Führung ausgegebenen Parolen verweist auf die Geschlossenheit der Bevölkerung, die das israelische Militär dadurch aufzubrechen versucht, daß es die Händler zwingt, die Eisengitter vor ihren Läden hochzuziehen.

Bei den Demonstrationen kommt es in der Regel zu Zusammenstößen zwischen der palästinensischen Bevölkerung, zumeist jungen Leuten, und den israelischen Soldaten. Die Palästinenser werfen Steine, während die Soldaten Tränengas und Gummigeschosse einsetzen. Dieses ungleiche Kräfteverhältnis wird zu einem gewohnten, ja alltäglichen Phänomen. Durch das Fernsehen wird es für die internationale Öffentlichkeit zum Symbol des Widerstands der Palästinenser in den besetzten Gebieten gegen die Macht Israels. Für die Welt ist die Intifada der Krieg der Steine. Doch nicht in diesem sichtbaren Aspekt liegt die eigentliche Dynamik der Bewegung.

Die maßgeblichen Leute der Nationalen Führung müssen auch dafür sorgen, daß die durch die militärische Repression entstandene Not der Bevölkerung gelindert wird. Kurzfristig geht es um Probleme wie die Versorgung mit Lebensmitteln während der Ausgangssperren. Jedoch verfolgen die Initiatoren der Intifada ein weitergehendes Ziel: sie wollen die Voraussetzungen für eine Autarkie der Palästinenser schaffen, indem sie alternative, von der Besatzungsmacht unabhängige Netzwerke aufbauen. Mit ihrem Aktionsprogramm wollen sie beweisen, daß die Palästinenser in den besetzten Gebieten durchaus imstande sind, sich selbst zu verwalten, und die Auffassung widerlegen, die Integration des Westjordanlandes und des Gazastreifens in den israelischen Staat sei ein notwendiger und unumkehrbarer Prozeß. Die internen Organisationsbestrebungen zeugen auch von dem Willen, die Gesellschaft zu verändern, ihr Verantwortungsbewußtsein und ihren Gemeinsinn zu stärken und sie in die Lage zu versetzen, sich gegen die Besatzungsmacht zu wehren und deren Vorschriften zu umgehen. Für dieses Ziel werden alle Fähigkeiten und viel guter Wille aufgeboten. Nach der von der israelischen Militärverwaltung angeordneten Schließung der Schulen und Universitäten erklären sich Professoren und Lehrer bereit, in Privatwohnungen Seminare zu halten beziehungsweise Unterricht zu geben. Ärzte versorgen Patienten kostenlos. Um israelische Produkte zu boykottieren, raten Landwirtschaftsexperten den Familien, einen kleinen Gemüsegarten anzulegen, um manche Nahrungsmittel selbst zu erzeugen.

Die Strategie der Intifada stellt etwas völlig Neues dar; sie bricht mit der Tradition des bewaffneten Kampfes, der von der PLO mehrere Jahrzehnte lang geführt wurde. Durch Aktionen des zivilen Ungehorsams sollen eine Massenbewegung geschaffen und bestimmte Formen der Selbstverwaltung eingeführt werden. Die Kommuniqués rufen zu gewaltfreien Aktionen auf – oder zumindest zu Aktionen, die nur in begrenztem Umfang mit Gewalt verbunden sind.

Der Besatzungsalltag

Zur Intifada gehören auch einzelne mutige Taten, die fast einem Ritual ähneln. Sein Gesicht mit einem *Kufiya* verhüllen, politische Parolen an die Wände schreiben, eine palästinensische Fahne hissen, unbemerkt von der Armee gegen die Ausgangssperre verstoßen, Kommuniqués der Nationalen Führung verteilen und lesen: all dies ist streng verboten, und diejenigen, die sich nicht an das Verbot halten, laufen Gefahr, festgenommen zu werden. Bei diesen Aktionen handelt es sich um tagtägliche Provokationen, die den Bewohnern der besetzten Gebiete Gelegenheit geben, der israelischen Armee zu trotzen und zu demonstrieren, daß es die palästinensische Nation gibt und daß sie ihre eigene Identität hat. Dadurch verändert sich das Verhältnis zwischen den Besatzern und denjenigen, die unter dem Besatzungsregime leben, denn den letzteren verleiht diese Einstellung eine Würde, die ihnen seit der Einsetzung der israelischen Militärverwaltung weitgehend genommen wurde. In diesem Sinne ist die Intifada ein Aufstand gegen Unterwerfung und Demütigung.[16]

---

16 Eine israelische Untersuchung über palästinensische Gefangene zu Beginn der Intifada hatte ergeben, daß ihre politische Mobilisierung weniger auf eine verinnerlichte Ideologie als auf eine Rebellion gegen die

Trotz der mit dem Kampf und der Repression verbundenen Entbehrungen und Schwierigkeiten gibt die Mobilisierung den Palästinensern Auftrieb und Hoffnung. In dieser Zeit gewinnen die Bewohner des Westjordanlands und des Gazastreifens Selbstvertrauen: sie arbeiten Analysen aus, die die Zukunft Palästinas optimistisch einschätzen. Obwohl sie Israel gegenüber im Nachteil sind, stellen sie ihre Entschlossenheit und ihren Heroismus unter Beweis. Frauen, Jugendliche und viele andere versuchen, sich der Herausforderung auf ihre Weise zu stellen, ohne in einer politischen Bewegung aktiv zu sein.

Das trifft auch für Jane, eine Gymnasiastin von 16 Jahren, zu, das jüngste Kind einer christlichen Familie mit fünf Mädchen. Sie wohnt in einem komfortablen Haus in einem ruhigen Wohnviertel von Beit-Sahour, einige Kilometer von Bethlehem entfernt. Ihr Vater ist Vorarbeiter, er arbeitet für Israelis jenseits der grünen Linie, die die Trennungslinie zwischen Israel und den besetzten Gebieten darstellt, und hat sein gutes Auskommen. Er spricht fließend Hebräisch. Vor Beginn des Aufstands hatte die Familie ab und zu Besuch von seinen israelischen Arbeitskollegen. Wie ihre Eltern und ihre Schwestern unterstützt Jane die PFLP von George Habash, wobei es bestimmt auch eine Rolle spielt, daß der Führer dieser linksgerichteten Organisation Christ ist. Wenn die Gymnasiastin von ihren Zukunftsplänen spricht, sagt sie, sie würde am liebsten der palästinensischen Nation dienen: »Leider haben wir Palästinenser keine Flugzeuge. Aber wenn wir eines Tages doch welche haben, werde ich die erste sein, die Pilotin werden möchte.« Vorerst trifft sich Jane mit einer Gruppe von jungen Leuten, um die *Dabka* zu üben. Die *Dabka* ist ein traditioneller palästinensischer Tanz, der eine gute körperliche Verfassung und große Beweglichkeit von den Tänzern (Jungen und Mädchen) erfordert, da diese verschiedene Sprünge machen müssen. Weil dieser Tanz nur von einer Gruppe getanzt werden kann, wurde er von der israelischen Armee verboten, was erst recht zu seinem Erfolg beigetragen hat. Folglich ist die

---

Demütigungen zurückzuführen war, die den Palästinensern zu häufig von der israelischen Armee zugefügt worden waren. Vgl. Ze'ev Schiff, Ehud Ya'ari, Intifada, Paris 1991, S. 100–104.

Dabka nicht nur ein Stück Folklore, das zur Identität der Palästinenser gehört, diese Freizeitbeschäftigung ist zu einem Akt des politischen Widerstands geworden. Bei einer Gelegenheit haben Jane und ihre Schwestern Steine auf die Soldaten geworfen, obwohl ihre Mutter ihnen das untersagt hatte. Einmal haben israelische Militärangehörige vom Familienoberhaupt verlangt, eine Fahne zu entfernen, die gegenüber dem Haus an der Spitze eines Mastes für die Elektroleitung angebracht war. Abu[17] Lana, der Vater von Jane, weigerte sich, dieser Aufforderung Folge zu leisten. Daraufhin wurde sein Personalausweis eingezogen, der es ihm ermöglichte, sich innerhalb und außerhalb des Westjordanlands zu bewegen. Er mußte zum Sitz der örtlichen Zivilverwaltung gehen, eindringlich um die Rückgabe des Ausweises bitten und ein Bußgeld zahlen.

An einem Winterabend sitzt die ganze Familie im Wohnzimmer um den Heizkörper herum und spricht über das letzte Kommuniqué der Nationalen Führung. Es klopft an der Tür. Abu Lana hat nicht genug Zeit, um zu fragen, wer da ist, denn drei Soldaten befinden sich bereits in der Veranda, die ins Wohnzimmer führt. Die Mutter sieht sie als erste und ruft: »Die Armee!« Bei diesem Ausruf greift Jane nach dem illegalen Flugblatt, knüllt es zusammen und steckt es in den Mund. Es dauert einige Minuten, bis sie es heruntergeschluckt hat, während die Armeeangehörigen alle Zimmer des Hauses durchsuchen. Dann ziehen sie unverrichteterdinge wieder ab; allerdings hätte die Kühnheit der älteren Töchter und ihre Entschlossenheit, den Soldaten die Stirn zu bieten, beinahe dazu geführt, daß die Situation aus dem Ruder gelaufen wäre.

Im April 1992 ist es in der kleinen Stadt Beit-Sahour ruhig: das Engagement der Bewohner dieses bürgerlich geprägten Ortes hat nachgelassen, so daß es hier keine Soldaten mehr gibt. Daß die Intifada anhält, zeigt sich am deutlichsten daran, daß die Geschäfte nachmittags geschlossen sind und daß es weder Freizeitvergnügen noch ein Nachtleben gibt. Im Haus von Abu Lana sieht man jeden

---

17 Wörtlich »Vater von«. Haben Männer und Frauen Kinder, werden sie »Vater« und »Mutter« genannt, kombiniert mit dem Vornamen des ältesten Sohnes; haben sie keine Söhne, wird der Vorname der ältesten Tochter genommen.

Abend fern. Zwei Mädchen sind bereits verheiratet; die eine lebt in Amman in Jordanien, die andere in Beit-Sahour. Ein Teil der Familie konnte an der Hochzeit der einen Tochter nicht teilnehmen, denn der Vater und eine der Schwestern erhielten von den Israelis nicht die Erlaubnis, den Jordan zu überqueren. Drei Mädchen leben noch bei ihren Eltern. Die älteste von ihnen, die an der Universität von Bethlehem als Krankenschwester ausgebildet wird, verhandelt mit ihrem Vater über ihr Taschengeld. Der Familie fällt es schwer, sich an den drastisch gesunkenen Lebensstandard zu gewöhnen. Die vierzigtägige Ausgangssperre, die von Israel während des Golfkriegs von 1991 verhängt wurde, hat Abu Lana, der in Israel arbeitete und gutes Geld verdiente, daran gehindert, seiner Arbeit nachzugehen, und ihn um den kleinen Zulieferbetrieb gebracht, den er nebenher aufgezogen hatte. Seine Frau Um[18] Lana weiß kaum, wie sie mit dem wenigen Geld auskommen soll. Sie schimpft auf die Israelis, doch sie bleibt kritisch und findet, daß die jungen Männer, die aus dem Gefängnis kommen, ein bißchen zu sehr die Muskeln spielen lassen.

An einem frühen Nachmittag im April verbreitet sich in Beit-Sahour die Nachricht, ein Student sei in der Stadt von den Kugeln israelischer Soldaten getroffen worden. Anton ist am Bauch oder am Kopf verletzt, die Nachrichten sind widersprüchlich. Jane wird nervös, denn sie kennt Anton, der fast als ein Mitglied der Familie betrachtet wird. Plötzlich fangen die Kirchenglocken an zu läuten. Von der Kirche wird per Lautsprecher eine Nachricht bekanntgegeben, so daß man meinen könnte, einen Muezzin zu hören. Die männliche Stimme schwankt zwischen Panik und Aggressivität, so als würde sie zum Kampf aufrufen. Sie verkündet, daß Anton al-Chomali vor einigen Stunden als Märtyrer gefallen ist. Jane ist sofort in Tränen aufgelöst. Schluchzend schließt sie sich den Nachbarn an, die zur Kirche stürzen. Diese ist schon voll, als Jane und ihre Schwester ankommen. Die Gebetsstätte ähnelt nicht mehr einem Ort der Einkehr. Die vorwiegend aus jungen Leuten bestehende Menge schreit, weint, drängt und schiebt sich vorwärts. Der anwesende Priester scheint nicht Herr der Lage zu sein. Einige Mädchen stehen

---

18 Wörtlich »Mutter von«.

auf den Bänken, um Anton zu sehen, der von vier *Shebab* auf einer Bahre getragen wird. Als sein mit einer palästinensischen Fahne bedeckter Leichnam sichtbar wird, werden die Klagen lauter, fließen die Tränen reichlicher. Von weitem sieht es so aus, als schwebe sein Körper über dem Boden; den jungen Männern, die ihn tragen, gelingt es, das Gleichgewicht zu halten und sich einen Weg nach draußen zu bahnen. Es bildet sich ein Zug zum Friedhof, in dem rhythmisch skandiert wird: »Mit unserer Seele und unserem Blut werden wir uns für dich opfern, Anton.« Der Friedhof von Beit-Sahour ist zu klein, um alle zu fassen, die Anton das letzte Geleit geben möchten. Manche bleiben draußen, andere schieben sich bis zum Grab vor. Junge Leute um die Zwanzig, Freunde und Mitkämpfer von Anton, drängen sich um den »Märtyrer«, um ihn zu umarmen. Es kommt zu heftigen Gefühlsausbrüchen. Die *Shebab* bedecken das Gesicht Antons mit leidenschaftlichen Küssen. Die Familie des Verstorbenen bleibt im Hintergrund, so daß der Eindruck entsteht, der Sohn und Bruder verschwände ganz hinter dem politischen Aktivisten und dem Volkshelden, zu dem er geworden ist. Jihad, wie Anton ein Mitglied der PFLP, steigt auf ein Grab und ergreift das Wort. Im Namen der politischen Organisation würdigt er den unter den Kugeln der IDF gefallenen Aktivisten und ruft die Bevölkerung auf, die Intifada fortzusetzen. Ein letztes Mal wird der Leichnam Antons gezeigt. Die Bahre, auf der er liegt, wird fast senkrecht hochgestellt. Aus der Menge kommen laute Klagerufe. Angesichts des Todes ist Zurückhaltung fehl am Platz; die Gemüter sind erregt, und jeder läßt seinen Gefühlen auf seine Art freien Lauf. Anton wird ins Grab gelegt, und die Menschen begeben sich zu dem auf einer Anhöhe gelegenen Haus von Anton al-Shomali. Auf dem Weg dorthin taucht plötzlich ein israelischer Jeep auf. Da sich in ihm nur wenige Soldaten befinden, setzen sie vorsichtshalber Tränengas ein. Die kleiner gewordene Menge fängt an zu laufen, zwei Personen fallen in Ohnmacht. Abends bleiben die Frauen bei der Mutter und den Schwestern von Anton, während die Männer draußen warten. Drei Tage lang kommen die Bewohner von Seit-Bahour zum Haus des Verstorbenen, um ihre Trauer, Solidarität und ihren Willen zu bekunden, der Familie beizustehen. Noch beherrschen die politischen Aktivisten die Szene. Sie wenden sich regelmäßig an die Bevölkerung, marschieren in Reih und Glied, hissen palästinensische Fahnen und bringen Fotos von Anton am Haus seiner Familie an. Am dritten Tag unterbrechen die israelischen Soldaten die Trauerrituale. Die Fahnen und die Fotos des »Märtyrers« verschwinden. Steine fliegen. Die IDF antwortet darauf mit Tränengas.

Jane hat ununterbrochen geweint. Ihre ältere Schwester fordert sie energisch auf, sich zu beherrschen. »Hör auf zu weinen. Die Leute werden darüber reden.«

Puritanismus und soziale Revanche

Mit der Intifada soll auch eine strenge moralische Ordnung durchgesetzt werden. Die Führer des Aufstands sind der Meinung, daß die Verhaltensweisen der Menschen den Prinzipien und Zielen der politischen Revolution angemessen sein müssen. In diesem Punkt treffen sich die nationalistischen und die islamistischen Bewegungen: um dem Feind trotzen zu können, muß sich die palästinensische Gesellschaft moralisch erneuern. Die Wirksamkeit des palästinensischen Nationalismus hängt von der inneren Kraft des Gemeinwesens ab. Um dieses zu stärken, wird die Gemeinschaft des palästinensischen Volkes neu definiert, das sie einigende Band sind traditionelle und religiöse Werte. Die Widerstandsideologie schließt jedwede Infragestellung der so definierten sozialen Ordnung aus, in ihr haben Zerstreuungen und Vergnügungen aller Art keinen Platz mehr. Aus der Sicht der Initiatoren und führenden Köpfe der Intifada ist es wichtig, sich nicht durch Vergnügungen ablenken zu lassen und seine Energien auf den Kampf zu konzentrieren. Die Bevölkerung wird aufgefordert, die Kämpfer zu respektieren und zu unterstützen. Im Laufe der Jahre verschwindet das Nachtleben, schließen die wenigen Restaurants und Cafés, sobald es Abend wird. Im Gazastreifen sind die Palästinenser gezwungen, auf abendliche Vergnügungen zu verzichten, da die israelische Armee zwischen neun Uhr abends und fünf Uhr morgens eine Ausgangssperre verhängt. Tagsüber fahren Familien oder Schüler nicht mehr nach Israel; im Gazastreifen verbieten besonders eifrige Aktivisten den Familien, an den Strand zu gehen. Alle Bewohner des Westjordanlands und des Gazastreifens führen ein einfaches Leben, teilweise aus Überzeugung und teilweise, weil sie dazu gezwungen werden.

Die Hochzeiten werden im bescheidenen Rahmen gefeiert: der Brauch, der verlangt, daß der frischgebackene Ehemann eine teure und aufwendige Hochzeitsfeier ausrichtet, wird als Zeichen einer rückständigen Tradition gewertet. Feste dürfen gar nicht gefeiert werden, wenn ein »Märtyrer« fällt.

All diese Forderungen entspringen dem Wunsch nach einer Gesellschaft, die sich aller Verhaltensweisen entledigt hat, welche als sozial schädlich oder von einem religiösen Standpunkt aus als unzulässig betrachtet werden. Folglich enthält der revolutionäre Geist der Intifada auch ein ausgeprägt puritanisches Element. Eines der Argumente, mit denen diese moralische Strenge begründet wird, ist taktischer Natur: Diejenigen, die die moralische Ordnung verletzen, erzeugen eine Schwachstelle in ihrer Gemeinschaft, die sich der Besatzer leicht zunutze machen kann. Ein Betrunkener, ein Rauschgiftsüchtiger, ein junges Mädchen, das gegen die sexuellen Verbote verstößt, sind für ihn eine leichte Beute. Die israelische Armee kann Kapital aus den von den Palästinensern begangenen Fehlern schlagen, indem sie Informanten gewinnt. Der Feind oder die in seinem Sold stehenden Kollaborateure können diese Menschen leicht zum Sprechen bringen oder sie erpressen. Zwar sind Fälle dieser Art bekannt, jedoch werden sie stark überschätzt; vielmehr dienen sie den *Shebab* als Vorwand, um eine erdrückende soziale Kontrolle zu praktizieren.

Diese Werte und Normen, die der Bevölkerung in den besetzten Gebieten aufgezwungen werden, um die Intifada zu fördern, prägen eine ganze Generation. Für die jüngsten Teilnehmer am Aufstand oder für die kleinen Brüder, die in dieser Zeit sozialisiert werden, kommt ein Verstoß gegen die strengen moralischen und/oder religiösen Vorschriften einem politischen Verrat gleich. Diejenigen, die eine Liebesbeziehung eingehen oder andere verbotene Freuden genießen, werden verdächtigt oder beschuldigt, mit den Israelis gemeinsame Sache zu machen. Jihad, der im Mai 1992 bei der Beisetzung Antons eine herausragende Rolle spielt, wird einige Wochen später dabei ertappt, daß er das Mädchen umarmt, das er liebt. Dieser überzeugte Aktivist der PFLP, der an der Universität politisch arbeitet und schon im Gefängnis gesessen hat, muß sich von einem jungen Mann aus seinem Umfeld sagen lassen: »Du wirst noch als Kollaborateur enden.«

Es sind besonders die Frauen, die sich dieser moralischen Ordnung beugen müssen. Im Gazastreifen werden sie Ende 1980 zunehmend gezwungen, den Schleier zu tragen. Zunächst sind es einige Frauen aus einfachen Verhältnissen, vor allem aus den Flüchtlingslagern, die in diesem Punkt die Initiative ergreifen. Als Schwestern, Töchter oder Ehefrauen von verletzten, eingesperrten oder gefallenen Kämpfern verzichten sie spontan darauf, sich zu schminken und sich hübsch anzuziehen, um ihre Trauer zu bekunden. Es ist nicht die Zeit für Koketterie. Nach und nach führt der soziale Druck in den einfachen Wohnvierteln, die sehr aktiv am antiisraelischen Kampf teilnehmen, dazu, daß alle Frauen ihren Kopf bedecken. Der Schleier wird zu einer patriotischen Pflicht, zu einem Zeichen für die Unterstützung der Intifada. Das weibliche Geschlecht hat einen wichtigen Beitrag zur Gesundung der Gesellschaft zu leisten: Das untadelige Verhalten der jungen Mädchen und der Ehefrauen garantiert die Ehre einer Familie. Schnell unterwerfen sich auch die Frauen der bürgerlichen Mittelschichten den Forderungen der furchteinflößenden *Shebab*; sie übernehmen einen Stil, der dem geforderten Anstand entspricht, und passen sich dem Prozeß der Islamisierung der Sitten an, der in den besetzten Gebieten stattfindet. Eine Frau, die sich im Gazastreifen mit unverhülltem Kopf blicken läßt, läuft Gefahr, beleidigt und mit Steinen beworfen zu werden. Auch die widerspenstigen Frauen werden durch Androhung von Gewalt dazu gebracht, das Diktat von jungen bewaffneten Aktivisten zu akzeptieren, die zwar weder eine Ausbildung noch politische Erfahrung haben, aber dennoch für sich das Monopol in Anspruch nehmen, Zwang auf andere auszuüben.[19] Die konfliktträchtigen Beziehungen zwischen den sozialen Schichten sind für das Verständnis der Intifada wichtig.

Die politischen Ambitionen gehen bei manchen Aktivisten mit dem Wunsch nach sozialer Revanche einher. Die bürgerlichen Schichten zu zwingen, die Lebensweise der einfachen und konserva-

---

19 Zur Rolle der Frau in der Intifada siehe Rema Hammami, *L'Intifada a-t-elle émancipé les femmes?*, in: Revue d'études palestiniennes, Nr. 51, Frühjahr 1994.

tiven Bevölkerungsgruppen zu übernehmen, stellt schon per se einen Sieg dar.

Als es zu den ersten Konflikten kommt, betrachten einflußreiche Familien, die zu den herrschenden Schichten gehören, den Volksaufstand mit Mißtrauen: Das Großbürgertum hat von jeher politische Funktionen ausgeübt und seinen Immobilienbesitz sowie seine Industrieunternehmen optimal verwertet. Aus dieser Position heraus konnten die Vertreter dieser Clans die Bevölkerung vor Ort an sich binden. Gewisse Teile dieser Schichten, die als eine Art Nahtstelle fungierten, hatten sich mit der israelischen Militärverwaltung arrangiert. Dieser Politik setzt die Nationale Führung ein Ende, denn sie schließt prinzipiell jegliche Zusammenarbeit mit den Militärbehörden aus. Zunächst versucht sie, die Honoratioren in dem Maß auf ihre Seite zu ziehen, in dem sie ihren Anspruch auf die Führung des Kampfes und die Organisierung der Gesellschaft anmeldet. Sodann richtet sie Warnungen an einige Vertreter der einflußreichen Familien, die es wagen, die PLO zu kritisieren und sich für eine jordanische Option auszusprechen. Die von einem Teil der politischen Klasse in Israel befürwortete Lösung der Einbeziehung des Westjordanlands in das haschemitische Königreich findet auch die Zustimmung mancher Persönlichkeiten in Nablus und Hebron. Diese unterhalten wirtschaftliche und politische Kontakte mit der jordanischen Regierung und begegnen der palästinensischen Führung mit Mißtrauen.

Abgesehen von diesen wenigen einflußreichen Familien, die letztlich eine untergeordnete Rolle spielen, steht die palästinensische Gesellschaft hinter den von der Vereinigten Nationalen Führung proklamierten Zielen und geforderten Aktionen. Zu Beginn der Intifada herrscht große Einmütigkeit. Ausschlaggebend für diese erfolgreiche Mobilisierung ist das Bündnis zwischen den *Shebab* aus den einfachen Schichten der Bevölkerung, den Intellektuellen und den Geschäftsleuten.

Die Universitäten im Westjordanland und im Gazastreifen sind Hochburgen der politischen Agitation. Hier werden von den Professoren und den Studenten politische Ideen entwickelt, und hier rekrutieren die Aktivisten ihre Mitkämpfer. Sie sorgen dafür, daß die Ziele und Aktionsformen der Intifada der gesamten Bevölkerung nahegebracht werden. Die Studenten der Universität Birzeit in der

Nähe von Ramallah oder der von Najah in Nablus kommen aus sehr unterschiedlichen sozialen Schichten und geographischen Gebieten. Sie kommen aus Städten und Dörfern, aus Flüchtlingslagern, aus einfachen wie aus gehobenen Verhältnissen.

Die Ladenbesitzer tragen ihren Teil zur Intifada bei, indem sie sich an die Anweisungen der Nationalen Führung halten. Diese Gruppe, die normalerweise kaum zu mobilisieren ist, schließt sich dem nationalen Kampf an. Da sie an viele Vorschriften gebunden ist, die den wirtschaftlichen Austausch zwischen Palästinensern und Israelis regeln, und unter einem für sie nachteiligen Steuersystem zu leiden hat, liegt ihr sehr viel an der Änderung der Spielregeln. Die Ladenbesitzer nehmen am Boykott israelischer Produkte teil, respektieren die Streiks und weigern sich, Steuern zu zahlen. In der Anfangszeit ziehen die *Shebab* und die Ladenbesitzer an einem Strang. Es kommt vor, daß die Aktivisten die Eisengitter der Geschäfte reparieren, die von der israelischen Armee demoliert wurden. Doch es dauert nicht lange, bis sich hier und da Konflikte ergeben. In Nablus plündern und verwüsten junge Aktivisten beispielsweise Geschäfte unter dem Vorwand, diese hielten sich nicht an den Boykott israelischer Produkte.

Zum Bruch kommt es, als die Besatzungsarmee die Geschäftsleute zur Aufgabe ihres Widerstands zwingt, indem sie die Zahlung der Steuern fordert. Die Geschäftsleute beugen sich dieser Forderung, als ihre Waren beschlagnahmt werden. Es entsteht eine Kluft zwischen den *Shebab*, die nichts zu verlieren haben, und der Mittelschicht, die sich den verheerenden Auswirkungen der Repression entziehen will. Zudem machen sich manche radikalen Aktivisten durch ihre Übergriffe und rauhen Methoden unbeliebt. Da die Bevölkerung nach mehreren entbehrungsreichen Jahren erschöpft ist und die durch den Golfkrieg ausgelöste Wirtschaftskrise an ihren Kräften zehrt, bleibt nicht mehr viel von der allgemeinen Aufbruchstimmung und der Geschlossenheit der palästinensischen Gesellschaft.

Daß dem Aufstand die Luft ausgeht, liegt auch an der Repression, durch die die Bewegung ihrer Führer beraubt wird, die entweder ins Gefängnis gesperrt oder verbannt werden. Ohne kampferprobte politische Führer wird die Intifada zunehmend zu einer Sache immer jüngerer und unerfahrenerer Aktivisten, die schnell zur Gewalt –

auch gegenüber der palästinensischen Gesellschaft – greifen. Es kommt zu Zusammenstößen zwischen rivalisierenden Gruppen. Besonders groß ist die Konkurrenz zwischen den Aktivisten der Fatah und denen der Hamas[20], die auf spektakuläre Aktionen setzen. In manchen Gegenden sind diese mehr mit der Konsolidierung ihrer eigenen Macht als mit dem Kampf gegen den Besatzer beschäftigt.

Die Militarisierung der Intifada verschärft die Konkurrenz unter den verschiedenen Gruppen. Es entstehen immer mehr bewaffnete Gruppen, die von der PLO in Tunis oder Amman finanziert werden. Die palästinensische Führung, die die Kontrolle über die Aufstandsbewegung behalten will, steht in Kontakt mit den Aktivisten in den besetzten Gebieten, die von ihr finanziert werden. Doch Rivalitäten in den eigenen Reihen führen zu unkoordinierten Aktionen. Denkbar ist auch, daß die im Ausland lebende politische Führungsspitze gar kein Interesse daran hat, im Westjordanland und im Gazastreifen klare Verhältnisse zu schaffen, weil sie eine alternative Machtstruktur schwächen will, die aus den besetzten Gebieten hervorgegangen und dort fest verankert ist. Die Zunahme der bewaffneten Gruppen stiftet auch insofern Verwirrung, als die Aktivisten maskiert und daher schwer zu identifizieren sind. Diese mit leichten Waffen ausgestatteten Kämpfer sind schnell bereit, Gewalt anzuwenden.

Somit liegt das Scheitern der Intifada daran, daß die Protagonisten es nicht verstanden haben, die nationale und soziale Dimension des Kampfes deutlich zu machen. Zu Beginn des Aufstands verleihen die Aktivitäten der jungen Leute aus den benachteiligten Schichten der Bewegung ihre Dynamik. Ab 1990 isolieren sich diese Kämpfer jedoch von der Gesellschaft, da sie versuchen, sie mit der

---

20 Die Hamas, eine arabische Abkürzung für »islamische Widerstandsbewegung«, ist die politische Organisation der Muslimbrüder. Die Gründung dieser Organisation stellt einen Bruch mit einer Tradition dar, die die Gesellschaft islamisieren will, um sie zu einem erfolgreichen Kampf gegen Israel zu befähigen. Die Hamas soll als politische Bewegung an der Intifada teilnehmen. Die Charta der Hamas sieht vor, daß ein palästinensischer islamischer Staat errichtet wird, Israel von der Landkarte verschwindet und die Juden als geschützte Minderheit in diesem Staat leben.

Androhung und Anwendung von Gewalt hinter sich zu bringen. Der Aufstand verliert an Glaubwürdigkeit. Der zivile Widerstand und der begrenzte Einsatz von Gewalt, die die Wirksamkeit der Intifada ausmachten, weichen einer wachsenden Brutalität gegenüber den Palästinensern selbst, die unter der Jagd auf vermeintliche Kollaborateure und den zunehmend kriminellen Methoden mancher Gruppen zu leiden haben.

Die fehlgeleitete Volksnähe

1995 flammt die Intifada in Nablus ein letztes Mal auf. Diesmal haben es die Aktivisten weder auf die Soldaten der IDF noch auf die Siedler abgesehen, auch wenn die israelischen Zeitungen großes Interesse an den Ereignissen zeigen. Eine Gruppe aus der Altstadt von Nablus hat beschlossen, die Stadt von denen zu säubern, die sie für schädlich halten, nämlich Kollaborateure und Drogendealer. Drei Menschen werden getötet, ein weiteres Dutzend durch Warnschüsse verletzt. Die Bande, die hier ihr Unwesen treibt, kann sich die Zurückhaltung der israelischen Armee zunutze machen. Denn zu diesem Zeitpunkt, als abzusehen ist, daß die palästinensische Regierung die Kontrolle über die Städte im Westjordanland übernehmen wird, kümmert sich die israelische Armee nicht mehr um Ordnung und sozialen Frieden in diesen Gebieten. Ahmed Tabouq ist der Anführer dieser Bande, die im Mittelpunkt der Aufmerksamkeit steht. Die Ereignisse in Nablus legen den Schluß nahe, daß gewisse *Shebab* der im Sommer 1994 eingerichteten palästinensischen Autonomiebehörde zu schaffen machen könnten.

Diese *Shebab*, die von Anfang an aktiv an der Intifada mitgewirkt haben, haben mehrere bewaffnete Gruppen gegründet und wieder aufgelöst: die Ninja-Kämpfer, die Black Panther und die Falken. 1989 jagen die Ninja-Kämpfer Kollaborateure; ein Teil von ihnen wird verhaftet, andere werden in der Altstadt von den Sondereinheiten der israelischen Armee getötet. Ein Jahr später treten die Black Panther an ihre Stelle: diese jungen Männer aus der Altstadt gehen gegen Agenten im Sold Israels vor und arbeiten mit Gruppen zusammen, die der Hamas angehören, also der islamistischen Gruppierung, die sich als Konkurrenz zur Fatah versteht. Trotz ihrer Kontakte und der Gelder, die sie aus dem Ausland erhalten, halten sich diese Aktivisten nicht an die Anweisungen der PLO, die das Ende der Hinrichtungen von Kollaborateuren fordert. Falls nötig, setzen sie wohlhabende Leute in Nablus unter Druck. Die eingeschüchterten Bürger beugen sich ihren Forderungen und erhoffen sich davon einen gewissen Schutz. In den Jahren 1990 und 1991 werden Ahmed Tabouq und seine Freunde verhaftet und zu lebenslanger Haft verurteilt. Sie kommen nach Abschluß der Verträge von Oslo wieder frei, als die palästinensische Autonomie im Gazastreifen und in Jericho hergestellt wird.

Die in bezug auf ihre Freilassung getroffene Abmachung sieht vor, daß die *Shebab* von den Palästinensern kontrolliert werden. Die Bande, die aus der Altstadt von Nablus stammt, muß sich fortan in Jericho aufhalten, wo sie von den palästinensischen Sicherheitskräften überwacht wird. Die palästinensische Regierung kann schwerlich die »Helden« der Intifada hinter Schloß und Riegel bringen. Daher gelingt es Tabouq und seinen Freunden mühelos, zu fliehen, wieder in ihre Stadt zurückzukehren, sich Waffen zu beschaffen und erneut eine Gruppe – die Falken – zu bilden, die über die Altstadt von Nablus und ihre Umgebung herrscht. Ihr Anführer, von den israelischen Journalisten auch »palästinensischer Rambo« genannt, wird sogar in den Medien zur Kenntnis genommen. Tabouq und seine Männer, die aus einfachen Verhältnissen stammen und im Alter von 14 Jahren die Schule verlassen haben, scheinen von der Macht, die sie über die Bevölkerung vor Ort ausüben, geradezu berauscht zu sein. In einem Interview sagt Tabouq:

> »Für mich ist das Volk das A und O. Wir versuchen, die Idee der Herrschaft des Volkes durch das Volk durchzusetzen, und unsere Entscheidungen kommen aus dem tiefsten Inneren des Volkes, das hat nichts mit einer Autonomiebehörde zu tun.«[21]

Dennoch bekräftigt er seine Loyalität Yassir Arafat gegenüber, dessen Führungsrolle er anerkennt. Die Bande von Tabouq identifiziert sich sehr stark mit der Gemeinschaft, aus der sie kommt und die territorial und sozial definiert wird: sie will die benachteiligten Schich-

---

21 *Ahmed Tabouq yatahaddath li-l-majalla-Alwan*, Alwan, 15. November 1995, S. 19.

ten der Altstadt von Nablus vertreten. Auch wenn diese jungen Männer Kontakt mit anderen Fatah-Gruppen haben, etwa mit solchen, die aus den Flüchtlingslagern am Rande von Nablus hervorgegangen sind und mit denen sie sich gelegentlich verbünden, bilden sie eine eigene, solidarische Gruppe. Ihre Verankerung in der einfachen Bevölkerung ist das Gegenstück zur sozialen Basis des Bürgertums in Nablus. Ein halbes Dutzend Familien sitzt seit über einem Jahrhundert an den politischen und wirtschaftlichen Schaltstellen der Stadt. Der Einfluß dieser wenigen angesehenen Familien basiert unter anderem auf der jeweiligen Klientel, die sie sich im Laufe der Zeit verpflichtet haben. Die Tatsache, daß Ahmed Tabouq und seine Freunde sich als Verteidiger der Armen und Schwachen verstehen, muß im Zusammenhang mit der sozialen Segmentierung und dem sozialen Gefälle gesehen werden, die in Nablus besonders stark ausgeprägt sind. Die Aktivisten der Fatah aus der Altstadt haben die Bestrafung von Mitgliedern ihrer Gesellschaft über den Kampf um deren Befreiung gestellt. Die nationalistische Rhetorik hilft ein Vorgehen zu legitimieren, das von dem Wunsch nach sozialer Revanche geleitet ist. Die Feinde der palästinensischen Nation, auf die es die *Shebab* abgesehen haben, gehören fast immer zu den wohlhabenden Kreisen der Stadt. Als die Gruppe kurz vor dem Ende der israelischen Besatzung noch einmal losschlägt, wird sie von der Fatah-Organisation in Nablus kritisiert, die ihre willkürlichen Aktionen mißbilligt. Der Kampf gegen das Bürgertum steht nicht auf dem Programm dieser revolutionären Organisation. Sie versucht im Gegenteil die Kluft zu schließen, die durch das Ende des Kampfes gegen Israel und die darauf folgenden inneren Machtkämpfe in der palästinensischen Gesellschaft entstanden ist. Das Kapitel Ahmed Tabouq ist um so unrühmlicher, als es den Anschein hat, als hätten Familien aus der Oberschicht von Nablus ihn und seine Gruppe benutzt, um schmutzige Geschäfte für sie zu erledigen und persönliche Rechnungen zu begleichen. Geheimnisse werden in Nablus gut gehütet. Trotzdem mußten die *Shebab* für einige Persönlichkeiten der Stadt schnell zu lästigen Zeugen werden.

Die Geschichte von Tabouq ist in mehrfacher Hinsicht bemerkenswert. Sie zeigt anschaulich den Zerfallsprozeß der Intifada. Nachdem ihre führenden Köpfe Opfer der israelischen Repression geworden waren, übernahmen die jüngsten Aktivisten die Führung der Bewegung und griffen zu gewaltsamen Methoden. So haben sie nach und nach das Anliegen diskreditiert, das den Aktionen des zivilen Ungehorsams zugrunde lag, und Gräben in der Gesellschaft aufgerissen. Im übrigen wirft die Demonstration der Stärke der *Shebab* kurz vor der Einführung der palästinensischen Autonomie die Frage ihrer Unterordnung unter die neue Autonomiebehörde auf. Wie werden die aus dem Ausland gekommenen politischen Führer die Aktivisten und die übrige Gesellschaft dazu bringen, sich ihrer Autorität zu beugen? Das ist eine schwierige Aufgabe. Zunächst einmal sind sie diejenigen, die ein Friedensabkommen mit Israel abgeschlossen haben, das weit hinter den Erwartungen der Palästinenser zurückbleibt. Sodann müssen sie die *Shebab* bewegen, auf ihren Status und ihre Rolle zu verzichten, während diese überzeugt sind, durch ihren Kampf den Staat Israel dazu gebracht zu haben, sich an den Verhandlungstisch zu setzen.

Die Einführung der palästinensischen Autonomie 1994–2000

Die Geheimverhandlungen zwischen Vertretern der israelischen Regierung von Yitzhak Rabin und Yassir Arafat nahestehenden Mitgliedern der PLO führen zu dem Ergebnis, daß in einem Teil der besetzten Gebiete die Autonomie der Palästinenser eingeführt werden soll. Diese Gebiete sollen schrittweise und zeitlich gestaffelt der Kontrolle der Autonomiebehörde unterstellt werden. Das am 4. Mai 1994 in Kairo unterzeichnete Gaza-Jericho-Abkommen ist die erste Umsetzung der Prinzipienerklärung, die am 13. September 1993 in Washington unterzeichnet wurde. Die israelische Armee räumt diese Gebiete und übergibt sie den Palästinensern. Die israelischen Behörden sind der Ansicht, daß der Gazastreifen unregierbar ist. Daher fällt es ihnen nicht schwer, auf dieses 370 Quadratkilometer große Gebiet zu verzichten, in dem ungefähr eine Million Menschen lebt. Außerdem hat es keine Rohstoffe und ist nicht von strategischem Interesse. Für die Juden besitzt es keinerlei religiösen oder historischen Wert. Hier leben zwar nur 5000 jüdische Siedler, aber ein Fünftel des Gazastreifens befindet sich noch heute in ihrem Besitz.[1] Die israelische Armee bleibt auf 40 Prozent des Territoriums präsent, um die Siedlungen, die wichtigsten Straßen und die Grenzen zu kontrollieren. Die Polizei der PLO sorgt in 60 Prozent des Gazastreifens für Sicherheit und übt die Kontrolle über Jericho, eine ruhige Kleinstadt im Westjordanland, aus. Die palästinensische Autonomiebehörde ist für die laufenden Aufgaben zuständig: Erziehungs- und Bildungswesen, Gesundheitswesen und Wohnungsbau. Das am 28. September 1995 geschlossene Abkommen von Taba tritt weitere fünf Städte an sie ab (Jenin, Tulkarem, Qalqilya, Nablus und Bethlehem), die drei Prozent des Territoriums ausmachen und in denen 20 Prozent der Bevölkerung leben. Dies ist die Zone A, in der

---

1 Amira Hass schreibt, daß nach den Abkommen von Oslo »ein Fünftel des Gazastreifens […] einem halben Prozent der Menschen vorbehalten ist, die in seinen Grenzen leben«, in: Gaza, Tage und Nächte in einem besetzten Land, München 2003, S. 156.

die Autonomiebehörde zivile Kompetenzen hat und für die Aufrechterhaltung der Sicherheit verantwortlich ist. Die Zone B besteht aus einigen hundert palästinensischen Dörfern, die 24 Prozent des Territoriums ausmachen und in denen 68 Prozent der Bevölkerung leben; hier regelt die Autonomiebehörde die zivilen Angelegenheiten, während die Sicherheit noch immer in die Zuständigkeit der israelischen Armee fällt.[2] Die Siedlungen, die für die Siedler wichtigen Umgehungsstraßen, die Militärlager und die von Israel als Sicherheitszonen ausgewiesenen Gebiete, das heißt 73 Prozent des Westjordanlands, sind weiterhin israelisches Hoheitsgebiet. Die in den Wye River-Abkommen[3] vorgenommenen Korrekturen beinhalten weitere Zugeständnisse an die Palästinenser: 18,2 Prozent des Westjordanlands werden der Zone A und 21,8 Prozent der Zone B zugeschlagen, die restlichen 60 Prozent bleiben unter israelischer Kontrolle. Die Interimsabkommen[4] sollen für den Zeitraum von fünf Jahren gelten. Die schwierigen Fragen, die Jerusalem, die israelischen Siedlungen und die palästinensischen Flüchtlinge betreffen, werden ausgeklammert. Über sie soll in den Verhandlungen über den endgültigen Status der palästinensischen Gebiete gesprochen werden, die für 1999 vorgesehen sind. In diesem Zeitraum verstärkt Israel seinen Zugriff auf das Westjordanland und die Stadt Jerusalem, die es als unteilbare und ewige Hauptstadt des israelischen Staates betrachtet: 1992 leben 120000 Israelis in den Siedlungen, im Jahre 2000 sind es 200000. Unter der Regierung von Ehud Barak steigt die Zahl der Siedlungen von 100 auf 145.

Der Führer der PLO erkennt ausdrücklich den israelischen Staat an und akzeptiert die in den Verhandlungen von Oslo gestellten Forderungen Israels: Er gibt sich mit einer territorial und politisch begrenzten Autonomie zufrieden, was ein Schlag gegen den palä-

---

2 Vgl. Franck Debié, Sylvie Fouet, La Paix en miettes. Israël et la Palestine (1993–2000), Paris 2001.

3 Das Wye River-Memorandum wird am 23. Oktober 1998 unterzeichnet. Das Abkommen von Sharm el-Sheich, auch Wye II genannt, wird am 4. September 1999 geschlossen.

4 Das Abkommen von Kairo oder Oslo I und das Abkommen von Taba oder Oslo II sind Interimsabkommen.

stinensischen Nationalismus ist, der in seiner gemäßigten Spielart einen palästinensischen Staat in den Grenzen von 1967 anstrebt.

Für Israel stellt diese erste Etappe einen Test dar: Ist Yassir Arafat in der Lage, die Palästinenser für diese neue politische Ordnung zu gewinnen und gleichzeitig für seine eigene Sicherheit zu sorgen?

Der triumphale Einzug des PLO-Führers im Gazastreifen bedeutet für die palästinensische Bevölkerung, daß sie gewisse Freiheiten wiedererlangt. Das Gefühl der Erleichterung läßt jedoch nach, als deutlich wird, wie unvollständig die Befreiung ist. Die Autonomiebehörde, die viele in der Intifada aktive *Shebab* in ihre Sicherheitskräfte aufgenommen hat, versucht, die Gewalt einzudämmen und eine politische Ordnung zu errichten. Im Gazastreifen, wo es eine gewisse territoriale Kontinuität gibt, gelingt es ihr, eine relativ wirksame Kontrolle über die Gesellschaft auszuüben. Im Westjordanland dagegen ist ihre Macht auf einige Enklaven beschränkt, da der Einfluß Israels hier noch beträchtlich ist. Vor allem muß sie mit den örtlichen Eliten und mit sozialen Konflikten rechnen. Die Autonomiebehörde hat die schwierige Aufgabe zu bewältigen, die Führungspositionen mit Exilpalästinensern zu besetzen, die *Shebab* einzubinden und die Notabeln zu integrieren oder dazu zu bringen, sich neutral zu verhalten.

Das Ende der Besatzung im Gazastreifen

Erleichterung

Im April 1994 ist die israelische Armee zwar noch im Gazastreifen präsent, agiert aber sehr zurückhaltend. Seit dem Händedruck zwischen Yassir Arafat und Yitzhak Rabin im September 1993 in Washington hat der Druck der IDF auf das Alltagsleben der Palästinenser nachgelassen. Desungeachtet hat der Geheimdienst begonnen, mehrere Mitglieder des bewaffneten Flügels der Fatah zu eliminieren. Bei den Sperren auf den noch von Israel kontrollierten Straßen versuchen manche Soldaten mit den palästinensischen Autofahrern ins Gespräch zu kommen, so als hofften sie, den Ort, den sie bald verlassen werden, in guter Erinnerung zu behalten. »Sind Sie froh über den Frieden?« Der so angesprochene Bewohner des Gazastreifens legt nicht den geringsten Wert darauf, sich mit denjenigen zu verbrüdern, die ihn zum Anhalten zwingen. »Ich werde froh sein, wenn ihr endlich weg seid«, antwortet er, ohne zu lächeln.

Die Ausgangssperre, die der Bevölkerung verbietet, zwischen neun Uhr abends und fünf Uhr morgens auf der Straße zu sein, ist noch in Kraft. Vorsichtig beginnen die *Shebab*, gegen dieses Verbot zu verstoßen und sich auf gewisse Straßen zu begeben, die für den Verkehr gesperrt sind. Eine fröhliche Festtagsstimmung lockert die in den Jahren der Besatzung angestaute Bitterkeit auf. Aus den umliegenden arabischen Ländern kommen die ersten palästinensischen Polizisten in den Gazastreifen. Die jüngsten unter ihnen, Söhne der Flüchtlinge von 1948, betreten zum ersten Mal den Boden Palästinas. Viele haben dort Angehörige, mit denen sie telefonisch oder brieflich in Kontakt gestanden haben. Diejenigen, die die unteren Stellen der neuen zivilen Verwaltung und des Militärapparats besetzen, haben in ihrem Exil in Jordanien, Syrien und Libanon in Flüchtlingslagern gelebt. Sie kommen von einem Lager in ein anderes, doch diesmal ist es Palästina. In manchen Häusern in den Flüchtlingslagern Jabalia oder Chati rückt man enger zusammen, um auch noch die Cousins unterzubringen. Man ist überall sehr gastfreundlich, die Uniformen und Waffen der Palästinenser werden bejubelt. Die des Feindes werden demnächst verschwinden. Der Umsatz der Fotografen in Gaza steigt, denn Jugendliche beiderlei Geschlechts und Großmütter posieren stolz mit der von einem palästinensischen Polizisten geliehenen Waffe.

Die von Israel einige Jahre oder Jahrzehnte zuvor verbannten Palästinenser dürfen in ihre Heimat zurückkehren. Die Rückkehr der Väter, Söhne und Kampfgefährten wird von der Familie und der Gemeinschaft gefeiert. Vor manchen Häusern stehen Zelte, um den ständigen Besucherstrom aufzunehmen. Immer wieder gibt es stürmische Küsse und Umarmungen; der Kämpfer, dessen Exil zu Ende ist, wird von den Männern viermal, achtmal oder gar zwölfmal geküßt. Zum Zeichen der Freude und um den Sieg zu feiern, werden Schüsse in die Luft abgefeuert. Das große Wiedersehensfest wird durch einige Unfälle getrübt.

Die israelische Militärführung hat beschlossen, ihren Rückzug um einige Tage vorzuziehen und in die Nacht zu legen, damit er von den Palästinensern nicht beobachtet werden kann. Vergebliche Mühe. Die Übergabe der Macht an die palästinensische Polizei zieht viele junge Leute an, die jetzt die Gelegenheit für eine symbolische Revanche sehen. Auf die letzten Besatzungstruppen werden Steine geworfen. Die neuen Vertreter der palästinensischen Ordnung bündeln die allgemeine Ausgelassenheit, indem sie stundenlang in die Luft schießen. Die Menge, hauptsächlich aus Männern bestehend, ist vor Begeisterung außer sich. Amira Hass, Korrespondentin der israelischen linksgerichteten Zeitung *Ha'aretz* wagt es, das Wort an die jubelnden *Shebab* zu richten. »Gibt es hier jemanden, der Hebräisch spricht?« fragt sie zum Entsetzen ihres britischen Kollegen in ihrer Sprache. Überraschenderweise dreht sich ein junger Mann um, dann mehrere andere. Sie bejahen die Frage und unterhalten sich mit der israelischen Journalistin, die weiter Stoff für ihre Reportage sammelt.[5]

Die Ausgangssperre wird aufgehoben, und die Bewohner des Gazastreifens genießen das Leben und Treiben, das jetzt abends und nachts wieder auf den Straßen herrscht. Die Felafelverkäufer stellen draußen Tische auf, und die Restaurants öffnen wieder. Die Absperrungen verschwinden von den Straßen. Auf der Küstenstraße zeigen die Staus, die der guten Laune der Menschen keinen Abbruch tun, wie sehr diese das Bedürfnis haben, hinauszufahren. Die *Shebab* verbringen ganze Nächte am Strand. Die Frauen vermissen die Abende, die ihre Ehemänner mit ihnen zu Hause verbracht haben. Doch sie tauschen die Angst vor dem Eindringen der Soldaten in ihr Haus und der möglichen Festnahme ihrer Brüder oder ihres Ehemanns gerne gegen diese Einsamkeit ein. Die Frauen aus dem bürgerlichen Viertel von Rimal, die sich von den palästinensischen Polizisten beschützt fühlen, legen ihren Schleier ab.

Die aus den einfachen Vierteln des Gazastreifens stammenden jungen Fatah-Aktivisten finden Gefallen an der Idee, in den palästinensischen Polizeidienst einzutreten. Eine Uniform zu tragen ist verlockend. Außerdem würde es gut zu dem von ihnen eingeschlagenen Weg passen, am Aufbau eines palästinensischen Staates unter der Führung von Yassir Arafat teilzunehmen. Zwar ist noch nicht

---

5 Vgl. auch Hass, Gaza, S. 22ff.

klar, welche Folgen die mit Israel geschlossenen Abkommen im einzelnen haben werden, aber insgesamt sind das Vertrauen und die Loyalität gegenüber der örtlichen und nationalen Führung stärker als die Zweifel. Die Erleichterung über den Abzug der IDF und die errungene neue Freiheit stimmen die Menschen optimistisch, wenngleich es noch viele offene Fragen gibt. Wann werden die Häftlinge freikommen? Was wird mit den palästinensischen Oppositionellen geschehen? Die Vorstellung, daß Islamisten, die gewaltsame Aktionen gegen Israel durchgeführt haben, an den israelischen Staat ausgeliefert werden könnten, ist – auch für die Befürworter des Friedensprozesses – inakzeptabel. Einen weiteren Anlaß zur Besorgnis stellt die Existenz der jüdischen Siedlungen im Gazastreifen und im Westjordanland dar.

Außerhalb des politischen Umfelds von Arafat halten sich das Mißtrauen und das Gefühl der Befreiung die Waage. Youssef, der im Flüchtlingslager von Jabalia lebt und Mitglied der Volksfront für die Befreiung Palästinas ist, hat im Fernsehen gesehen, wie palästinensische Polizisten in Ägypten ausgebildet werden. »Warum haben sie Gummiknüppel? Um uns eins überzuziehen!« sagt er empört. Die Einsetzung einer Macht, die das Gewaltmonopol hat, erschreckt diese Generation, für die die Anwendung von Gewalt gleichbedeutend mit der unrechtmäßigen Besetzung durch die Israelis ist. Die Journalisten fragen sich besorgt, wie die palästinensische Autonomiebehörde mit der Pressefreiheit umgehen wird. Daß Yassir Arafat einen autokratischen Führungsstil hat und daß die Leute, mit denen er sich in Tunis umgeben hat, korrupt sind, hat sich bis zum Gazastreifen herumgesprochen. Doch trotz der Zweifel hinsichtlich der politischen Zukunft der vormals besetzten Gebiete wird der Vater der Nation, Symbol des nationalen Kampfes der Palästinenser, bei seiner Ankunft im Gazastreifen wie ein Befreier gefeiert.

Zusammen mit Arafat kommen Mitglieder der PLO und ihre Familien. Einige seiner Getreuen haben die Jahre des Exils in Jordanien, im Libanon und dann am Golf von Tunis mit dem »Alten«[6] geteilt. Viele dieser Familien waren noch nie im Gazastreifen. Zwi-

---

6 Auf arabisch *al-khtiar.* Eine vertraute und liebevolle Bezeichnung für Yassir Arafat.

schen den dortigen einfachen Schichten und den aus dem Ausland kommenden bürgerlich geprägten Palästinensern klafft ein tiefer kultureller Graben.

Die Bewohner des Gazastreifens hatten wenig Gelegenheit, sich mit der übrigen Welt auszutauschen. Zwischen 1949 und 1967 wurde dieses Gebiet von Ägypten unter Militärverwaltung gestellt und mit eiserner Hand regiert. Kairo hatte nicht die geringste Absicht, die hier lebenden Menschen in irgendeiner Weise in seine eigene Bevölkerung zu integrieren. Ab den späten siebziger Jahren versperrte es ihnen sogar den Zugang zur Universität. Durch die israelische Besatzung wurde dieses Gebiet noch mehr von den arabischen Ländern abgeschnitten. Infolge der Isolierung blieb diese Gesellschaft konservativ. Dieser Teil Palästinas, der wirtschaftlich wenig entwickelt und landwirtschaftlich geprägt ist und in dem 80000 Menschen leben, mußte 1948 eine beträchtliche Zahl von Flüchtlingen aufnehmen: 180000 Araber zumeist ländlicher Herkunft haben hier während des durch den Krieg verursachten Exodus Schutz gefunden. Noch heute lebt die Hälfte der Bevölkerung in Flüchtlingslagern, in denen schlechte hygienische Verhältnisse herrschen. Die Intifada hat die Bindung der Bevölkerung an traditionelle und religiöse Werte noch verstärkt.

Die führenden Leute der PLO, Arafat nahestehende Funktionäre oder hochrangige Militärs, sind an ein anderes Leben gewöhnt. Etliche von ihnen, die zuerst in Jordanien, dann im Libanon aktiv waren, ließen sich im Maghreb, insbesondere in Tunis, nieder und führten dort ein angenehmes Leben. Durch ihren von den Golfstaaten finanzierten Lebensstil haben sie sich von den Regeln und Grundsätzen der palästinensischen Gemeinschaft entfernt. Die Familien, die im Ausland gelebt haben, erkennt man sofort an ihren Wohlstandsattributen, an der westlichen Kleidung der Frauen und Kinder, die vor allem der Mode der europäischen Hauptstädte folgen.

Manche Einwohner des Gazastreifens begegnen ihnen mit Nachsicht und akzeptieren den Unterschied. Die »Kinder« Arafats, die in einem verfallenen Haus an der Küstenstraße wohnen, erregen trotz ihrer Andersartigkeit wohlwollende Neugier. Diese jungen Leute sind die Söhne und Töchter von gefallenen PLO-Kämpfern, deren sich der Vorsitzende der Autonomiebehörde angenommen hat. Andere Einwohner reagieren irritiert auf die aus der Diaspora Zurückgekehrten. Die jungen Islamisten sehen in der Verwestlichung der PLO-Mitglieder einen Verrat am palästinensischen Volk. Rafat ist ein junger Mann um die Zwanzig, der als Elektriker arbeitet und im Flüchtlingslager von Chati wohnt. Er ist Mitglied der Hamas und steht auf dem Standpunkt, daß die Palästinenser aus dem Ausland »der Gesellschaft schaden: Sie leben ausschweifend. Sie trinken und feiern abends laut. Seitdem sie da sind, zeigen viele Frauen ihre Haare. Sie haben sich vom Islam entfernt.« Diese PLO-Mitglieder erregen um so mehr Anstoß, als sie führende Stellungen in der Autonomiebehörde innehaben. Schnell wird diese Gruppe von der Bevölkerung im Gazastreifen als »Tunesier« bezeichnet, wenngleich viele von ihnen nicht in Tunis gelebt haben. Dieser Spitzname deutet einerseits auf die Distanz zu den Neuankömmlingen hin, denen man anmerkt, daß sie im Ausland gelebt haben. Andererseits macht er zugleich deutlich, daß sie zum näheren Umfeld Yassir Arafats gehören.

Auch die aus dem Ausland zurückgekehrten Palästinenser haben bald ihre Klischees. Manche von ihnen sind völlig verdutzt, als sie entdecken, wie es in diesem Teil Palästinas aussieht. Es gibt nur zwei oder drei annehmbare Restaurants, in denen allerdings kein Alkohol getrunken werden darf. Im Gazastreifen gibt es keinen Club, kein Kino und kein Theater. Die Neuankömmlinge halten die Bevölkerung des Gazastreifens häufig für rückständig und ungehobelt. Manche verhehlen ihre Verachtung nicht oder geben offen zu erkennen, daß sie die Gesellschaft verändern wollen. Trotzdem ist das Verhältnis zwischen den Bewohnern des Gazastreifens und den »Tunesiern« nicht gespannt; sie bilden keine völlig voneinander abgeschottete Gruppen. Manche gehören zur selben Familie und sind emotional miteinander verbunden.

Die heimgekehrten Palästinenser machen jetzt ihrerseits die Erfahrung des Eingeschlossenseins. Diejenigen, die Machtpositionen haben, können sich frei bewegen, ins Westjordanland, nach Tel Aviv oder ins Ausland fahren. Doch mehrmals riegelt Israel, um Selbstmordattentate zu rächen oder zu verhindern, den Gazastreifen vollständig ab. Dann können sich selbst die Besitzer einer VIP-Karte den von der IDF angeordneten Sicherheitsmaßnahmen nicht entziehen.

Binnen einiger Jahre drückt die zurückgekehrte Diaspora dem Gazastreifen ihren Stempel auf, indem sie unter anderem Treffpunkte und Vergnügungsstätten schafft. Ein Teil des Strands wird hergerichtet, und an Urlauber werden Bungalows vermietet. Ein schickes Restaurant mit dem Namen »Le Moulin« wird eröffnet. Hier ist das Essen teuer, und hier werden Lotteriespiele und Tanzabende veranstaltet. An dieser Art von Geselligkeit nimmt nur ein begrenzter Kreis von Menschen teil, zu dem auch einige Einwohner gehören, die Verbindungen zur Autonomiebehörde haben.

Die Aufstellung der Sicherheitskräfte

Die palästinensische Autonomiebehörde, die im wesentlichen mit aus dem Ausland zurückgekehrten Palästinensern besetzt ist, muß sich gegenüber den Bewohnern der vormals besetzten Gebiete legitimieren. Sind die *Shebab*, die durch die Intifada die Macht erobert haben, bereit, diese wieder abzugeben, sich der neuen Regierung unterzuordnen und deren Arbeitsweise zu akzeptieren? Die Frage stellt sich um so drängender, als die jungen Aktivisten, die den Aufstand getragen haben, überzeugt sind, daß das mit der PLO geschlossene Abkommen das Ergebnis ihres Kampfes gegen die Besatzungsmacht und des Drucks ist, den sie dadurch auf Israel ausgeübt haben.

Die Mitglieder der neuen Regierung können sich nicht rühmen, einen entscheidenden Sieg über Israel errungen zu haben, da die mit Israel ausgehandelten Abkommen hinter dem Programm der Fatah zurückbleiben. Die gemäßigte Mehrheit der PLO-Führung hat das Ziel, einen palästinensischen Staat in den Grenzen von 1967 mit Ostjerusalem als Hauptstadt zu schaffen. Die Verträge von Oslo räumen den Palästinensern jedoch lediglich Autonomie im größeren Teil des Gazastreifens und in einem kleinen Teil des Westjordanlands ein, und es ist ungewiß, was aus dieser Kompromißlösung werden wird. Zudem verfügt die Autonomiebehörde nicht über die Finanzmittel, die es ihr gestatten würden, den sozialen Frieden zu kaufen und die Zustimmung der Menschen zur neuen politischen Ordnung zu gewinnen. Die Finanzhilfe der internationalen Gemeinschaft hat zwar einen beträchtlichen Umfang, ist aber an bestimmte Projekte gebunden.

Um ihre Macht zu festigen, setzen die führenden Politiker unter anderem darauf, die jungen Männer, die in der Intifada gekämpft haben, in möglichst großer Zahl in die Ordnungskräfte aufzunehmen. Im Gazastreifen ist diese Strategie der Einbindung der Aktivisten erfolgreich. Polizist zu werden oder zum Militär zu gehen, ist für eine Generation, die ihre akademische beziehungsweise berufliche Ausbildung zugunsten ihres politischen Engagements vernachlässigt hat, eine Alternative zu Arbeitslosigkeit oder einer unsicheren Arbeitsstelle. Außerdem haben die *Shebab* durch ihre Einbeziehung in den Apparat der Autonomiebehörde die Illusion, einen kleinen Teil der Macht zu behalten, die sie bis dahin ausgeübt haben. Da die meisten von ihnen Mitglieder der Fatah sind, identifizieren sie sich mit ihrer Führung und der ihnen zugewiesenen Rolle.[7]

Sollten die *Shebab*, die Polizisten geworden sind, es an der von ihnen geforderten Unterordnung fehlen lassen, haben ihre Vorgesetzten finanzielle oder physische Druckmittel, um das gewünschte Verhalten zu erzwingen.

Bezeichnend ist der Werdegang von Jamal. Während der Intifada gehört er zu den Falken, einer bewaffneten Gruppe der Fatah. Als die ersten Polizisten im Gazastreifen ankommen, hat er seine Zweifel. Er gehorcht seinen Vorgesetzten, erklärt aber, daß es durchaus sein könnte, daß er in Zukunft die Hamas unterstützt, wenn diese den Interessen Palästinas besser dient. Nach seiner Beförderung zum Leutnant des militärischen Nachrichtendienstes hat Jamal die Aufgabe, die Mitglieder der Hamas und der Organisation Islamischer Jihad zu bekämpfen. Er sagt:

»Wenn ich an der Macht wäre, würde ich mich schnell der Islamisten entledigen [...] Offen gesagt, wenn ich an der Stelle der Autonomiebehörde wäre, würde ich mich mit den Israelis verbünden und die arabischen Länder besetzen!«

---

7 Eine eingehendere Analyse der Frage der Integration der *Shebab* durch die palästinensische Autonomiebehörde findet sich bei Lætitia Bucaille, Gaza, la violence de la paix, Kap. 3, Paris 1998.

Die Mobilisierung gegen die Islamisten

Ahmed Jadallah arbeitet als Fotograf für die Nachrichtenagentur Reuters. Er stammt aus einer Flüchtlingsfamilie in einem Vorort von Gaza-Stadt, ist das älteste von sieben Kindern und hat sich allein hochgearbeitet. Mit 24 Jahren hat er sich in diesem Beruf Ansehen erworben. Er ist klein und schlank und wirkt sanft und sensibel, doch er versteht es geradezu meisterhaft, mit seinem Fotoapparat an den Brennpunkten des Geschehens präsent zu sein. Er hat sich gegen seinen Vater behauptet, einen religiösen Mann, der im Wohnviertel respektiert ist und manchmal freitags in der Moschee predigt. Seine Familie steht der Hamas nahe. Ahmed ist nicht politisch aktiv. Während der Intifada ist er einmal ins Gefängnis gesperrt worden, obwohl er sich nichts hat zuschulden kommen lassen. Die israelischen Soldaten hatten ihn festgenommen, als sie seinen Bruder Salah suchten. Salah ist militanter Aktivist, seitdem er miterlebt hat, wie sein jüngerer Bruder Khaled starb. Im Laufe eines Zusammenstoßes zwischen der israelischen Armee und Steinewerfern während der Intifada wurde der junge Khaled von Schüssen getroffen. Salah wollte ihm helfen, doch Khaled hielt ihn davon ab, er sollte fliehen, um einer Verhaftung zu entgehen. Die Soldaten würden ihn schon ins Krankenhaus bringen, versicherte er seinem Bruder. Salah fügte sich. Von einem sicheren Versteck auf dem Dach eines Hauses aus beobachtete er, wie die israelischen Soldaten zu Khaled kamen. Anstatt ihm zu helfen, töteten sie ihn mit weiteren Schüssen, während Salah hilflos zusah. Von diesem Zeitpunkt an wurde er zu einem militanten Kämpfer.

An einem Tag im Oktober 1994 befindet sich Ahmed im Büro von Reuters und nimmt ein an ihn adressiertes Päckchen in Empfang. Es handelt sich um eine Videokassette, die er sich sofort anschaut. Das Bild ist nicht sehr scharf. Ahmed erkennt drei bewaffnete und maskierte junge Männer, die ihre Beute vorführen. Ein Kommando der Hamas hat den israelischen Soldaten Nachon Waxman entführt. Die Entführer übernehmen die Verantwortung für diese Aktion und stellen ihre Bedingungen: die Freilassung der Häftlinge, die der Hamas angehören, und insbesondere von Scheich Yassin, einem der Mitbegründer der Hamas. Ahmed ist bestürzt. Er kennt die Stimme des Maskierten. Es ist die seines Bruders Salah, den die israelischen Soldaten gesucht hatten. Ahmed weiß nichts von den politischen und militärischen Aktivitäten seines Bruders, er weiß nur, daß dieser voller Wut ist.

Der israelische Ministerpräsident Yitzhak Rabin fordert die palästinensische Autonomiebehörde auf, das Kommando der Islamisten ausfindig zu machen. Der Geheimdienst ist überzeugt, daß sich die Geiselnehmer irgendwo im Gazastreifen verstecken. Unter dem Druck der Israelis weist Yassir Arafat die verschiedenen Sicherheitsdienste an, unverzüglich Nachforschungen anzustellen und Ergebnisse vorzulegen. Hunderte von Aktivisten und hochgestellten Mitgliedern der Hamas werden festgenommen und verhört. Ahmed ist schockiert, daß sein Bruder in die Sache verwickelt ist. Da auch er der Mittäterschaft verdächtigt wird, landet er in Untersuchungshaft. Durch die Zusammenarbeit der verschiedenen Sicherheitsdienste kann das Kommando ausfindig gemacht werden. Es hat sich nicht in dem von der Autonomiebehörde kontrollierten Gebiet versteckt, sondern in einem Dorf nahe Jerusalem, das weiterhin unter israelischer Verwaltung steht. Die Israelis weigern sich, mit den Islamisten zu sprechen, sie setzen auf Gewalt. Eine Eliteeinheit stürmt das Versteck. Die drei Entführer und die Geisel kommen dabei um. Ahmed hört im Gefängnis davon. Die Israelis lehnen es ab, Salahs Leichnam in seinen Heimatort zu überführen, damit seine Familie ihn begraben kann. Da Ahmed jetzt entlastet ist, wird er auf freien Fuß gesetzt. Aber der Gazastreifen bleibt sein zweites Gefängnis. Zweimal wollte Reuters ihn zum Leiter des Büros für die arabische Welt ernennen und ihn nach Abu Dhabi schicken. Er wird auch mehrmals nach Europa eingeladen, um Preise für seine Fotos entgegenzunehmen. Doch Shin Beth, der israelische Inlandsgeheimdienst, bleibt hart. Ahmed Jadallah wird weiterhin für die Tat seines Bruders bezahlen, er darf das 370 Quadratkilometer große Gebiet nicht verlassen.

Die Entführung des Soldaten Nachon Waxman stellt für die palästinensische Autonomiebehörde einen Wendepunkt dar. Unter dem Druck Israels werden die Sicherheitsdienste mobilisiert, um die islamistischen Netzwerke auszuheben, die Verdächtigen zu verhören und das Versteck der Entführer ausfindig zu machen. Die Überwachung der Hamas und des Islamischen Jihad und ein hartes Vorgehen gegen diese Organisationen werden zur Hauptaufgabe der palästinensischen Sicherheitskräfte. Die Leiter der verschiedenen Dienste bekommen erhebliche Geldmittel und stocken ihr Personal auf. Die Abkommen von Oslo sahen eine 9000 Mann starke Polizei vor, doch heute gehören mehr als 50000 Personen zur palästinensischen Polizei. Diese Vergrößerung des Personals geschieht mit der stillschweigenden Zustimmung der israelischen Behörden. Der Ausbau des Polizeiapparats und des Geheimdienstes dient auch der Sicherheit Israels.

In den autonomen Gebieten des Westjordanlands und des Gazastreifens operiert eine Vielzahl von Polizei-, Sicherheits- und Aufklärungsdiensten. Der Ausbau dieser Dienste gab Yassir Arafat Gelegenheit, führende Posten an seine Gefolgsleute zu vergeben und sich auf Dauer ihre Loyalität zu sichern. Indem er das Recht auf Gewaltanwendung auf mehrere Verantwortliche verteilt, vermeidet er es, einem einzigen Mann zuviel Macht zu geben. Teilen und herrschen, das ist eine der Taktiken des »Alten«. Da die Kompetenzen der Sicherheitsdienste nicht genau umrissen sind, konkurrieren die verschiedenen Apparate miteinander. Im Gazastreifen, wo diese Dienste besonders stark in Erscheinung treten, sind ihre Interventionen etwas Alltägliches. Neben dem häufig planlosen Vorgehen der neuen jungen Mitarbeiter gibt es die Befehle der Leiter der jeweiligen Dienste, die sich Autorität verschaffen und die Gesellschaft sowohl im Gazastreifen als auch im Westjordanland auf Vordermann bringen wollen.

Das rebellische Nablus

Abrechnung und Klassenkampf

In den Monaten vor der Ankunft der palästinensischen Autonomiebehörde in Nablus sprechen Ahmed Tabouq, der »Rambo« der Altstadt, und seine Freunde mit Vertretern der palästinensischen Führung über die Bedingungen für ihre Aufnahme in die Sicherheitsdienste. Im Dezember 1995 räumt die israelische Armee – zwei Tage früher als vorgesehen – die Stadt. Die Bevölkerung begibt sich zum Gefängnis. Die Intifada-Aktivisten brennen einerseits darauf, in das Gefängnis hineinzugehen, andererseits erschreckt es sie, an den Ort zurückzukehren, wo sie eingesperrt waren, verhört und drangsaliert wurden. Die letzten Aktivisten verlassen den Untergrund, gehen zu ihren Familien zurück und genießen eine ganz neue Freiheit. Für Tabouq und seine Bande ist die Atempause von kurzer Dauer. Die Vertreter der palästinensischen Führung, die einige Wochen zuvor noch sehr entgegenkommend waren, reagieren nicht mehr auf ihre Appelle. Was die Bande erfährt, ist alarmierend. Die Führung betrachtet sie fortan als Feinde der Gesellschaft, und einige Mitglieder der Führung wollen sie sogar töten. Der *Raïs*[8] fordert ihre Kapitulation. Die fünf Aktivisten bekommen Angst und kehren in ihr Versteck zurück. Die palästinensischen Ordnungskräfte postieren sich in der Altstadt und umzingeln das Haus, in dem sich die fünf Flüchtigen befinden. Nach zweitägiger Belagerung geben Ahmed Tabouq und seine Kampfgefährten auf. Sie werden nach Jericho gebracht und dort festgehalten. Man versichert ihnen, sie könnten in einem der militärischen Apparate der Autonomiebehörde mitarbeiten, sobald einige Probleme geklärt seien. Doch Tabouq und seine Freunde verbringen eineinhalb Jahre im Gefängnis, ohne zu begreifen, was mit ihnen geschieht. Ihnen wird Aufsässigkeit gegenüber Arafat vorgeworfen, aber ein Urteil wird nicht gesprochen. Regelmäßig versichern die Bewacher den *Shebab*, sie könnten mit maßgeblichen Leuten sprechen und ihren Fall darlegen. Doch die Monate vergehen, ohne daß ein Treffen mit einem Vertreter der Führung organisiert wird.

Noch zwei andere Fatah-Mitglieder sind im Visier der palästinensischen Sicherheitsdienste. Nasser Juma und Mahmud al-Jemayel, zwei Freunde, die durch ihre politische Militanz während der Intifada hervorgetreten sind, haben nach ihrer Freilassung im April 1994 ein friedliches Leben geführt. Der eine arbeitet bei einer Firma, die Landkarten herstellt, der andere bei einer Versicherungsgesellschaft. Die palästinensische Führung beschuldigt sie, Tabouqs Bande zu ihren Vergehen angestiftet zu haben. Nasser und Mahmud kennen die Bande, die in der Altstadt ihr Unwesen getrieben hat. Der jüngere Bruder von Mahmud ist Mitglied der Bande. Nasser versichert jedoch, daß er auf jede Form des Kampfes gegen Israel

8 Arabischer Begriff, der »Präsident« oder »Chef« bedeutet.

verzichtet hat. Seine politische Reife und sein gesetztes Wesen stehen in der Tat im Widerspruch zu der Impulsivität und den gewalttätigen Methoden der bewaffneten Gruppe.

Nach der Verhaftung Tabouqs fordert die palästinensische Polizei, daß sich auch Nasser Juma und Mahmud al-Jemayel ergeben. Überrascht und wütend fliehen diese nach Ramallah, in die Stadt, die noch für einige Wochen unter der Kontrolle der israelischen Armee bleiben wird. Dort führen sie Gespräche mit hochrangigen Mitgliedern der Fatah und des Geheimdienstes. Als sie im Gebäude des Geheimdienstes ankommen, wird ihnen ihr Handy abgenommen; die beiden *Shebab* befinden sich in Haft. Nasser und Mahmud kommen in das Gefängnis, in dem auch die anderen Häftlinge aus Nablus sitzen. Nach einigen Monaten führen sie einen Hungerstreik durch. Daraufhin werden sie in ein Gefängnis in Nablus verlegt.

Nasser, der zwei Wochen lang nichts zu sich genommen hat, ist besonders schwach. Er dämmert in einer Einzelzelle vor sich hin. Doch seine palästinensischen Bewacher lassen ihn nicht in Ruhe.

»Nach einer Stunde sind sie gekommen und haben mir befohlen, aufzustehen. Einen Augenblick lang dachte ich, sie würden mich in eine bessere Zelle verlegen. Sie haben mich aufgefordert, mich völlig auszuziehen und auf eine Kiste zu steigen. Sie haben mir die Hände gefesselt und mich geschlagen. Ich sollte reden, meine Lebensgeschichte erzählen. Ich habe gesagt, daß ich sterben wollte. Sie haben mich mit Wasser bespritzt und mich stundenlang mit einem Elektrokabel geschlagen. Ich bin in Ohnmacht gefallen. Da haben sie aufgehört. Etwas später habe ich die Schreie von Mahmud gehört. Sie tranken Arak. Ich habe nichts gegen Arak, aber das ist nicht der richtige Ort, um zu trinken. Sie waren außer sich, total betrunken. Es waren junge Leute in unserem Alter, Palästinenser aus anderen Gegenden. Sie müssen ihn auf den Kopf geschlagen haben, denn er hat das Bewußtsein verloren, und sie haben ihn ins Krankenhaus gebracht. Ich wußte nichts. Aber sie haben sich dann mir gegenüber anders verhalten, haben mit mir geredet. Sie haben mich zum Arzt gebracht. Fünf Tage lang konnte ich mich wegen der Verletzungen nicht bewegen. Ich war noch sechs Monate lang im Gefängnis.«

Mahmud al-Jemayel stirbt an den Folgen seiner Verletzungen. Als sich die Nachricht verbreitet, sind die Menschen in den einfachen Wohnvierteln der Stadt bestürzt und wütend. Die Moschee kann die vielen Menschen, die an der Beisetzung teilnehmen wollen, nicht fassen. Auf dem Friedhof hat die Familie Mahmuds Mühe, sich dem

Leichnam zu nähern; die Leute drängen und schieben sich nach vorn, um ihn zu umarmen und zu küssen. Die Beisetzung des jungen Mannes gerät zu einer großen Demonstration gegen die palästinensische Autonomiebehörde. Die Menge greift eine Tankstelle an, die dem Bürgermeister der Stadt, Ghassan Shaka, gehört und begibt sich zu dessen Haus.

Diese bedeutende Persönlichkeit der Stadt gilt als verantwortlich für den Tod Mahmud al-Jemayels, Intifida-Aktivist aus dem Armenviertel von Nablus. Die *Shebab* sind überzeugt, daß Shaka direkt in diesen Mord verwickelt ist. In bürgerlichen Kreisen ist man da vorsichtiger, aber auch hier läßt man durchblicken, daß Ghassan Shaka an dieser Sache vielleicht nicht ganz unschuldig ist.

Die Intifada-Aktivisten glauben, daß Mahmud und Nasser kompromittierende Informationen über Ghassan Shaka hatten – beispielsweise den Beweis für seine Kollaboration mit Israel. Es heißt auch, al-Jemayel und Shaka hätten zusammengearbeitet und sich nach einem Streit überworfen. Dr. Muaiya al-Masri, eine geachtete Persönlichkeit und Mitglied einer der angesehensten Familien von Nablus, hat den gefolterten Körper von Mahmud untersucht, und auch bei Nasser hat er die Spuren der Mißhandlungen festgestellt. Der Arzt hielt von diesen jungen Männern, die sich über das Gesetz stellten, nicht viel. Er beschuldigt Ghassan Shaka zwar nicht, die Folter direkt veranlaßt zu haben, glaubt aber zu wissen, daß der Rechtsanwalt zusammen mit den beiden jungen Männern in eine undurchsichtige Geschichte verwickelt war. Der Verdacht erhärtet sich, wenn man sich das Netzwerk der Familie Shaka anschaut. Der Bürgermeister hat seine Tochter mit dem Sohn eines Marineoffiziers verheiratet, der auch für das Gefängnis verantwortlich ist, in dem Mahmud und Nasser festgehalten und gefoltert wurden.

Der Shaka-Clan ist eine der einflußreichen Familien von Nablus. Seit Beginn des Jahrhunderts waren mehrere Familienmitglieder Bürgermeister der Stadt. Andere haben sich der Vermehrung ihres Reichtums gewidmet: Diese Grundbesitzer haben ihre wirtschaftlichen Aktivitäten auf eine breitere Grundlage gestellt und in die Industrie investiert. Zusammen mit den anderen einflußreichen Familien wie den Masri, den Kanaan, den Nabulsi oder den Abdelhadi haben die Shaka seit dem Osmanischen Reich die politische und wirtschaftliche Herrschaft über die Stadt. Schon im 19. Jahrhundert war Nablus auf die Herstellung von Textilien und Seifen spezialisiert; jede dieser Familien investierte in Fabriken und unterhielt ihre eigenen Netzwerke.[9] Obwohl es zwischen diesen angesehenen Familien Rivalitäten gibt, halten sie doch sehr zusammen, damit ihre Stellung in der Gesellschaft nicht gefährdet wird. Um die soziale Ordnung aufrechtzuerhalten, geben sie Geld für wohltätige Zwecke aus, die die Not der Armen in der Stadt lindern sollen. Während der israelischen Besatzung spielte ein Teil dieser Notabeln die Rolle des Vermittlers zwischen der Militärverwaltung und der palästinensischen Gesellschaft. Der jüdische Staat hatte ein Interesse daran, im Westjordanland und im Gazastreifen die Macht der traditionellen Eliten aufrechtzuerhalten, denn diese stellten eine Alternative zur PLO dar, die von der israelischen Führung bis zum Beginn der neunziger Jahre nicht als möglicher Gesprächspartner betrachtet wurde. Die Regierung von Yitzhak Rabin, die 1992 an die Macht kam, brach dieses Tabu, indem sie in Geheimverhandlungen mit Vertretern der PLO eintrat. Da sich die Besatzungsmacht außerdem darauf verließ, daß die örtlichen Notabeln die politische Ruhe würden aufrechterhalten können, ließ sie deren Status unangetastet. Manche Mitglieder der einflußreichen Familien zeigten sich kompromißbereit, wenn ihre wirtschaftlichen Interessen auf dem Spiel standen.

Die Intifada bedeutete einen Umsturz der von den traditionellen Familien beherrschten sozialen Ordnung. Ihre Repräsentanten wurden von den Aktivisten entweder kaltgestellt oder an den Rand gedrängt. Ghassan Shaka hatte mit den *Shebab* der Fatah Streit. Es ist jedoch unklar, in welchem Verhältnis sie zueinander standen. Ghassan Shaka, der selbst Mitglied der politischen Organisation Yassir Arafats ist, fungierte möglicherweise als Vermittler, der Gelder von der PLO an Intifada-Aktivisten weiterleitete. Vielleicht haben habgierige junge Männer ihm in dieser Zeit Geld abgepreßt, und vielleicht hat er mit einigen von ihnen Vereinbarungen ausgehandelt. Sicher ist jedenfalls, daß es Beziehungen zwischen diesen beiden Parteien gab, Beziehungen, die durch das Konkurrieren um die

---

9 Siehe Jean François Legrain, *Les Palestines du quotidien. Les élections de l'autonomie, Janvier 1996,* in: Les Cahiers du CERMOC, Nr. 22, 1999.

Macht, eine klassenbedingte Feindschaft und taktische Bündnisse gekennzeichnet waren. Nasser Juma versichert, daß Shaka ihm zu einem bestimmten Zeitpunkt verpflichtet war. »Während der Intifada mußte Ghassan Shaka monatelang warten, bis er mit uns sprechen konnte.« Najy erzählt, ohne weitere Erklärungen zu liefern: »Nachdem ich sein Auto in Brand gesteckt hatte, verstand ich mich mit Ghassan Shaka gut.«

Der Tod des Intifada-Aktivisten Mahmud al-Jemayel war zweifellos von der palästinensischen Autonomiebehörde nicht geplant. Die Folterer hatten mit einem solchen Ende nicht gerechnet. Auf jeden Fall ist auszuschließen, daß die wenig erfahrenen und skrupellosen Unteroffiziere die Beherrschung verloren. Die Entscheidung, die Häftlinge zu mißhandeln, wurde von Leuten getroffen, die fest im Machtapparat verankert waren. Die beiden *Shebab* sollten eingeschüchtert und zum Schweigen gebracht, ihr Wille gebrochen werden. Mahmud und Nasser waren offensichtlich lästige Zeugen und stellten eine Bedrohung für den Ruf und die Interessen einflußreicher Persönlichkeiten dar.

Die Geschichte, so wie sie passiert ist oder erzählt wird, kann nicht als ein Randereignis im Zusammenhang mit der Errichtung eines politischen Systems abgetan werden, in ihr kommt vielmehr zum Ausdruck, wie konfliktträchtig die Beziehungen zwischen den verschiedenen Schichten in Nablus sind. Die destabilisierenden Aktionen der *Shebab* während der Intifada und die Rückkehr der herrschenden Schichten an die Macht von dem Zeitpunkt an, als die palästinensische Autonomie eingeführt wurde, waren Phänomene, die sich in dieser Stadt mit besonderer Schärfe manifestierten. Um seine Macht im Westjordanland und besonders in Nablus zu festigen, konnte Yassir Arafat die einflußreichen Familien weder umgehen noch vereinnahmen. Das Ansehen und die gesellschaftliche Basis dieser Familien sowie ihre engen – politischen und wirtschaftlichen – Beziehungen zum haschemitischen Königshaus veranlaßten ihn zu einem vorsichtigen Vorgehen. Die »jordanische Lösung«, die darin bestünde, das Westjordanland in das benachbarte Königreich zu integrieren, ist ein Szenario, mit dem manche israelischen und palästinensischen Kreise noch immer liebäugeln. Der Vorsitzende der PLO muß den Skeptikern beweisen, daß seine Regierung die einzig mögliche ist. Daher hat er wichtige Posten in der Autonomiebehörde mit Mitgliedern der angesehenen Familien in Nablus besetzt. Ghassan Shaka wurde Bürgermeister der Stadt, Maher al-Masri Wirtschaftsminister, Mahmud al-Aloul Gouverneur und Said al-Nabulsi Präsident der Handelskammer. Die Notabeln ihrerseits haben alles getan, um vom System Arafat und seinem Militärapparat nicht ausgebootet zu werden.

In dieser Situation des prekären Gleichgewichts kommt Ghassan Shaka eine zentrale Rolle zu. Er stammt aus einer der angesehensten Familien und es heißt, er stehe Yassir Arafat relativ nahe. Shaka hat mit bemerkenswerter Geschicklichkeit erreicht, daß zwei konkurrierende Legitimitäten nebeneinander bestehen und daß die zentrale Macht nur in dem Maße ausgeübt wird, wie es für die örtlichen Eliten akzeptabel ist. Dieser Kompromiß zwischen den Mächtigen geht zu Lasten der Intifada-Aktivisten, die aus den unteren Schichten stammen. Die Bande Tabouqs hat dafür mit 18 Monaten Gefängnis ohne rechtskräftiges Urteil bezahlt, ein lästiger Zeuge wird ermordet, und die Aktivisten aus den Flüchtlingslagern werden kaltgestellt.

Als die Bande Tabouqs aus dem Gefängnis entlassen wird, schlägt man den jungen Männern vor, in den Sicherheitsdiensten zu arbeiten. Die Politik der Einbindung der *Shebab* wird durch ihre Inhaftierung nicht in Frage gestellt. Zwei von ihnen nehmen das Angebot an und treten in den Präventiven Sicherheitsdienst ein. Doch da ihr Fleiß und ihre Einsatzbereitschaft sehr zu wünschen übriglassen, werden sie bald wieder entlassen. Jetzt sind die fünf *Shebab* arbeitslos, haben weder eine sinnvolle Beschäftigung noch eine Perspektive.

Die Gruppe ist ideologisch nicht genügend gefestigt, um zusammenzubleiben. Ihr Kampf für die palästinensische Nation ist fortan nicht mehr möglich. Ohne berufliche oder politische Perspektive und traumatisiert von der harten Behandlung, die sie erfahren haben, haben diese *Shebab* die Orientierung verloren. Ghassan Shaka, der seine Macht konsolidieren will, legt großen Wert darauf, möglichen Konflikten und Unstimmigkeiten vorzubeugen; daher bietet er den *Shebab* von Tabouqs Gruppe im Jahre 2000 eine Beschäftigung an. Zwei von ihnen nehmen sein Angebot an und werden für 300 Euro im Monat seine Leibwächter. Auf diese Weise schützt sich der Bürgermeister von Nablus vor Anfeindungen und verpflichtet sich Leute aus einer ganz anderen Schicht. Einer der neuen Mitarbeiter erklärt seine Entscheidung so: »Shaka dient dem Land und hat Beziehungen. Er ist bekannt.« So bleibt die Verbindung mit dem Mitglied eines einflußreichen Clans für manche orientierungslos gewordene *Shebab* eine verlockende und beruhigende Option, wenngleich sie keineswegs konfliktfrei ist. Auch wenn es dem ehemaligen Aktivisten schwerfällt, jeden Morgen aufzustehen, um pünktlich und regelmäßig bei der Arbeit zu erscheinen, ist er der Meinung, daß seine Entscheidung ihm den festen Rahmen gibt, den er braucht und der ihn davor schützt, »Probleme zu haben«.

Der junge Bruder Mahmud al-Jemayels, der auch zu der Bande gehörte, spricht nicht über den Verrat dieses ehemaligen Mitkämpfers. Er, der heute arbeitslos ist und den Gang der Ereignisse nicht beeinflussen kann, beschreibt die Situation so:

> »Als ich aus dem Gefängnis kam, hat man mir vorgeschlagen, in einem Sicherheitsdienst meiner Wahl zu arbeiten, aber ich habe abgelehnt. Menschen wie wir werden arme Leute ohne Zukunft bleiben. Die Verantwortlichen der Autonomiebehörde sagen, wir seien Rowdies, aber die Bevölkerung weiß, wer wir sind und wie wir arbeiten. Sie erkennt ehrliche Patrioten. In der Zeit, als wir Nablus unter Kontrolle hatten, gab es Gerechtigkeit. Alle diese Sachen wie Alkohol und Prostitution gab es nicht. Heute trinken schon Vierzehnjährige auf der Straße.«

Die *Shebab*, die nicht an der neuen politischen Ordnung teilhaben, haben auch nicht die Möglichkeit, sich ihr zu widersetzen.

Der Sieg der Notabeln

Ein Teil der Fatah-Aktivisten wurde also in das neue politische System integriert. Diese ehemaligen Kämpfer haben jetzt den Auftrag, für Sicherheit zu sorgen, und tragen so zur Erhaltung einer Ordnung bei, von der die Wirtschaftskreise in Nablus profitieren. Die Kaufleute und Unternehmer, die während der ersten Intifada viele Projekte zurückstellen mußten und in ihrem unternehmerischen Tatendrang gebremst wurden, wissen ein Klima des sozialen Friedens zu schätzen und wehren sich gegen ein zu weitgehendes Eingreifen der Zentralmacht. Die Stillegung des Protestpotentials der *Shebab* wirkt sich zum Wohl des Bürgertums aus.

Die Geschäfte von Khaled laufen gut. Dieser Sohn einer angesehenen Familie aus Nablus ist in das Geschäft seines Vaters eingestiegen, der die Generalvertretung für eine ausländische Automarke hat. Er hat den Verkauf von Ersatzteilen im Westjordanland ausgebaut. Khaled hat an der amerikanischen Universität von Kairo studiert und mehrere Jahre gebraucht, um so etwas Ähnliches wie einen Magister zu machen. Die Finanzierung des Studiums durch den Vater war immer gesichert. Khaled ist nach Nablus zurückgekehrt, als sich die palästinensische Autonomiebehörde dort niederließ. In seinem Elternhaus lebt er wieder unter der Autorität seines Vaters und der erdrückenden Fürsorge seiner Mutter. Solange man Junggeselle ist und zudem zu den bürgerlichen Kreisen von Nablus gehört, wohnt man bei den Eltern. Es lohnt sich, die Freiheit gegen die Geborgenheit und die Annehmlichkeiten des Elternhauses einzutauschen. Khaled ist 33 Jahre alt und hat zwei jüngere Brüder und eine jüngere Schwester. Der sanfte, aber ständige Druck von seiten seiner Eltern, sich zu verheiraten, nimmt zu. Der ehemalige Student gewöhnt sich an den Gedanken, sich eine Frau zu suchen. Er hat darauf verzichtet, abends mit Freunden in der Stadt Bier zu trinken. Er muß den guten Ruf seiner Familie aufrechterhalten. Anfangs empfand er das als störend, doch er weiß die Vorteile zu schätzen, die die Zugehörigkeit zu einer geachteten Familie mit sich bringt. Wenn er die Regeln einhält, ist ihm die Unterstützung seiner Umgebung sicher, und zwar sowohl in geschäftlichen als auch in persönlichen Dingen. Durch untadeliges Verhalten kann er den Anspruch erheben, dem Ansehen seines Namens gerecht zu werden.

Die Familie Khaleds hat einen Verhaltenskodex, dem die Devise »Keine Politik, kein führendes Amt, keine Dummheit« zugrunde liegt. Folglich konkurrieren sie nicht mit den Shaka, den Masri oder den Kanaan. Sie streben nicht danach, Bürgermeister, Abgeordneter, Minister oder Präsident der Handelskammer zu sein; sie setzen auf den wirtschaftlichen Erfolg und das gesellschaftliche Ansehen. Sie erlauben sich keine Extratouren und unterwerfen sich der herrschenden Moral. Khaled stellt fest, daß sich das Verhalten einiger Familienmitglieder verändert hat. Als er in einem Fotoalbum blättert, sieht er, daß seine Mutter und seine Tanten ziemlich kurze Röcke trugen; heute verstecken sie ihre Haare unter einem Schleier. Das gleiche gilt für seine jüngere Schwester, die als Psychologin arbeitet. Der jüngere Bruder ist in die Fußstapfen der Älteren getreten. Nur der jüngste Bruder hält sich nicht an die von der Familie hochgehaltenen Grundsätze und widersetzt sich der Autorität des Vaters. Der neunzehnjährige Aiman war während der ersten Intifada noch ein Kind. Als er zehn Jahre alt war, scheiterte sein Wunsch, an Widerstandsaktionen teilzunehmen, am Verbot der Eltern. In einer Generation aufgewachsen, der Gewalt vertraut war, ist er wenig geneigt, sich Verboten unterzuordnen. Aiman arbeitet in der Hamas mit; dafür wurde er von den israelischen Behörden zu 15 Monaten Gefängnis verurteilt. Während einer von seinem Gymnasium organisierten Reise wurde er 1998 bei einer Straßensperre der IDF festgenommen, weil er sich außerhalb des von der palästinensischen Autonomiebehörde kontrollierten Gebiets befand. Da er sein Land nicht verlassen darf, studiert er an der Universität von Nablus; er mußte auf die Privatuniversität in Amman verzichten, bei der er sich eingeschrieben hatte. Aiman bleibt ohnehin lieber in Nablus, um seine Pflicht als Palästinenser und Muslim zu erfüllen. Die Aufenthalte im Ausland schwächen die politische Entschlossenheit, sagt er mit Blick auf seine Brüder.

Khaleds Onkel ist Mitglied einer karitativen Organisation, des *Zakat*-Komitees[10], das 5000 Familien in Nablus unterstützt. Früher kam das Geld von Stiftungen in den Golfländern. Doch seit dem Gipfel von Sharm el-Sheich 1996, auf dem Maßnahmen gegen den Terrorismus vereinbart wurden, sind Überweisungen aus dem Ausland an Privatorganisationen verboten. Die offizielle Begründung lautet, mit diesem Geld könnten islamistische Bewegungen unterstützt werden. Die Verantwortlichen des *Zakat*-Komitees in Nablus haben ihre Vorkehrungen getroffen. Da sie befürchteten, die palästinensische Autonomiebehörde könnte ihr Geld beschlagnahmen, haben sie es in rentable Wirtschaftsprojekte investiert. Sie versorgen die Bedürftigsten weiterhin mit Naturalien und bezahlen diejenigen, die in ihrer Genossenschaft arbeiten.

Auch wenn Khaled sich nach seiner Rückkehr aus Ägypten von der Politik fernhält, drückt er sein Mißtrauen gegenüber der neuen

---

10 *Zakat* ist das Almosen. Der Islam verlangt von den Gläubigen, daß sie einen Teil ihres Einkommens abgeben; es gibt Ausschüsse, die das Geld an die Bedürftigen verteilen.

Macht aus. Dabei haben die Regierenden die einflußreichen Familien von Nablus ausgesprochen schonend behandelt: sie haben die Stellung und den Status wiedererlangt, die sie vorher hatten. Im allgemeinen konnten die Unternehmer ihren Geschäften nachgehen und Eingriffe der Autonomiebehörde in die Wirtschaft verhindern. Gegenüber den Geschäftsleuten im Gazastreifen hat die Autonomiebehörde nicht annähernd die gleiche Zurückhaltung geübt. Trotzdem stehen die angesehenen Familien von Nablus dieser neuen regierenden Klasse, die aus den Reihen der PLO und der Exilpalästinenser hervorgegangen ist, mit Mißtrauen gegenüber. Sie halten sie für inkompetent, korrupt und arrogant und fürchten die Auswirkungen des früheren Bündnisses zwischen den führenden Leuten der Autonomiebehörde und den Intifada-Aktivisten. Die neugeschaffenen Sicherheitsdienste sind Ausdruck der Verbindung zwischen diesen beiden Gruppen. Für die Angehörigen des Bürgertums steht fest, daß die *Shebab* der Intifada, die jetzt Polizisten sind, sich keine Gelegenheit entgehen lassen, um ihre Macht zu demonstrieren. Khaled erzählt:

»Mein Cousin ist eingeschritten, als ein Polizist eine Bekannte von ihm kontrollierte. Der Polizist hat die Nerven verloren und ihn mit zum nächsten Polizeiposten genommen. Auf dem Weg dorthin, der nur einige Minuten dauert, haben die Sicherheitskräfte ihn verprügelt, einfach so, für nichts und wieder nichts. Man merkt, daß sie es uns manchmal zeigen wollen.«

Dennoch treten die Sicherheitskräfte in Nablus zurückhaltend auf. Sie rasen nicht wie in Ramallah oder im Gazastreifen mit Blaulicht durch die Straßen und hupen nicht bei der geringsten Stockung. Auf den Straßen der Stadt werden nur wenige Routinekontrollen durchgeführt. Die Macht des Polizeiapparats wird nicht zur Schau gestellt. Ghassan Shaka ist aufgrund seiner Persönlichkeit und seiner Stellung in der Lage, die jungen undisziplinierten Mitarbeiter in Schach zu halten und den Machthunger ihrer Vorgesetzten zu dämpfen. Andere Notabeln der Stadt sind ebenfalls imstande, Einfluß auf die Organe der neuen Macht auszuüben.

Ein Unternehmer der Stadt bestätigt diese Einschätzung:

»Shaka ist ein guter Bürgermeister, ihm unterstehen die Sicherheitskräfte. Er pfeift sie sogar manchmal zurück, womit er recht hat, denn das sind Tiere. Ich persönlich verabscheue die Mitglieder dieser Behörde, die gekommen sind, um uns das Geld aus der Tasche zu ziehen. Sie wollen aus uns ihre Angestellten oder Sklaven machen. Eines Tages kam ein Vertreter des Industrieministeriums nach Nablus, um vor den Unternehmern darüber zu sprechen, welche Unterstützung sie von der Behörde zu erwarten haben. Ich habe das Wort ergriffen und ihm gesagt, daß wir von ihnen nichts wollen, weder Geld noch Unterstützung. Sie sollen uns einfach in Ruhe lassen. Noch bevor mein Unternehmen richtig lief, wollten sie schon Steuern von mir.«

Die Geschäfte des Industriellen scheinen dennoch gut zu laufen. Wie die anderen Unternehmer hat er von der Senkung der Körperschaftssteuer profitiert: während der israelischen Besatzung betrug sie 38 Prozent, die Autonomiebehörde setzte sie auf 25 Prozent fest.

Zwischen 1996 und 2000 gliederten sich die *Shebab* der Intifada in die von den einflußreichen Familien beherrschte politische und soziale Ordnung ein. Mit Hilfe der von ihnen kontrollierten Wohltätigkeitseinrichtungen versuchen sie, die Unzufriedenheit der benachteiligten Schichten einzudämmen. Das Bürgermeister der Stadt hat eine Koexistenz zwischen dem System der Autonomiebehörde und der örtlichen Bourgeoisie zustande gebracht. Aus Vorsicht oder Notwendigkeit umgibt sich Ghassan Shaka mit einem Dutzend Leibwächter. Zwar sind die Beziehungen zwischen den verschiedenen Schichten halbwegs geregelt, doch nach wie vor gibt es ein beträchtliches Konfliktpotential.

Die *Shebab* zwischen Alltagsbewältigung und Verbitterung

Die Helden des Lagers Balata, Najy, Bassam und Sami, die 1992 ins Exil geschickt wurden, dürfen Ende 1995 in ihr Land zurückkehren. Auf dem Rückweg statten sie dem israelischen Nachrichtendienst einen Besuch ab, der von ihnen die Zusicherung verlangt, den Kampf gegen den jüdischen Staat aufzugeben. Sie halten sich an die Abmachung, die vor allem ein Ende ihrer Strafe vorsieht. Die ehemaligen Aktivisten vertrauen ihren politischen Führern, deren Kurs sie billigen.

Allen drei Männern bietet die palästinensische Autonomiebehörde an, in den Sicherheitsdiensten zu arbeiten. Bassam wird für den Allgemeinen Nachrichtendienst gewonnen, Najy für den Präventiven Sicherheitsdienst. Sami möchte nicht zur Polizei gehen. Er sagt:

»Das militärische Leben gefällt mir nicht. Ich bin nicht sehr für Disziplin und dafür, morgens früh aufzustehen. Diese Art von Arbeit überzeugt mich nicht.«

Sami wird von der Fatah eingestellt, um frischen Wind in diese Organisation zu bringen. Was er dort im einzelnen zu tun hat, bleibt allerdings vage und abstrakt. Die Beschäftigung sichert ihm immerhin ein monatliches Einkommen. Was seine Vorgesetzten betrifft, so sind sie der Meinung, daß sich ein Teil der *Shebab* der Intifada durch ein Abhängigkeitsverhältnis kontrollieren läßt. Sami schreibt sich außerdem an der Universität ein, läßt sich dort aber selten blicken.

Bassam und Najy stellen ihre Entscheidung schon bald wieder in Frage. Bassam verzichtet an dem Tag auf seinen militärischen Status, an dem er den Befehl erhält, gegen die militanten Aktivisten von der Hamas vorzugehen. 1996 schreibt er sich an der Universität al-Najah in Nablus für das Fach Soziologie ein. »Ich dachte, es wäre Zeit, etwas für mich selbst zu tun«, sagt er. Er möchte einen Magister machen und eines Tages im Ministerium für soziale Angelegenheiten oder in einer Unterorganisation der Vereinten Nationen für Entwicklungsfragen arbeiten. Vor allem möchte er in Europa, am liebsten in Italien, studieren. Er hat sich immer zu diesem Land hingezogen gefühlt, was seiner Ansicht nach auch damit zusammenhängt, daß die Italiener für die Sache der Palästinenser besonders viel Verständnis gezeigt haben. Aber Bassam weiß, daß die israelischen Behörden ihm nicht erlauben, das Gebiet der Palästinenser zu verlassen. Wie ein großer Teil der *Shebab* der Intifada hat Bassam keinerlei Bewegungsfreiheit, so daß er weder nach Israel noch in ein anderes Land reisen kann. Najy, der den Auftrag hat, die Agenten zu verhören, die für Israel arbeiten, geht hart vor; doch als ein Mitglied der Hamas ihm Kollaboration vorwirft, gibt er seine Tätigkeit sofort auf. Najy geht zur zivilen Polizei, wo er es nur mit gewöhnlichen Straftaten zu tun hat.

Als er an der Universität ermittelt und dort nach einer Person sucht, die über bestimmte Informationen verfügt, begegnet er Leila, einem Mädchen aus Nablus, das sich auf ein Diplom in Buchführung vorbereitet. Die Studentin und Najy sehen sich häufig und beschließen, trotz der zwischen ihnen bestehenden sozialen Unterschiede zu heiraten. Leila stammt aus einer guten Familie in Nablus; ihr Vater besitzt eine kleine Fabrik, und ihre Mutter kommt aus einer reichen Familie in Jerusalem. Najy ist im Flüchtlingslager Balata geboren und hat nicht studiert; als einstiger bewaffneter Intifada-Kämpfer ist er nur ein einfacher Polizist geworden. Die Eltern von Leila sind aufgeschlossen und tolerant und akzeptieren die Entscheidung ihrer Tochter. Es sind die Onkel mütterlicherseits, die den Heiratskandidaten bedrohen. Der Sohn von Flüchtlingen weiß sich zu wehren: mit Schüssen auf ihr Haus macht Najy ihnen seinen Standpunkt klar. Seine eigene Familie ist gegen die Heirat, weil sie eine Verbindung mit einer Frau aus bürgerlichem Haus für problematisch hält. Najy legt wenig Wert auf die Meinung seiner Familie, bei der er seit seinem dreizehnten Lebensjahr nicht mehr lebt. Er überhäuft seine Frau mit Geschenken und beweist ihrer Familie auf diese Weise, daß er ihr ein anständiges Leben bieten kann.

»Die Eltern meiner Frau haben keinen Grund zur Klage, denn Leila geht es jetzt besser als in der Zeit, in der sie mit ihnen lebte. Ich verdiene genug Geld.«

Das Ehepaar läßt sich zunächst in Ramallah nieder. Leila ist glücklich, denn sie fühlt sich freier als in Nablus, einer konservativen Stadt, in der nicht viel los ist. In Ramallah, das einen großen Teil der inneren Migranten aufgenommen hat, herrscht ein reges Leben und Treiben, und die sozialen Barrieren sind hier durchlässiger. Die dynamische Entwicklung der Stadt im industriellen und im Dienstleistungsbereich macht sie zu einem wichtigen Wirtschaftszentrum. Die angesehene Universität von Birzeit, die etwa 15 Kilometer entfernt ist, zieht Studenten aus dem Westjordanland und dem Gazastreifen, aber auch Mitglieder der geistigen Elite an. In Ramallah gibt es einige Einrichtungen der Autonomiebehörde; die meisten Ministerien befinden sich hier, die anderen im Gazastreifen. Durch die hier angesiedelte Verwaltung sind viele Arbeitsplätze entstanden. Die mit Yassir Arafat gekommenen Mitglieder der Autonomiebehörde haben sich ebenfalls in Ramallah niedergelassen, als sie den Gazastreifen verlassen durften. Ihnen sind Palästinenser aus anderen Städten gefolgt, die hier als Funktionäre arbeiten.

Diese 20 Kilometer von Jerusalem entfernte Stadt ist von allen palästinensischen Städten diejenige, die am meisten verwestlicht ist. In den Bars und Restaurants verkehren die unterschiedlichsten Leute. Man kann hier ein Bier oder ein Glas Wein trinken, Musik hören und manchmal auch tanzen. Jugendliche tragen zu große Jeans und

Baseballmützen mit dem Schirm nach hinten. Daß sich bei einer privilegierten Gruppe von Jugendlichen dieser Stil ausbreitet, liegt am Einfluß von Amerikanern palästinensischer Herkunft, die sich entweder vorübergehend in Ramallah aufhalten oder in die Stadt zurückgekehrt sind. Familien aus Ramallah sind zu Beginn des 20. Jahrhunderts in die Vereinigten Staaten ausgewandert. Den Anfang machten Christen, ihnen folgten Muslime. Manche Familien kommen nur in den Ferien zurück, andere behalten ein Standbein in ihrer Heimatstadt. Außerdem kehrt ein Teil der Palästinenser, die Ende der neunziger Jahre in Israel gelegene Städte und Dörfer verließen und ins Ausland gingen, allmählich wieder zurück und läßt sich in Ramallah nieder.

In der Stadt leben Christen und Muslime, Menschen aus Dörfern und Städten sowie Flüchtlinge. Die Anhänger der beiden Buchreligionen sind immer gut miteinander ausgekommen. Bereits Anfang des 17. Jahrhunderts tauschten christliche Familien, die sich auf die Metallverarbeitung und die Holzindustrie spezialisiert hatten, ihre fruchtbaren Böden mit den Muslimen, die Landwirtschaft betrieben. Der große Anteil der Christen, den es bis zur Mitte des 20. Jahrhunderts gab, hat zum relativ liberalen Charakter der Stadt beigetragen.

Wenn man von den Flüchtlingslagern absieht, leben in Ramallah die meisten Flüchtlinge. Auch Palästinenser aus den umliegenden Städten und Dörfern sind hierhergezogen. Die Familien, die aus Ramallah stammen, machen heute eine Minderheit von weniger als zehn Prozent der Gesamtbevölkerung aus. Durch diese Entwicklung ist Ramallah zu einer Stadt geworden, die es einem leichtmacht, anonym zu bleiben. Daher ist die soziale Kontrolle hier weniger stark als in den anderen palästinensischen Gebieten.

An der Universität Birzeit gibt es neben verschleierten Studentinnen auch solche, die nach der neuesten – amerikanischen oder israelischen – Mode gekleidet sind. In einer Bar in Ramallah spielt am Samstag abend eine israelische Jazzband, deren Sänger in einer jüdischen Siedlung wohnt.

Trotz der Einwände seiner Frau beschließt Najy, Ramallah zu verlassen und wieder nach Nablus zu gehen, weil seine Freunde ihn brauchen. Eine Gruppe läßt einen so leicht nicht los. Er mietet eine Wohnung in einem schönen Wohnviertel, und seine Frau findet eine

Arbeit als Buchhalterin. Sie bringt zwei Mädchen zur Welt. Obwohl es den Kindern in materieller Hinsicht an nichts fehlt, ist Najy nicht sicher, ob er ihnen die nötige Geborgenheit und Zuwendung geben kann. Er schimpft, verliert leicht die Nerven und ist grob zu den Mädchen, deren häufiges Weinen und Schreien ihn stört. Bei jeder der zwei Geburten ist Najy gerade hinter Gittern, weil er von der Autonomiebehörde wegen seiner Gewalttätigkeiten verurteilt wurde. Beim ersten Mal hat Najy eine heftige Auseinandersetzung mit einem Mitglied eines Sicherheitsdienstes. Der Ton wird erregter, und der ehemalige Aktivist wendet seine alten Methoden an. Er zieht seine Waffe und schießt vor Wut auf das Gebäude, in der der Sicherheitsdienst sein Büro hat. Beim zweiten Mal bedroht Najy einen reichen Unternehmer, der in der Stadt investiert hat.

Obwohl Najy im Gefängnis war, bekommt er seine Uniform und seine Dienstwaffe zurück. Zwar macht er seinen Vorgesetzten zu schaffen, aber der beste Weg, ihn unter Kontrolle zu halten, besteht darin, ihn als Polizisten weiterzubeschäftigen. Najy kann sich keinen anderen Beruf für sich vorstellen. Schwer zu sagen, ob er resigniert hat oder ob er im System mitarbeitet, um es eines Tages zu ändern. Auf jeden Fall ist seine Analyse schonungslos:

»In Nablus herrschen die einflußreichen Familien seit der Zeit der Engländer. Während der Intifada war alles anders: ein Kind konnte die Straße halten, und wir telefonierten direkt mit Abu Ammar. Seitdem es die Autonomiebehörde gibt, ist wieder alles beim alten, die einflußreichen Familien sind wieder an der Macht. Die Leute haben gekämpft, und danach hat die Bourgeoisie sich alles unter den Nagel gerissen. Arafat hat sich mit diesen Leuten umgeben, weil er Druck aus dem Ausland, aus Jordanien und Ägypten bekommt.«

Wie die meisten Anhänger der Fatah greift Najy den Vorsitzenden der palästinensischen Autonomiebehörde nicht direkt an. Wenn dieser Fehler macht, dann liegt das seiner Ansicht nach daran, daß er sich mit den falschen Leuten umgibt oder daß er zuwenig Handlungsspielraum hat. Die Aktivisten sagen sich, daß Abu Ammar im Grunde genommen auf ihrer Seite ist, auch wenn der Schein dagegen spricht. Vorerst darf man das Ansehen des Vaters der Nation nicht beschädigen. Was bliebe dann noch?

Najy und seine Freunde glauben, daß die Macht an Profiteure und Opportunisten gefallen ist. Um ein Unrecht wiedergutzumachen, das sie ihrer Ansicht nach erlitten haben, oder um ihren Monatslohn aufzubessern, lassen sie sich allerhand einfallen. Als Polizist verdient Najy umgerechnet 270 Dollar im Monat. Da er von Marwan Barghouti, einem Vertreter der Fatah in Ramallah, protegiert wird, kann er mit weiteren 500 Dollar rechnen. Doch der ehemalige Flüchtling will mehr: Er hat sich mit seiner ganzen Person für die palästinensische Sache eingesetzt und möchte jetzt in den Genuß einiger materieller Vorteile kommen. Folglich macht er Geschäfte. Er hilft seinem Bruder, der mit in Israel gestohlenen Autos handelt. Das ist einträglich, denn die Nachfrage ist groß. Die gestohlenen Autos werden von jungen Leuten im Westjordanland entweder ganz oder in Einzelteilen verkauft. Außerdem hat Najy eine Leidenschaft für Computer entdeckt. Er hat schnell gelernt, obwohl er im Englischen nur geringe Grundkenntnisse besitzt. Er kann seine Einkäufe online machen und versteht es, Kreditkarten zu manipulieren.

Er versteht es auch, seine Beziehungen zu einem bestimmten Teil der neuen Bourgeoisie zu seinem Vorteil zu nutzen. Werden Schulden nicht bezahlt, wenden sich Geschäftsleute mit wenig Skrupeln an junge bewaffnete Leute, die bereit sind, das Geld gewaltsam einzutreiben. Najy kennt einen Möbelhändler, der von Zeit zu Zeit seine Dienste in Anspruch nimmt. Er bekommt 30 Prozent der eingetriebenen Summe, außerdem hat er für Sami Möbel auf den halben Preis heruntergehandelt. Es ist schwer zu sagen, was genau diesen Unternehmer, der das Aussehen eines reichen Mannes hat, mit dem Polizisten und kleinen Ganoven verbindet. Zweifellos sind es die beiderseitigen Interessen. Der eine ist vielleicht vom Wohlstand beeindruckt, der andere hat das Bedürfnis, sich zu schützen.

Mit dem Bürgertum zusammenzuarbeiten bedeutet jedoch nicht, es zu schätzen. »Ich habe nichts für die Bürgerlichen übrig. Mein Vater hat meinem Onkel ein Medizinstudium finanziert. Nach seinem Tod hat sich mein Onkel nie um uns gekümmert, auch nicht, als wir im Gefängnis waren.« In Nablus bergen die Spannungen zwischen den verschiedenen Schichten ein erhebliches Gewaltpotential. Wenn die *Shebab* im allgemeinen auch unter Kontrolle sind, so hat doch ein Teil von ihnen den Wunsch nach sozialer Revanche.

Die im Entstehen begriffene palästinensische Gesellschaft ist durch latente Konflikte zwischen verschiedenen sozialen Gruppen gekennzeichnet. Die Autonomiebehörde versucht, die verschiedenen Schichten der Bevölkerung in das Machtsystem zu integrieren und so ein gewisses Gleichgewicht aufrechtzuerhalten. Ihr Einfluß auf die Gesellschaft ist mehr darauf zurückzuführen, daß der *Raïs* Kompromisse mit Gruppen oder einzelnen Personen schließt, als auf die Existenz eines echten Repräsentativsystems.

Risse in der palästinensischen Nation

Die Aufgabe des Kampfes gegen Israel und die Einführung der Autonomie haben zur Folge, daß die Palästinenser nunmehr mit sich selbst konfrontiert sind. War es während des Kampfes gegen die Besatzungsmacht erforderlich, das Trennende zu überwinden oder zurückzustellen, verändert die Errichtung eines Machtsystems in den palästinensischen Gebieten das Kräfteverhältnis und ruft Spannungen hervor. Obwohl es Yassir Arafat gelingt, das Westjordanland und den Gazastreifen seiner Autorität zu unterwerfen, vertiefen sich die sozialen und politischen Unterschiede. Aufgrund der schlechten Wirtschaftslage wird die Kluft zwischen den verschiedenen sozialen Gruppen verschärft wahrgenommen.

Mehrere Phänomene sind dafür verantwortlich, daß es Widerstände und auseinanderstrebende Einstellungen gibt, durch die die politische Gemeinschaft geschwächt und ihr innerer Zusammenhalt gefährdet wird.

Die erste große Herausforderung der palästinensischen Autonomiebehörde besteht darin, den Zusammenhalt der von ihr kontrollierten Territorien aufrechtzuerhalten. Die fehlende territoriale Kontinuität ist insofern ein großer Nachteil, als der Verkehr von Menschen und Waren zwischen den beiden Teilen des autonomen Palästina vom guten Willen Israels abhängig ist. Da es schwierig ist, zwischen dem Westjordanland und dem Gazastreifen die Verbindung aufrechtzuerhalten, findet zwischen diesen Gebieten nur ein geringer Austausch statt. Zudem wirkt sich die von Israel ausgeübte Kontrolle unterschiedlich auf die beiden Territorien aus und verleiht ihnen tendenziell einen unterschiedlichen Status. Die zunehmenden Unterschiede und die faktische Trennung der beiden Gesellschaften führen dazu, daß jede die andere negativ wahrnimmt, was nicht gerade das Gefühl stärkt, eine nationale Einheit zu bilden. Die Kluft zeigt sich zum Beispiel an der herablassenden Einstellung der Bewohner des Westjordanlands zu denen des Gazastreifens, die sie als konservativ, ungebildet und rückständig betrachten. Die Ankunft junger Polizisten aus dem Gazastreifen, die ihren Dienst in Ramallah oder Nablus versehen, hat ablehnende Reaktionen hervorgerufen. Die Stadtbewohner des Westjordanlands werfen ihren Landsleuten vor allem vor, sich ihre Frauen zu genau anzuschauen.[1]

Auch zwischen den Palästinensern, die im Land geblieben sind, und den Heimkehrern aus dem Exil bestehen Spannungen. Durch ihren Lebensstil schockieren die zurückgekehrten Palästinenser die einfache Bevölkerung; durch ihr selbstbewußtes Auftreten und ihre Stellung verärgern sie manche Notabeln, die ihrerseits nach einer Machtposition streben. Die sozialen Unterschiede, die sich in den entsprechenden politischen Stellungnahmen niederschlagen, sind zwischen Stadtbewohnern und Flüchtlingen besonders stark ausgeprägt: in einem Flüchtlingslager zu wohnen bedeutet, einem benachteiligten sozioökonomischen Milieu anzugehören, was die Herausbildung einer spezifischen politischen Identität zur Folge hat.

Und schließlich werden die Unterschiede durch die strategischen Optionen der politischen Klasse verschärft. Die Hamas und andere Organisationen sind gegen die Abkommen von Oslo und den Autonomiestatus. Durch ihre Attentate auf israelische Zivilisten stellt die islamistische Bewegung das Gewaltmonopol der palästinensischen Autonomiebehörde in Frage. Yassir Arafat wird mit widersprüchlichen Forderungen unter Druck gesetzt: Israel verlangt die völlige Zerschlagung der militärischen, politischen und sozialen Netzwerke der islamistischen Bewegung. Doch das harte Vorgehen der Sicherheitsdienste gegen Hamas-Mitglieder gefährdet den nationalen Zusammenhalt.

Die räumlichen, sozialen und ideologischen Unterschiede überlagern und verstärken sich wechselseitig. Sind die Existenz einer politischen Klasse und der Aufbau eines Repräsentativsystems ausreichend, um die palästinensische Gesellschaft mit den angemessenen

---

1 Im Juli 2000 kommt es zu Zusammenstößen zwischen Arbeitern aus dem Gazastreifen und Einwohnern von Qalqilya, einer Stadt, die im Norden des Westjordanlands und in der Nähe der grünen Linie liegt. Sieben Menschen werden verletzt und sieben Häuser in Brand gesteckt. An diesen Konflikten zeigen sich der Ärger und der Rassismus gegenüber den Landsleuten aus dem Gazastreifen, die in diese Region gekommen sind, um ihre Arbeitskraft in Israel zu verkaufen.

Mitteln zur Konfliktbewältigung auszustatten? Die demokratischen Instanzen müßten Diskussionen über die Themen organisieren, die trennend zwischen den verschiedenen Gruppen und Einzelpersonen stehen. Wenn die Divergenzen anerkannt und öffentlich dargestellt werden und wenn darüber diskutiert wird, kann die Gewalt – sowohl der Opposition als auch der regierenden Macht – aus dem politischen Raum verbannt werden.

Die Flüchtlinge in den Lagern

Nach dem Krieg von 1948, als Hunderttausende von Palästinensern ins Exil getrieben wurden, wurden Flüchtlingslager eingerichtet, in denen die Menschen vorübergehend untergebracht werden sollten. Die Familien, die in den vom Internationalen Roten Kreuz bereitgestellten Zelten lebten, stammten zumeist aus ländlichen Gebieten. Sie hatten ihr Land und damit ihre Einkommensquelle verloren. 1950 trat die UNRWA (United Nations Relief and Works Agency for Palestine Refugees in the Near East) an die Stelle des Roten Kreuzes. Es wurden Baracken mit Betonwänden und Wellblechdächern gebaut. Die UNRWA bekam den Auftrag, den im Westjordanland, im Gazastreifen, in Jordanien, Syrien und im Libanon lebenden Palästinensern Ausbildungsmöglichkeiten zu verschaffen und ihre sanitären Einrichtungen sowie ihre wirtschaftliche und soziale Lage zu verbessern. Sie stellte den Bewohnern der Lager Schulen und Ausbildungszentren zur Verfügung. Heute verwaltet sie noch Ambulanzen und unterstützt die bedürftigsten Familien mit Nahrungsmitteln. Nach der Lösung des Flüchtlingsproblems sollte die UNRWA ihre Arbeit einstellen. Doch sie ist trotz der Einrichtung der palästinensischen Autonomiebehörde nach wie vor für die 20 Lager im Westjordanland und die acht Lager im Gazastreifen verantwortlich.

Zwischen Hitze und Überfüllung

Das Lager Chati liegt nördlich von Gaza-Stadt und erstreckt sich einige Kilometer am Mittelmeer entlang. Der Sand dringt in die sehr schmalen Durchgänge zwischen den Unterkünften der Flüchtlinge ein, die dicht an dicht gebaut wurden. Hier leben sehr viele Menschen, 18000 Einwohner pro Quadratkilometer. Für den Autoverkehr wurden einige Straßen gebaut. Ursprünglich diente deren Bau nicht der Verbesserung der Infrastruktur, sondern entsprang dem Wunsch nach militärischer Kontrolle. 1971 baute die israelische Armee auf Anordnung Ariel Sharons in den Flüchtlingslagern große Straßen, wodurch mehr als 2000 Häuser zerstört wurden. Dadurch sollten die Guerillabewegung zerschlagen und der zivile Ungehorsam gebrochen werden, die sich Ende der sechziger Jahre im Gazastreifen entwickelt hatten.[2]

Die größte Straße durchquert das Lager Chati von Norden nach Süden. Auf dem zentralen Platz, nur wenige Meter von einer der fünf Moscheen des Lagers entfernt, wird jeden Morgen ein Markt abgehalten. An der großen Straße befindet sich die Grundschule der UNRWA, aus der zweimal am Tag immer zur gleichen Zeit Kinder mit gestreiften Blusen strömen. Da die Schulen nicht genügend Mittel haben, um alle Schüler gleichzeitig zu unterrichten, geht die eine Hälfte morgens, die andere nachmittags zur Schule.

Im Gazastreifen ähneln die Lager Elendsvierteln. Bis 1996 waren nur 15 bis 30 Prozent der Straßen asphaltiert. Im Winter haben die Bewohner mit Matsch und riesigen Wasserpfützen zu kämpfen, die sich an vielen Stellen bilden, und zu jeder Jahreszeit müssen sich die Autofahrer über die mit Steinen übersäten Wege quälen. Die meisten Haushalte sind nicht an die Kanalisation angeschlossen, die ohnehin wenig leistungsfähig ist: da es keine Wiederaufbereitungsanlagen gibt, ergießt sich das Abwasser durch oberirdisch verlegte Rohre ins Meer. Hier und da sieht man Abfallhaufen. Die Hausfrauen legen zwar Wert darauf, daß es in den Häusern sauber und ordentlich ist, haben aber keine Hemmungen, ihren Abfall vor die Tür zu werfen, und eine Müllabfuhr gibt es nicht. Trotz dieser widrigen Lebensumstände hängen die Menschen, die hier geboren und aufgewachsen sind, sehr an diesem Ort. Wenn sie sich mit den Stadtbewohnern vergleichen, heben sie den Wert ihrer Gemeinschaft hervor:

---

2 Ann Lesch, *Prelude to the Uprising in the Gaza Strip*, in: Journal of Palestine Studies, Bd. XX, Nr. 1, Herbst 1990, S. 3–4.

»Hier leben wir einfachen Leute, wir mögen uns. Das ist nicht so wie in Rimal[3]. Da haben die Leute Geld. Hier gibt es nur einfache Leute, die sich mögen.«[4]

Die mit unhygienischen Badezimmern ausgestatteten Häuser sind sehr klein; drei oder vier Zimmer, in denen ein Dutzend Menschen lebt. Viele dieser Häuser haben noch das erste Dach: ein Wellblechdach, das schlecht vor der Kälte im Winter und der Hitze im Sommer schützt. Diejenigen Häuser, die an einer Straße liegen, haben Tageslicht, doch in den meisten der dicht an dicht gebauten Häuser ist es dunkel, was noch dadurch verstärkt wird, daß sich die kleinen Fenster mit ihren Fensterläden, um Schutz vor den Blicken Fremder zu gewähren, im oberen Teil des Hauses befinden. Manche Bewohner haben einen Innenhof eingerichtet, der ein Merkmal arabischer Häuser ist. Das Haus Abu Jamals ist schon fast angenehm zu nennen, was sicherlich an dem »Patio« liegt, in dessen Mittelpunkt ein alter, knorriger Baum steht. Ab März nehmen dort seine Söhne und ihre Freunde ein Glas Kaffee oder Tee ein. Seine zwei ältesten Söhne bewohnen mit ihren Frauen und drei Kindern jeweils ein Zimmer. Abu Jamal ist Witwer und schläft in einem anderen Zimmer auf einer auf dem Boden liegenden Matratze. In einem gemeinsamen Zimmer werden Gäste empfangen und die Mahlzeiten eingenommen, die auf Zeitungspapier auf dem Boden serviert werden. Ibrahim, das jüngste der acht Kinder von Abu Jamal, hat nicht studiert, er arbeitet als Leutnant beim militärischen Nachrichtendienst. Er hat die zehn Jahre jüngere Salma geheiratet. Salma ist das älteste Kind einer Familie mit fünf Töchtern, die sich nach ihrer Rückkehr aus Jordanien 1994 in Chati niederließ. Sie hat mit 14 Jahren die Schule verlassen, um Ibrahim zu heiraten. Seitdem hat sie drei lebhafte Jungen zur Welt gebracht. Salma verläßt nur selten das Haus. Ab und zu fährt Ibrahim mit ihr in seinem Auto zu ihrer Familie, die nur einige hundert Meter von ihnen entfernt wohnt; dann streift Salma ihren Schleier und eine lange Tunika über, die ihre Kleidung verdeckt. Sie hat keine Freundinnen, kennt in Chati praktisch nie-

3 Rimal ist das Viertel in Gaza-Stadt, in dem die Wohlhabenden wohnen.
4 Mohamed, 33 Jahre alt, arbeitet in Israel und ist militantes Hamas-Mitglied.

manden und geht nie allein aus dem Haus. Selbst wenn ihr Mann ihr erlauben würde, allein wegzugehen, würde sie sich nicht zurechtfinden und nicht wissen, wie man ein Taxi bekommt. Obwohl sie sich mit ihrer Situation abgefunden hat und nichts fordert, macht sie nicht den Eindruck einer unterwürfigen Frau. Sie genießt großen Respekt bei ihren Kindern, die ihr Mann, wenn er zu Hause ist, meistens nicht dazu bringen kann, sich ruhig zu verhalten.

Die beiden Schwiegertöchter Jamals verkehren und sprechen nicht miteinander. So verbringt Salma den größten Teil ihrer Zeit mit ihren drei Jungen in dem ihnen zugewiesenen Zimmer, während die Kinder lieber draußen herumtollen würden. Seit dem Kauf einer Satellitenantenne vor einigen Monaten hat sie Zerstreuung und kann amerikanische Serien in der Originalversion sehen. Salmas Haare sind kurz geschnitten wie die eines Jungen, was im Gazastreifen selten ist, wo die Männer lange Haare mögen. Wenn sie ihre wenigen Quadratmeter verläßt, um ihrem Schwiegervater Tee zu servieren, trägt sie eine Kappe. Salma ist sehr schön und sieht mit ihrer Kopfbedeckung wie eine moderne junge Frau aus dem Westen aus. Wenn man sie fragt, ob sie mit Ibrahim glücklich ist, antwortet sie ohne Begeisterung und ohne jeden weiteren Kommentar: »al-hamdullilah«[5]. Salma hat ihren jüngeren Schwestern den Rat gegeben, nicht zu früh zu heiraten.

Da die Häuser sehr klein sind, treffen sich die Männer häufig außerhalb der Häuser, während sich die Frauen in den Flüchtlingslagern im Gazastreifen nicht die gleichen Möglichkeiten des geselligen Beisammenseins geschaffen haben. Aus Platzmangel können sich die Frauen nicht treffen, ohne daß Männer anwesend sind. Jedoch sind nicht alle Familien so konservativ wie die von Abu Jamal. So hat beispielsweise Salmas Nachbarin nach einem langen Kampf mit ihrem Mann erreicht, daß sie arbeiten gehen darf. Sie hat sechs Kinder und vertraut die jüngsten der Obhut der elf- und zwölfjährigen Mädchen an, die sich abwechseln: die eine geht morgens, die andere nachmittags in die Schule. Die beiden Einkommen zusammen reichen gerade aus, um alle Familienmitglieder zu ernähren und zu kleiden und das Haus etwas wohnlicher zu gestalten.

---

5 »Gott sei Dank«.

Nach den offiziellen Richtlinien der UNRWA war es verboten, die provisorischen Unterkünfte[6] der Flüchtlinge in feste Häuser umzuwandeln, aber angesichts des Bevölkerungswachstums hat die Organisation ihre strengen Vorschriften gelockert und die Menschen einfach gewähren lassen. Seit dem Rückzug der israelischen Armee verbessern die Lagerbewohner, die es sich leisten können, ihre Wohnverhältnisse. Während der ersten Intifada verzichteten die Flüchtlinge aus Angst vor Vergeltungsschlägen der israelischen Armee auf Bauprojekte.[7] Seit der Einführung der Autonomie haben sich die Lager im Gazastreifen verändert. Es entstanden mehrstökkige Häuser, in denen auch die verheirateten Söhne der Familien wohnen.

Gleichwohl rufen die Instandsetzungsarbeiten in Gaza-Stadt Unzufriedenheit bei den Flüchtlingen hervor, die der Ansicht sind, die palästinensische Autonomiebehörde vernachlässige sie und bevorzuge die Stadtbewohner. In Wirklichkeit obliegt die Verwaltung der Lager nach wie vor der UNRWA.[8]

Das harte Leben der Flüchtlinge

In den Lagern im Westjordanland haben die Bewohner wegen der strengen Winter die Wellblechdächer entfernt und besser isolierende Terrassendächer gebaut. Das Lager Balata schließt sich direkt an die Stadt Nablus an, bis zum Stadtzentrum sind es nur wenige Autominuten. Trotz aller Verbesserungen unterscheidet sich dieses Viertel von seiner Umgebung und ist sogleich als Flüchtlingslager erkennbar. Da die Häuser eng aneinander gebaut wurden, ist es drinnen dämmrig beziehungsweise dunkel. Sie sind durch enge Gassen voneinander getrennt, aber es gibt auch geteerte Straßen, auf denen Autos fahren und Märkte abgehalten werden können.

---

6 So die offizielle Bezeichnung der UNRWA.

7 Die israelische Armee zerstört regelmäßig die Häuser von Aktivisten; so bestraft sie die ganze Familie derjenigen, die sie sucht oder ins Gefängnis sperrt.

8 Siehe Lætitia Bucaille, Gaza: la violence de la paix, S. 247.

Die in Balata lebenden Familien kennen sich, manche kommen aus demselben Dorf. Die erzwungene Nähe und das Bewußtsein, das gleiche Schicksal zu teilen, haben die Flüchtlinge und ihre Nachkommen noch enger zusammengeschmiedet. Im Lager Balata lebt Um Ahmed. Während der ersten Intifada nahm sie, so gut sie konnte, an den Demonstrationen teil. Wenn sie den von den israelischen Soldaten festgehaltenen *Shebab* zu Hilfe kommen wollte, klammerte sie sich an diese und rief: »Das ist mein Sohn, und das ist mein Neffe, laßt sie ins Haus gehen.« »Deine Familie ist sehr groß«, erwiderten die jungen Soldaten ungläubig. Auch auf die Gefahr hin, sich von den Soldaten Schläge einzuhandeln, bemühte sie sich mit allen Kräften, den Jugendlichen des Viertels zu helfen.

Heute ist Um Ahmed 64 Jahre alt, sieht aber wesentlich älter aus. Sie kann nicht lesen und schreiben: als sie zehn Jahre alt war, ging sie zum *Mukhtar*[9] des Dorfes, der ihre Eltern überreden sollte, sie in die Schule zu schicken. Die *Nakba*[10] hat alle ihre Pläne zunichte gemacht. Sie mußte mit ihren Eltern und sieben Geschwistern ihr Dorf in der Nähe von Jaffa verlassen. Ihre Familie lebte von der Landwirtschaft. Ihr Vater beschloß, nach Salfit in der Umgebung von Nablus zu gehen, wo er ein kleines Stück Land kaufte. Als sich ihre Familie dort niedergelassen hatte und mit den neuen schwierigen Lebensumständen fertig werden mußte, hatten ihre fünf Brüder in bezug auf Schulbesuch und Ausbildung Vorrang. Vier von ihnen gingen ins Ausland, also noch einmal ins Exil, um dort ihren Lebensunterhalt zu verdienen. Was Um Ahmed betrifft, so lebte sie einige Jahre in diesem Dorf, bis sie einen Mann heiratete, der aus demselben Dorf stammte wie sie. Mit 15 Jahren zog die jungverheiratete Frau in eine aus einem Zimmer bestehende Unterkunft in Balata, die die UNWRA dem Paar zur Verfügung gestellt hatte.

---

9 Das System der *Mukhtar* geht auf die osmanische Zeit zurück, in der örtliche Funktionsträger die Anliegen ihrer Gruppe der Zentralmacht vortrugen. Der *Mukhtar* ist eine Art traditionelle Autorität, die unter Umständen auch heute noch eingreift, um Meinungsverschiedenheiten zwischen Personen oder Familien zu schlichten.

10 Dieser arabische Begriff bedeutet »Katastrophe« und bezeichnet die schwerwiegenden Ereignisse von 1948: die Gründung des Staates Israel und das Exil von 854000 Palästinensern.

»Ich wollte nicht heiraten, meine Familie hat mich dazu gezwungen. Als wir in Salfit ankamen, hatten wir kein Geld. In dem Fall sind die Leute gezwungen, ihre Mädchen unter die Haube zu bringen.«

Um Ahmeds Ehemann hat sich auf den Geflügelhandel verlegt. Der kleine Laden befindet sich im Haus. Das Oberhaupt der Familie schlachtet die Hühner, seine Frau brüht sie ab und rupft sie. Sie haben zwölf Kinder und haben hart gearbeitet, um ihnen ein anständiges Zuhause zu bieten und eine Ausbildung zu ermöglichen. Zwar ist die erste Lagergeneration manchmal des Lesens und Schreibens unkundig, aber sie hat großen Wert darauf gelegt, daß ihre Nachkommen etwas lernten. Da die Flüchtlinge ohnehin kein größeres Vermögen aufbauen können, investieren sie in die Ausbildung. Wissen stellt eine Art mobiles Kapital dar, das auch die Wechselfälle des Lebens überdauert. Trotz ihrer Armut sind die Bewohner der Lager bestrebt, ihren Kindern alle erdenklichen Aufstiegschancen zu bieten. In bezug auf die Ausbildung und den beruflichen Werdegang ihrer Kinder sind die Eltern ausgesprochen ehrgeizig.

Um Ahmed gesteht, daß sie mit ihrem Mann nicht sehr glücklich war. Sie haben sich nicht geliebt. Heute liegt das Leben hinter ihr: sie hat alle Kinder, bis auf zwei, verheiratet. Alle Jungen haben studiert. Die Mädchen haben ihr Abitur gemacht. Zwei von ihnen wurden von ihr gezwungen, eine Ehe einzugehen.

»Wozu sollen sie noch mehr lernen? Sie müssen sich um ihre Kinder kümmern. Das Geld reichte nicht, um auch sie studieren zu lassen. Als die Intifada kam, war das eine beschlossene Sache. Es war besser für sie, Ehemänner zu finden, die sie beschützen.«

So wiederholt sich die Geschichte. Als der Krieg kommt und die Menschen physisch und psychisch in Unsicherheit stürzt, beeilen sich die Eltern, für ihre Töchter Ehemänner zu finden. Sie sollen ihnen Schutz geben. Außerdem wird die Familie, wenn die Töchter aus dem Haus sind, von einer zweifachen Last befreit: erstens gibt es einen Esser weniger, und zweitens muß sie dann nicht mehr über deren Jungfräulichkeit wachen. So bleibt die Familienehre intakt.

Um Ahmed und ihr Mann leben heute in einem kleinen Haus mit drei Zimmern, das fast gemütlich wirkt. Auf dem Sofa liegen bestickte Kissen. In dem Stockwerk darüber wohnt einer ihrer Söhne mit seiner Familie. Die Geflügelhändlerin hängt an ihrem kleinen Haus und ihrer Umgebung:

»Ich liebe Balata. Die Menschen hier sind Flüchtlinge, genau wie wir. Ich werde dieses Haus nicht verlassen. Mein Herz hängt daran. Hier steckt viel Arbeit drin. Wir gehen nur, wenn wir in unser Dorf zurückkehren dürfen.«

Einmal hat Um Ahmed ihr Heimatdorf besucht, mit ihrem Mann, der Familie ihres Schwiegersohns und zwei ihrer Kinder. Das Haus ihres Vaters gibt es noch, darin wohnen jetzt Israelis. Sie hat sich nicht getraut, näher an das Haus heranzugehen: »Ich hatte Angst vor ihnen, und ich weiß, daß sie Angst vor mir hatten. Sie hatten Hunde«, erzählt sie. Der Rest des Dorfes war zerstört. Als sie vereinzelte Spuren aus ihrer Kindheit entdeckte, weinte sie. Obwohl ihr dieses Stück Heimat viel bedeutet, ist sie bereit, darauf zu verzichten und sich mit einem Land zufriedenzugeben, das das Westjordanland und den Gazastreifen umfaßt. »Aber Israel will keinen Frieden. Sharon will ein neues Sabra und Chatila.« Um Ahmed ist pessimistisch, für sie und ihre Familie bringt die Zukunft nur »Angst und Kugeln«. Auch von den Einwohnern von Nablus bekam sie zu spüren, daß sie ein Flüchtling war.

Ermutigt durch die Propaganda der arabischen Länder und entsetzt über das brutale Vorgehen israelischer Einheiten, flohen die Palästinenser 1948 vor der vorrückenden IDF. Die Bewohner der Städte im Westjordanland und im Gazastreifen nahmen die Flüchtlinge sehr reserviert auf. Für die bürgerlichen Schichten waren die Neuankömmlinge billige Arbeitskräfte, die niedrige Arbeiten verrichteten. Im Gazastreifen wurden die Flüchtlinge in der Landwirtschaft, in Nablus in der Industrie eingesetzt. Die Frauen arbeiteten als Hausangestellte bei wohlhabenden Familien. In Balata ist der Groll darüber noch spürbar. Um Ahmed sagt:

»Ich kenne keine Leute aus Nablus. Sie mögen uns nicht. Als wir hierherkamen, hielten sie uns für Esel und beleidigten uns. Wenn wir Wasser holten, warfen sie Dreck hinein.«

Obwohl sie fröhlich und tatkräftig wirkt, schaut sie mit Bitterkeit auf ihr Leben. Ihr Mann ist krank, sie ist verbraucht. Ihre Beine machen ihr zu schaffen. Sie denkt an die Kilometer, die sie zurücklegen mußte, um ihre Söhne im Gefängnis zu besuchen und um an der Beisetzung von »Märtyrern« teilzunehmen, und sie denkt an die viele Arbeit, die ihr aufgebürdet wurde. Sie kritisiert die palästinensische Autonomiebehörde, die nicht in der Lage sei, Arbeitsplätze für die jungen Leute zu schaffen, und die ihr Volk sterben lasse. Sie ist der

Ansicht, die Regierung müsse ihr für das, was sie geleistet hat, eine Rente zahlen. »Ich habe gekämpft, ich habe Widerstand geleistet, ich bin sogar von Gummigeschossen getroffen worden.« Sie greift auch die Passivität der arabischen Staaten an und fordert die Hilfe der internationalen Gemeinschaft.

Die Erwartungen, die Um Ahmed an ihre eigene Regierung und ausländische Staaten richtet, entspringen einem Gefühl der Ohmacht. Seit dem Exil, zu dem ihre Familie gezwungen war, scheint sie ihr Leben nicht selbst bestimmt zu haben. Wie kann man sich unter diesen Umständen vorstellen, daß sich ein ganzes Volk selbst bestimmt? Die letzte Initiative, die sie ergriffen hat, um gegen das ihr auferlegte Schicksal zu rebellieren, war der Besuch bei dem *Mukhtar*, der sich dafür einsetzen sollte, daß sie zur Schule gehen durfte, und seitdem wirkt Um Ahmeds Geschichte wie eine Kette von Ereignissen, die durch die Umwälzungen des Jahres 1948 ausgelöst wurden. Nachdem sie gegen ihren Willen verheiratet worden war, folgt sie ihrem Mann in das Lager Balata, hilft ihm bei seiner Arbeit und bringt zwölf Kinder zur Welt. Auch wenn sie nach besten Kräften an der ersten Intifada teilnimmt, ist sie der Meinung, daß die politischen Entscheidungen in einer Sphäre getroffen werden, die ihr nicht zugänglich ist. Schneidet sie die Frage der Rückkehr an, drückt sie folglich weniger einen persönlichen Wunsch als das Akzeptieren der politischen Entscheidungen aus, die an höherer Stelle getroffen werden. So erklärt sich auch, daß sie auf das Eingreifen der palästinensischen Autonomiebehörde und der Geberländer setzt.

Die politische Mobilisierung der Flüchtlinge

Mit der in den sechziger Jahren geborenen Generation weicht diese Resignation hinsichtlich der politischen Entwicklung und des persönlichen Schicksals der Rebellion. Ende der siebziger Jahre gehört Hussam Khader zu den zornigen jungen Männern, die die Mobilisierung der palästinensischen Gesellschaft einleiten.[11] Das Lager spielt beim Widerstand gegen die Besatzungsmacht eine entschei-

---

11 Vgl. zu seiner Rolle als Organisator S. 18f.

dende Rolle. Mit Hilfe des Jugendkomitees für soziales Handeln, der *Shabiba*, kontrolliert die Fatah das Lager und gewinnt junge Leute für sportliche und kulturelle Aktivitäten sowie für Arbeiten, die dem Gemeinwohl dienen. Die *Shebab* bestrafen oder verfolgen Kollaborateure sowie alle Personen, die keinen untadeligen Lebenswandel haben, und es gelingt ihnen, die israelische Armee aus dem Lager zu drängen. Zu Beginn der achtziger Jahre wagt sich die israelische Armee nur bei einer Ausgangssperre in die Gassen von Balata. Einen Monat vor Ausbruch der Intifada unternimmt die zivile Verwaltung einen großangelegten Versuch, den Widerstand des Lagers Balata zu brechen, der zum Vorbild für andere Lager werden könnte. Den Soldaten gelingt es zwar, einige Verdächtige festzunehmen, aber sie stoßen auf die geschlossene Abwehrfront der Lagerbewohner, die sich mit allen Mitteln gegen die Eindringlinge wehren.[12]

Aus den Lagern im Westjordanland und im Gazastreifen kamen viele Anführer und Aktivisten des Aufstands. Aufgrund der starken sozialen Bindungen konnten solidarische und schlagkräftige Widerstandsgruppen aufgebaut werden. Das Gefühl der Zusammengehörigkeit erleichterte die Verteidigung des Lagers gegen die Aktionen der israelischen Armee. Zudem bedeutete seine Unübersichtlichkeit einen Schutz für die Aktivisten. Mit seinen dunklen Gassen und eng aneinander gebauten Häusern ist das Lager für denjenigen, der hier nicht lebt, eine Art Labyrinth.

Heute wehren sich die Lagerbewohner gegen Eingriffe der palästinensischen Sicherheitskräfte. Obwohl viele Bewohner die Fatah unterstützen und selbst für die Autonomiebehörde arbeiten, machen sie gemeinsam Front gegen Versuche von außen, im Lager Gewalt anzuwenden. So wie die Flüchtlinge alles taten, um die israelischen Soldaten vom Lager fernzuhalten, lehnen sie es ab, daß die Ordnungskräfte in einem Gebiet tätig werden, für das sie sich allein zuständig fühlen. Najy, dem während der Al-Aqsa-Intifada die Verhaftung drohte, sagt großspurig: »Balata läßt die Autonomiebehörde nicht herein.«

---

12 Eine genaue Darstellung dieser Ereignisse findet sich bei Ze'ev Schiff und Ehud Ya'ari, Intifada, S. 73–74.

Die starke Beteiligung der Flüchtlinge an der Intifada hatte zur Folge, daß man diese Menschen mit anderen Augen sah. Die ganz unten auf der sozialen Leiter stehenden Lagerbewohner wurden als heroische Kämpfer betrachtet. Die zweite und dritte Flüchtlingsgeneration im Gazastreifen wie im Westjordanland bekennt sich stolz dazu, zum Lager zu gehören. Diese veränderte Einstellung hat auch auf die Ältesten abgefärbt. Um Ahmed hat erzählt, daß die Flüchtlinge 1948 von den Einwohnern von Nablus verachtet wurden, aber sie fügt hinzu: »Heute zählen wir genausoviel wie sie.«

Gleichwohl haben die jungen Leute aus Chati und Balata andere Pläne. Während die einen weiterhin im Lager leben möchten, hoffen die anderen, daß sie irgendwann in die Stadt ziehen können, auch wenn das jetzt noch ihre finanziellen Möglichkeiten übersteigt. Die unterschiedlichen Lebenspläne hängen wahrscheinlich mit der Beziehung zusammen, die die Flüchtlinge zur Mehrheitsgesellschaft haben. Das konfliktträchtige Verhältnis zwischen Balata und Nablus und der Groll, den die Lagerbewohner gegen die Stadtbewohner hegen, könnten diesen Aufstiegswillen erklären. Wenn man in der Stadt wohnt, beweist man damit, daß man einen ähnlichen Lebensstil haben kann wie die »Bürger von Nablus«. Auch wenn Najy sagt, daß er die meiste Zeit in Balata verbringt, weil hier seine Freunde wohnen und weil der Kampf ihn immer wieder hierherführt, verschafft ihm die Tatsache, daß er in einem schönen Wohnviertel in Nablus wohnt, eine gewisse Befriedigung:

»Ich werde nicht wieder ins Lager ziehen. Wenn man vorwärtskommen will, kann man nicht zurückgehen. Meine Töchter werden krank, wenn ich sie dorthin mitnehme.«

Im Gazastreifen gibt es zwar auch ausgeprägte soziale Unterschiede zwischen Stadtbewohnern und Flüchtlingen, aber hier sind die Spannungen nicht so groß. Die Stadtbewohner sind in der Überzahl; hinzu kommt, daß die einflußreichen Familien der Stadt keine so gefestigte Stellung haben wie die in Nablus, vor allem nicht seit der Einrichtung der palästinensischen Autonomiebehörde. Auch wenn die Bewohner von Chati die Leute aus dem Gazastreifen für wenig umgänglich, wenig solidarisch und weniger patriotisch halten, so stehen sie ihnen doch nicht feindlich gegenüber.

Hussam Khader, ein populistischer Abgeordneter?

Obwohl die Fatah Hussam Khader von der offiziellen Kandidatenliste gestrichen hat, beschließt er, zu den für Januar 1996 in den palästinensischen Gebieten angesetzten Wahlen anzutreten. Daß er einen Sitz gewinnt, zeugt von seiner festen Verankerung in der palästinensischen Bevölkerung und stellt einen persönlichen Sieg des Aktivisten über Yassir Arafat dar.

Hussam Khader, der politische und ethische Prinzipien vertritt, trauert der sozialen und nationalen Revolution nach, die er zu Beginn der achtziger Jahre mit in Gang gesetzt hatte. Der Kampf gegen Israel machte es seiner Meinung nach erforderlich, die Gesellschaft von Grund auf zu reorganisieren, sie von schädlichen Einflüssen zu befreien und Werte wie gegenseitige Hilfe, Gemeinsinn, Zusammenhalt, Wissen und Vaterlandsliebe zu verbreiten. Der Abgeordnete stellt fest, daß sich diese Werte heute zurückbilden und einem Individualismus Platz machen, der einem korrupten politischen System zugute kommt. Mit einigen ihm nahestehenden Weggefährten hat er ein Kulturzentrum für die Jugendlichen des Lagers gegründet, das ähnlich funktioniert wie die *Shabiba.* Den Jugendlichen werden kulturelle und sportliche Aktivitäten angeboten, während ihnen zugleich politisches Bewußtsein und wesentliche moralische Werte vermittelt werden. Das Verhalten der »Freunde des Kulturzentrums von Jaffa« soll beispielhaft sein, sonst droht der Ausschluß. So setzt der Abgeordnete die Arbeit fort, die er schon 20 Jahre zuvor geleistet hat und deren Ziel die Erziehung des Volkes ist.

Hussam Khader, der von sich selbst und von anderen viel verlangt, ist dennoch ein Mensch, der Sinn für die Freuden des Lebens hat. Er ist fröhlich, optimistisch und umgänglich. Wenn es um seine Überzeugungen geht, nimmt er bei politischen Diskussionen kein Blatt vor den Mund. Die Auseinandersetzung mit seinem politischen Gegner Ghassan Shaka, dem Bürgermeister von Nablus, politisiert und verschärft den sozialen Konflikt zwischen den Bürgern von Nablus und den Flüchtlingen des Lagers.

Nachdem Ghassan Shaka 1994 zum Bürgermeister ernannt worden war, stellten die Bewohner von Balata fest, daß ihre Wasser- und

Stromrechnungen plötzlich wesentlich höher waren, und sie beschwerten sich darüber bei Hussam Khader. Um die während der Intifada angehäuften Schulden zu begleichen[13], hatte die Stadtverwaltung von Nablus die Gebühren für diese Dienstleistungen praktisch verdoppelt. »Bei Shaka sind die Gebühren für Wasser und Strom die höchsten in der Region. Im Gazastreifen kostet das Kilowatt 34 Agorot[14] [etwa 10 Cent], in Nablus beträgt der Preis 85 Agorot [etwa 25 Cent]«, erklärt Hussam Khader. Vor dem Bürgermeisteramt werden Demonstrationen durchgeführt, der Bürgermeister trägt das Problem dem Legislativrat vor und setzt auch den Wirtschaftsausschuß des Parlaments davon in Kenntnis. Es wurde ein Untersuchungsausschuß eingesetzt, der jedoch laut Khader seine Untersuchungen nie aufgenommen hat. Daher hat der Abgeordnete von Balata den Lagerbewohnern geraten, die vom Bürgermeisteramt geschickten Rechnungen nicht zu bezahlen. Auch er selbst bezahlt die Rechnungen für sein Privathaus und sein Büro nicht. Er rechtfertigt diese Auflehnung gegen die örtlichen Behörden folgendermaßen:

»Shaka will unbedingt an Geld kommen, obwohl die Leute nichts haben und arbeitslos sind. In Nablus sind 3200 Haushalte ohne Strom und mehrere hundert ohne Wasser, weil Shaka das Leiden der Menschen egal ist.«

Hussam Khader hat Mitleid mit den Armen von Nablus, die sich gegen einen Mann wie Shaka nicht wehren können. In Balata ist die Situation ganz anders. Obwohl die meisten Bewohner nichts bezahlen, sind sie nach wie vor an das Stromnetz angeschlossen. So allmächtig der Bürgermeister auch ist, er kann nicht das Risiko eingehen, den Lagerbewohnern Leistungen vorzuenthalten, die zu ihrer Grundversorgung gehören. Dann bekäme er es mit einer breiten Widerstandsfront zu tun. Der Sohn von Flüchtlingen, jetzt Abgeordneter, bestätigt diese Einschätzung: »Wir sind unabhängig. Balata

---

13 Entsprechend den Anweisungen der während des Aufstands gebildeten Vereinigten Nationalen Führung hat die Bevölkerung der palästinensischen Gebiete die Bezahlung der von Israel bereitgestellten Dienstleistungen verweigert. Nach der Einführung der palästinensischen Autonomie hat der jüdische Staat die Bezahlung der Rückstände gefordert.

14 Die israelische Währungseinheit Schekel ist in Agorot unterteilt.

läßt sich nichts gefallen. Wir haben die Aufgabe, die Leute gegen die Tyrannei zu verteidigen.« In Anbetracht der wachsenden Spannungen hat sich, wie Khader feststellt, der Bürgermeister der Stadt mit neuen Leibwächtern umgeben.

Hussam Khader kennt Sami, Najy und Bassam gut. Er fühlt sich ein wenig wie ihr großer Bruder, mißbilligt aber manchmal ihr impulsives und undiszipliniertes Verhalten und versucht sie zur Vernunft zu bringen. Doch wenn es zu einem Konflikt zwischen den *Shebab* und dem Bürgermeister oder der palästinensischen Führung kommt, stellt er sich bedingungslos auf ihre Seite. Auch wenn sich manche Bindungen als belastend erweisen, liegt es im Interesse des Abgeordneten, diese Solidarität aufrechtzuerhalten und auf die Unterstützung einiger bewaffneter *Shebab* rechnen zu können. Khader hat sich nie für den Einsatz von Gewalt stark gemacht, aber manche politischen Streitigkeiten arten dermaßen aus, daß er immer auf der Hut ist.

Obwohl Hussam Khaders Basis in Balata ist, hat er weitergehende Ambitionen. Er ist Vorsitzender des Komitees für die Verteidigung der Rechte der Flüchtlinge, das in allen palästinensischen Gebieten tätig ist. Ihn stört, daß der politische Horizont der palästinensischen Gesellschaft immer lokal begrenzt ist. Die politische Loyalität und die Identifizierung mit einem Politiker oder einem politischen Programm manifestieren sich vor allem auf lokaler Ebene. Abgesehen von Yassir Arafat, gibt es nur sehr wenige Persönlichkeiten, die den Anspruch erheben können, für die gesamte Nation zu sprechen.

Wozu dient das palästinensische Parlament?

Die Mitglieder des palästinensischen Legislativrats berufen sich darauf, ihre Legitimation vom palästinensischen Volk erhalten zu haben. Die Präsidentschafts- und Parlamentswahlen im Januar 1996 wurden – trotz kleiner Unregelmäßigkeiten – ordnungsgemäß durchgeführt. Die Wahlbeteiligung von 79,9 Prozent zeigte den Wunsch einer Gesellschaft, mitzubestimmen und sich ein nationales Repräsentativsystem zu geben. Gleichwohl haben der Wahlkampf und die Wahl nicht die Bedingungen für einen echten politischen Wettstreit geschaffen. Die islamistischen und marxistischen Oppositionsgruppen, die die Abkommen von Oslo ablehnen, boykottierten die Wahl und weigerten sich somit, ihren Beitrag zum Aufbau eines politischen Gemeinwesens zu leisten. Der Kampf um Sitze fand zwischen Kandidaten statt, von denen die meisten zur Fatah gehörten, auch wenn viele behaupteten, unabhängig zu sein. Zudem löste die Wahl keine politischen Diskussionen aus. Die Bewerber um die Abgeordnetensitze hielten es für ratsam, sich auf Themen wie die nationale Einheit und die Fortsetzung des Prozesses der nationalen Befreiung zu konzentrieren. Die Aufteilung der Gebiete in kleine Wahlkreise erhöhte die Bedeutung der persönlichen Bindungen zu Lasten einer ideologischen Positionierung.

Die aus der Wahl hervorgegangene Mehrheit besteht aus Mitgliedern der politischen Organisation Yassir Arafats. Diese Stärkung der Fatah ließ die Befürchtung aufkommen, das gewählte Parlament könnte lediglich ein Gremium sein, das die Entscheidungen der Exekutive absegnet. In Wirklichkeit hat der Legislativrat durch den Einfluß von Persönlichkeiten, die nicht im Exil waren, seine Unabhängigkeit unter Beweis gestellt. In der Frage der Korruption hat er sich sogar weit vorgewagt: 1997 wurde ein Untersuchungsausschuß gebildet, in dessen Bericht mehrere Regierungsmitglieder der Mißwirtschaft und Untreue beschuldigt wurden. Diese Kritik führte zum Rücktritt des gesamten Kabinetts. Doch obwohl die Diskussionen über die Korruption den Legislativrat über ein Jahr lang beschäftigten, konterkarierten die Abgeordneten ihre eigene Initiative, indem sie der vom Präsidenten der Autonomiebehörde vorgeschlagenen gleichen Regierung ihr Vertrauen aussprachen. Über den mangelnden politischen Mut der Parlamentsmitglieder empört, ging Hussam Khader hart mit ihnen ins Gericht:

»Soweit ist es also gekommen. Warum verabschiedet man nicht ein Gesetz, das besagt, daß Yassir Arafat unser Gott ist? Weil er den General zum Soldaten und den Soldaten zum General machen kann und weil er den armen Mann reich und den reichen Mann arm machen kann!«

Diese provozierende Äußerung rief feindselige Reaktionen hervor; ein Abgeordneter machte sogar Anstalten, sich auf ihn zu stürzen und ihn zu schlagen, er konnte gerade noch zurückgehalten werden. Doch der Abgeordnete für Balata setzte noch eins drauf:

»Reg dich nicht auf, bald wird dich Yassir Arafat für deine Treue ihm gegenüber belohnen und dir ein Haus und ein Auto schenken.«

Yassir Arafat ist es gelungen, alle Ansätze von Opposition zu ersticken, indem er die Mehrheit der Abgeordneten an sein eigenes Machtsystem gebunden hat. Über den Inhalt der Abmachungen zwischen dem »Alten« und dem Legislativrat ist kaum etwas bekannt. Man kann jedoch davon ausgehen, daß er etliche Mitglieder des Rats dadurch auf seine Seite gezogen hat, daß er ihnen politische Ämter und die Finanzierung von persönlichen Aktivitäten oder Projekten in Aussicht stellte. Die vom Präsidenten der Autonomiebehörde verfolgte Strategie zielt darauf ab, das Parlament auszuschalten, dessen Debatten nicht mehr im palästinensischen Fernsehen gezeigt werden. Die Exekutive ignoriert die Arbeit des Legislativrats: Yassir Arafat ist nicht immer bereit, die im Parlament verabschiedeten Gesetze zu unterzeichnen, und er sorgt häufig nicht für die Umsetzung der von ihm selbst unterstützten Gesetze. So hat er sich beispielsweise geweigert, die von den Parlamentariern vorgeschlagene Verfassung zu unterzeichnen. Da es keine Verfassung gibt, in der die Rechte der Exekutive, der Legislative und der Judikative und das Verhältnis zwischen diesen drei Instanzen festgelegt sind, hat der Legislativrat keine rechtliche Grundlage, die es ihm erlauben würde, sich gegen den Präsidenten zu behaupten. Dieser jedoch hält sich kaum an die Gesetze, sondern stützt sich auf seine persönliche Autorität als Revolutionsführer, wodurch das Wirken der PLO als Organisation für die nationale Befreiung perpetuiert wird. Solange es keinen palästinensischen Staat gibt, ist es schwer, Rechtsstaatlichkeit zu fordern. Meistens haben die von Yassir Arafat angewandten Methoden den Zweck, den Veränderungs- und Handlungswillen derjenigen abzublocken, die Demokratie fordern. Der Abgeordnete Azmi al-Shuaybi scheiterte mit seinem Versuch, die Exekutive zu einem transparenten Finanzgebaren zu bewegen.[15] Er war Minister in der ersten Regierung der palästinensischen Autonomiebehörde und übernahm 1998 die Leitung des Haushaltsausschusses, um Yassir Arafat zu zwingen, Rechenschaft über die Einnahmen und Aus-

---

15 Das Protokoll eines Treffens, das im März 2000 in London stattfand, enthält die Darstellung Azmi al-Shuaybis: *Institutions palestiniennes: histoire, d'une enqête*, in: Revue d'études palestiniennes, Nr. 25, Herbst 2000, S. 75–86.

gaben des Schatzamtes abzulegen und dem palästinensischen Legislativrat den Haushalt vorzulegen. Durch die Untersuchungen des Abgeordneten waren mehrere Unregelmäßigkeiten entdeckt worden, darunter vor allem die Tatsache, daß manche im Haushalt ausgewiesenen Ausgaben fiktiv waren und daß sich 126 Millionen Dollar auf Auslandskonten befanden. Als al-Shuaybi im Begriff war, das Ergebnis seiner Untersuchungen dem Parlament mitzuteilen, übte Arafat Druck auf die anderen Ausschußmitglieder aus, mit der Folge, daß al-Shuaybi gezwungen wurde, sein Amt niederzulegen und seine Arbeit einzustellen. Der ehemalige Minister, der die Gründe für die Demokratiedefizite im palästinensischen Autonomiesystem analysiert, ist der Ansicht, daß die finanziellen Unregelmäßigkeiten der Autonomiebehörde in erster Linie daher rühren, daß dieser ein »strategischer Reservefonds« zur Verfügung steht. Da diese Reserve aus den Steuereinnahmen und Zollgebühren gespeist wird, die Israel regelmäßig überweist, kann es vorkommen, daß die Zahlungen eingestellt werden, wenn es zu politischen Differenzen mit dem jüdischen Staat kommt. Indem Arafat dafür sorgt, daß immer flüssige Mittel vorhanden sind, will er sich für eine ungewisse Zukunft wappnen. Er benutzt diese Gelder auch, um diejenigen zu belohnen, die ihm treu ergeben sind oder die darauf verzichten, offen ihre Opposition zu zeigen. Dieser Zugriff auf die Finanzen ermöglicht ihm eine wirksame Kontrolle über das politische Leben und die politischen Institutionen.

In dem Maße also, in dem der palästinensische Präsident über die finanzielle Ausstattung der Ministerien entscheidet, ist sein Kabinett von ihm abhängig. Überdies verschafft ihm sein Führungsstil, der durch persönliche Kontakte gekennzeichnet ist, erheblichen Einfluß auf die politisch Verantwortlichen. Laut Azmi al-Shuaybi werden die Verwaltungsposten mit Funktionären besetzt, die Arafat politisch nahestehen.[16] Indem der Präsident der Autonomiebehörde das direkte Gespräch mit wichtigen Personen sucht, trägt er dazu bei, daß die Institutionen geschwächt werden und daß die Grenze zwischen der privaten und der öffentliche Sphäre verwischt wird. So wurde der Ministerrat abgeschafft, wodurch die Absprachen zwi-

16 Ebenda.

schen den verschiedenen Regierungsmitgliedern entfielen und die Minister gezwungen waren, ihre Anliegen ausschließlich dem Präsidenten vorzutragen. Die führende Position des *Raïs* wird zusätzlich dadurch gestärkt, daß er die Rivalität zwischen verschiedenen Mandatsträgern schürt: die Macht der Funktionäre hängt nicht von ihrer Stellung oder ihrem Amt ab, sondern von der Nähe zu Yassir Arafat.

So ist das politische Leben blockiert. Der Fatah gelingt es weder, sich von der Bevormundung durch ihren Vorsitzenden zu befreien, noch sich als selbständiger politischer Akteur durchzusetzen. Auch ihre Vertreter sind politisch und ökonomisch von dem Machtsystem Arafats abhängig. Die Finanzen der Bewegung kontrolliert allein ihr Vorsitzender. Die Vergabe von Posten in der Verwaltung oder in der Partei sowie materielle Zuwendungen sichern ihm die Loyalität der betreffenden Personen. Nur wenige Mitglieder der Fatah verfügen über die finanziellen Mittel und die persönliche Autorität, die es ihnen erlauben würden, dem *Raïs* die Solidarität aufzukündigen und sich politisch auf die eigenen Beine zu stellen.

Diese Situation beschädigt die Glaubwürdigkeit der politischen Klasse. Die Bevölkerung merkt, daß die Parlamentarier nicht die Macht haben, Einfluß auf die Geschicke der Nation zu nehmen. Folglich glauben manche, daß die Abgeordneten »nichts für das Volk tun«, und kritisieren deren Privilegien: ein hohes Gehalt und ein Auto mit einem roten Nummernschild (ein Zeichen für die Zugehörigkeit zur Autonomiebehörde), mit dem sie sich frei in den palästinensischen Gebieten und in Israel bewegen können. Seit dem Beginn der Al-Aqsa-Intifada haben die Mitglieder des Legislativrats indes nicht mehr das Recht auf Bewegungsfreiheit, und aufgrund der völligen Abriegelung des Westjordanlands und des Gazastreifens kann das Parlament nicht mehr in Ramallah zusammentreten. Es hat versucht, das Verbot zu umgehen, indem es eine Videokonferenz organisierte, doch dieses Verfahren erwies sich als unbrauchbar.

Daß die Abgeordneten ihre gesetzgeberische Rolle und ihre Funktion als Volksvertreter nicht erfüllen, bedeutet nicht, daß sie nicht von Nutzen wären. Sie werden, im Gegenteil, von den Wählern ihres jeweiligen Wahlkreises stark gefordert. In einer noch von der Tradition geprägten Gesellschaft ist die Inanspruchnahme eines Vermittlers zur Lösung persönlicher Schwierigkeiten durchaus üblich. Außerdem kann das institutionell und administrativ wenig gefestigte System der palästinensischen Autonomie den Anliegen der Bevölkerung häufig nicht gerecht werden. Sich an einen Vertreter der politischen Macht zu wenden, um einen Arbeitsplatz oder finanzielle Unterstützung zu bekommen, einen Streit mit einem Nachbarn oder eine Meinungsverschiedenheit mit den Sicherheitskräften beizulegen, ist also gängige Praxis: Obwohl die Bewohner der palästinensischen Gebiete die Vetternwirtschaft und die Amtsführung der Autonomiebehörde kritisieren, greifen sie selbst auf diese Mechanismen zurück, um ein Problem zu lösen oder ihre persönliche Situation zu verbessern.

Ob die Abgeordneten in der Lage sind, auf diese vielfältigen Anliegen einzugehen, hängt vor allem von ihrer Geschicklichkeit ab. Diejenigen, die in das Machtsystem eingebunden sind und Kontakte zu den Entscheidungszentren haben, verfügen über die Trümpfe, die notwendig sind, um sich Menschen zu verpflichten. Andere können den Menschen behilflich sein, indem sie ihre eigenen finanziellen Mittel einsetzen.

Dr. Muaiya al-Masri gehört zu einer der mächtigsten Familien von Nablus, allerdings zu einem »armen« Zweig der Familie. Während des Wahlkampfs konkurrierte er mit seinem Vetter Maher al-Masri, der auf der Liste der Fatah stand und von Yassir Arafat zum Wirtschaftsminister ernannt worden war. Beide Männer errangen einen Sitz im Parlament. Im Zusammenhang mit der Kandidatur des Arztes hieß es häufig, er stehe der islamistischen Bewegung nahe, ein Eindruck, zu dem seine Mitarbeit im *Zakat*-Ausschuß der Stadt und sein persönliches religiöses Engagement beitrugen. Muaiya al-Masri hingegen sagt von sich selbst, er sei unabhängig und unparteiisch. Er glaubt, daß er gewählt wurde, weil er bereit ist, den Bedürftigen zu helfen. Nachdem er einige Jahre in Saudi-Arabien und Kuweit gearbeitet und finanzielle Rücklagen gebildet hatte, übte er seinen Beruf in Nablus aus. »Hier habe ich von meinen Patienten noch nicht einen Schekel bekommen, Häufig bezahle ich selbst die Medikamente«, erzählt der alte Arzt. Der Abgeordnete lebt von den regelmäßigen Erträgen aus seinen Anteilen an den Unternehmen der Familie, und so empfängt er heute den ganzen Tag über Besucher in einem Büro im Stadtzentrum. Das Wartezimmer wird nie leer, denn der Arzt hat es sich zur Aufgabe gemacht, jeden anzuhören und jedem zu helfen. »Jeder, der hierherkommt, ob ich ihn kenne oder nicht, nimmt eine Lösung für sein Problem mit nach Hause.« Ein Mann kommt zu ihm und berichtet von der ungerechtfertigten Festnahme seines Bruders durch die Polizei; Muaiya al-Masri verfaßt einen Brief und erwirkt die Freilassung des Mannes. Eine Familie beklagt sich darüber, daß sie den von der Autonomiebehörde geforderten Krankenversicherungsbetrag nicht bezahlen kann; der Arzt übernimmt zwei Drittel der zu zahlenden 1000 Schekel (etwa 300 Euro). Eine Frau, die keine Kinder bekommen kann, vertraut ihm an, wie schwierig es für sie ist, sich behandeln zu lassen; der Abgeordnete ruft einen Kollegen an und bittet ihn, den Preis für die Operation zu halbieren. Wenn Menschen zu ihm kommen, deren Haus von der israelischen Armee zerstört wurde, wendet er sich an den Gouverneur des betreffenden Gebiets. Infolge der Intifada und der damit verbundenen wirtschaftlichen und sozialen Krise erhöht sich die Zahl der Bittsteller und verlängert sich die Liste derjenigen, die bei dem Arzt Hilfe suchen.

Das, was Dr. al-Masri tut, entspricht der Familientradition und dem regionalen Brauch. Die reichen Familien von Nablus unterstützen mit Hilfe ihrer Wohltätigkeitsorganisationen die Bedürftigsten, und die daraus entstehenden Abhängigkeitsverhältnisse stärken wiederum ihre soziale Stellung. Die Ressourcen und das Beziehungsgeflecht, auf denen dieses Klientelsystem basiert, unterscheiden sich von denen, auf die sich die palästinensische Autonomiebehörde stützt.

Diejenigen Abgeordneten, die in der Opposition sind, die nicht einer einflußreichen Familie angehören oder die kein persönliches Vermögen besitzen, können nicht im gleichen Maße auf die Forderungen der Wähler eingehen. Wollen sie sich die Gunst der Wähler erhalten, dürfen sie jedoch nicht abseits stehen. Obwohl sich Hussam Khader von den Kreisen um Yassir Arafat fernhält und vehement die Korruption in den Regierungskreisen anprangert, hat er aufgrund seiner Geschichte als Aktivist und seiner Stellung in der Fatah nach wie vor verschiedenste Kontakte. Kommen Menschen zu ihm, die eine Arbeit suchen, führt er einige Telefongespräche, um sie in der Verwaltung oder in einem Sicherheitsdienst unterzubringen. Dadurch trägt der Abgeordnete ungewollt zur Verfestigung des von ihm verurteilten Systems bei. Indem er einem ihm nahestehenden Menschen oder einem Bekannten eine Anstellung vermittelt, fördert er die Praxis der Protektion. Gleichzeitig stärkt er eines der Fundamente der palästinensischen Autonomiebehörde, die durch die Schaffung eines umfangreichen Militärapparats dafür sorgt, daß dessen Mitarbeiter moralisch und finanziell von ihr abhängig sind.

Rafat al-Najar gehört zur Volksfront für die Befreiung Palästinas. Er wurde 1945 geboren und nahm zu Beginn der siebziger Jahre an der gegen Israel kämpfenden Guerillabewegung teil. Er verbrachte 17 Jahre im Gefängnis und wurde dank des Abkommens von Oslo freigelassen. Rafat al-Najar, der zu einer einflußreichen Familie aus Khan Younis, einer Stadt im Süden des Gazastreifens, gehört, beschloß, den von seiner Bewegung geforderten Boykott der Parlamentswahlen nicht zu befolgen. Er erklärt seine Entscheidung damit, daß sein Engagement für die palästinensische Nation mehr umfasse als sein Engagement für eine Bewegung. Der heutige Abgeordnete al-Najar hat am politischen Kampf gegen die Korruption teilgenommen. Obwohl er zur Opposition gehört, wenden sich die Leute aus seinem Wahlkreis an ihn. Er tut, was er kann, weigert sich aber, Druck auf die Justiz auszuüben oder dafür zu sorgen, daß gebührenpflichtige Verwarnungen aufgehoben werden. Ihm ist bewußt, daß die Wohltaten für die Wähler die Rivalität zwischen den Abgeordneten schüren. »Jeder bemüht sich, die Probleme der Bevölkerung möglichst schnell und wirksam zu lösen. Gelingt einem das nicht, schickt man die Bittsteller zu den Kollegen«, erklärt Rafat al-Najar. Die Hilfe, die er so den Menschen zukommen läßt, entspricht nicht seiner Vorstellung von der Rolle eines Volksvertreters. Gleichwohl kann er sich diesem System nicht entziehen, da die Bevölkerung sich nicht auf eine zweckmäßig und rechtmäßig arbeitende Verwaltung verlassen kann.

Begrenzte Meinungsfreiheit, grenzenloses Palaver

Die palästinensischen Sicherheitsdienste wachen sorgsam über die politische Ordnung in den palästinensischen Gebieten. Sie machen den Wagemutigsten klar, daß eine zu weit gehende Meinungsäußerung riskant sein kann. Die Geheimdienste, die personell sehr gut ausgestattet sind, überwachen die Bevölkerung. Ihre Aktionen zeugen mitunter von eigenwilligen Sicherheitsvorstellungen. Im Juni 1996 wird ein palästinensischer Fotograf von AFP festgenommen und verprügelt. Eines seiner Fotos zeigt Kinder, die an einem Strand im Gazastreifen mit einem Esel spielen. Er wird bestraft, weil er nach Ansicht des Sicherheitsdienstes ein schlechtes Bild von Palästina verbreitet hat.

Es kann auch vorkommen, daß Führungskräfte und Angestellte von Unternehmen zu einem Verhör einbestellt werden, bei dem sie Auskunft über ihre Tätigkeit geben sollen. Diese Informationen sind nicht unbedingt von strategischer Bedeutung und könnten auch auf einfachere Weise gewonnen werden.

Häufiger geraten die Mitglieder von Organisationen zur Verteidigung der Menschenrechte ins Visier der Dienste. Sie haben auf das Schicksal von Islamisten hingewiesen, die widerrechtlich festgehalten und manchmal von Sondergerichten verurteilt werden. Sie haben die Methoden der Sicherheitskräfte kritisiert, indem sie auf Fälle von Mißhandlung und Folter aufmerksam gemacht haben. Mehrere von ihnen wurden für einige Stunden oder einige Tage festgenommen. Die palästinensischen Militärs sprechen beschönigend von einer Einladung zu einer Tasse Kaffee. Tatsächlich wird manchen Personen ein Getränk angeboten, die in den Büros des Präventiven Sicherheitsdienstes oder in denen des Allgemeinen Geheimdienstes festgehalten werden. Die Vertreter von nichtstaatlichen Organisationen werden im allgemeinen schonend behandelt. Ihre soziale Stellung, ihre Bekanntheit und die Unterstützung, die sie möglicherweise aus dem Ausland erhalten, lassen Zurückhaltung ratsam erscheinen. Dennoch ist es möglich, Druck auf diese Personen auszuüben, sie einzuschüchtern und zu erreichen, daß sie ihre an der politischen Führung geübte Kritik abmildern. Nach einem erzwungenen Aufenthalt bei den Sicherheitsdiensten schlagen Organisationen oder einzelne Personen in ihren Reden oder Schriften einen vorsichtigeren Ton an oder erklären sich sogar bereit, ihre Äußerungen zu widerrufen.

Mit anderen geht man härter um. Abdel-sattar Qassem, Geschichtsprofessor an der Universität Nablus, hat mehrfach harsche Kritik an der palästinensischen Regierung geübt. 1995 wird er von maskierten Männern angegriffen, die auf ihn schießen. Qassem wird am Bein getroffen. Ende 1999 kommt er ins Gefängnis, weil er die

Petition »Der Appell der 20« unterschrieben hat, die die Regierung scharf angreift. Die Verfasser dieser Petition stellen einen Zusammenhang zwischen der Korruptheit führender Politiker und den politischen Konzessionen an Israel her:

»Die palästinensische Autonomiebehörde betreibt eine schreckliche Politik der Korrumpierung, Erniedrigung und Ausbeutung des palästinensischen Volkes, als bestünde das Abkommen von Oslo darin, das Vaterland für die Bereicherung einiger zu verschachern.«

Das Dokument ist eine indirekte Aufforderung zur Revolte:

»Stehen wir gemeinsam gegen diese Tyrannei und diese Korruption auf. Die Ungerechtigkeit kann nur durch das gemeinsame Handeln der Benachteiligten bekämpft werden.«

Das, was dann passiert, zeigt anschaulich den zwiespältigen Umgang mit Opposition: einige der Unterzeichner werden verprügelt und/oder von den Geheimdiensten festgesetzt. Abgeordnete werden einigermaßen schonend behandelt, da sich der Legislativrat trotz des Drucks der Exekutive weigert, ihre parlamentarische Immunität aufzuheben. Die Sicherheitsapparate nehmen auch Kontakt mit Hussam Khader auf, und dieser erklärt sich bereit, sich öffentlich von dem »Appell der 20« zu distanzieren. Er bleibt jedoch weitgehend bei seiner Kritik an der Korruption. Zu denen, die die Petition unterschrieben haben, gehört auch Abdeljawad Saleh, der Bürgermeister von al-Bireh, der in den siebziger Jahren von den Israelis abgesetzt und vertrieben wurde. Er ist eine angesehene Persönlichkeit und erhielt im Wahlkreis von Ramallah viele Stimmen. Als er sich erkundigen will, was aus den Unterzeichnern geworden ist, die an einem geheimen Ort festgehalten werden, wird er in den Räumen des Präventiven Sicherheitsdienstes geschlagen. Dieser Vorfall wird als eine Art Betriebsunfall abgetan, der auf das persönliche Konto von übereifrigen Militärs gehe. In Wirklichkeit zeigt er, daß die Sicherheitsapparate völlig freie Hand haben und daß die Repression zur politischen Ordnung gehört. Dies ist darauf zurückzuführen, daß Verantwortliche aus Politik und Verwaltung um des eigenen Machterhalts willen jede Kritik im Keim ersticken wollen. Den Parlamentariern ist bewußt, daß die Militärs über großen Einfluß verfügen, und sie wissen, daß diese ein entscheidendes Wort mitzureden haben, wenn es eines Tages um die Nachfolge Arafats geht. Trotzdem lassen sich etliche von ihnen nicht den Mund verbieten. Diese Männer, die in den siebziger und achtziger Jahren für die Sache Palästinas gekämpft haben und durch die Repression der Israelis abgehärtet wurden, weigern sich, sich der Autonomiebehörde zu unterwerfen.

Obwohl auch Studenten in den Sicherheitsdiensten arbeiten, wird an den palästinensischen Universitäten offen über Politik diskutiert. Und obwohl mehrere Studentenführer im Gefängnis waren, finden jedes Jahr die Wahlen zu den Universitätsgremien statt. Der Sieg der Islamisten an den meisten Fakultäten im Westjordanland und im Gazastreifen zeigt, daß es sich um freie Wahlen handelt und daß die palästinensische Autonomiebehörde nicht imstande ist, alles zu kontrollieren.

1996 dringen palästinensische Ordnungskräfte in das Gelände der Universität al-Najah in Nablus ein. Etwa hundert Studenten werden festgenommen, und die Universität wird für eine Woche geschlossen. Daß die Sicherheitskräfte so weit gegangen sind, ruft im Westjordanland Bestürzung und Wut hervor. Yassir Arafat begibt sich nach Nablus und versucht, die Wogen zu glätten, indem er die Freilassung der Studenten ankündigt. Der Gerichtspräsident erklärt, es liege nichts gegen die Festgenommenen vor und sie müßten freigelassen werden; seine Entscheidung wird nicht in die Praxis umgesetzt. Eine aus zwölf Parlamentariern bestehende Delegation unter der Führung des Parlamentspräsidenten Abu Ala bittet um eine Audienz beim *Raïs.* Rafat al-Najar, der zu dieser Delegation gehört, berichtet von dem Treffen:

»Abu Ala sagte zu Arafat: ›Wir haben von dir gehört, daß sich niemand über das Gesetz stellen darf. Die Justiz hat entschieden. Warum lassen die Sicherheitsdienste die Studenten nicht frei?‹«

Wie der Abgeordnete von der PFLP erzählt, reagierte Yassir Arafat folgendermaßen:

»Natürlich steht niemand über dem Gesetz. Aber der Richter soll mit mir sprechen, bevor er eine Entscheidung trifft. Wozu bin ich denn Präsident?«

Die Abgeordneten blickten sich sprachlos an. Abu Ala versuchte – allerdings ohne Erfolg –, das Gespräch fortzusetzen.

Auf einer anderen Ebene können Kontakte und Gespräche Entscheidungen durchaus beeinflussen. Hussam Khader greift ein, wenn er annimmt, daß irgend jemand Opfer eines Machtmißbrauchs ist. So begibt er sich beispielsweise zur Polizei, als einer seiner

Freunde in Balata nach einem Streit mit seinem Nachbarn ins Gefängnis gesteckt wird. Und er protestiert gegen die Festnahme der *Shebab* des Lagers wegen unerlaubten Waffenbesitzes. Mit seinen Argumenten gelingt es ihm, den Polizeichef zu überzeugen und einen Zusammenstoß zwischen den Ordnungskräften und den jungen Männern in Balata zu verhindern. Der Rückgriff auf solche Methoden ist nicht gerade ein Zeichen für Demokratie, stellt aber ein Gegengewicht zur Macht der politischen Führung dar, die auf diese Weise eingeschränkt wird. Diese Art der Fürsprache ist nicht in jedem Fall erfolgreich; ihr Erfolg hängt von der Qualität der persönlichen Kontakte sowie vom Verhandlungsgeschick und der Überzeugungskraft der Person ab, die auf diesem Weg etwas erreichen möchte.

Die politischen Akteure zeigen folglich eine gewisse Bereitschaft zum Dialog und zum Verhandeln. Durch die Diskussionen, die meistens hinter verschlossenen Türen stattfinden, entsteht so ansatzweise ein Konsultationsmechanismus, durch den der autoritäre Charakter des Regimes abgeschwächt wird. Alle möglichen Probleme können Anlaß für ein Treffen zwischen führenden Politikern und Militärs sein. Auch wenn diese Gespräche nur selten zur Zufriedenheit der Verteidiger der Freiheit ausfallen, ist es gut, daß es diese Form der Kommunikation gibt, denn sie zeugt von der Fähigkeit, den jeweiligen Konflikt unter bestimmten Umständen zu lösen. Gleichzeitig wird dadurch deutlich, daß die Regierung in der Lage ist, den politischen Raum zu kontrollieren, und daß das autonome Palästina nicht die Kennzeichen eines demokratischen Systems aufweist. Dennoch verhindert die Existenz von starken Bewegungen, daß das politische Leben einer vollständigen Kontrolle unterworfen wird.

Die Islamisten, die sich nicht am Repräsentativsystem beteiligen und sich durch die Ausübung von Gewalt in der Region behaupten wollen, tragen zum repressiven Charakter der politischen Ordnung bei.[17] Unter dem Druck Israels und der internationalen Gemein-

---

17 Zu einer Analyse des Verhältnisses zwischen der Hamas und der palästinensischen Autonomiebehörde siehe Lætitia Bucaille, Gaza: la violence de la paix, Kap. 5.

schaft versucht die palästinensische Autonomiebehörde, die Hamas und den Islamischen Jihad auszuschalten. Das Wiederaufflammen des Konflikts zwischen Israelis und Palästinensern schwächt allerdings die Überzeugungskraft der Argumente, die für die Festnahme der Islamisten ins Feld geführt werden. Die Befürworter der Oslo-Abkommen konnten akzeptieren, daß die Hintermänner der Selbstmordattentate ins Gefängnis gesperrt wurden, sie konnten deren Haftbedingungen hinnehmen oder die Augen davor verschließen, solange die Mitglieder der Hamas und des Islamischen Jihad die Verhandlungen mit dem jüdischen Staat behinderten. Doch die Gesellschaft hält die Bestrafung der Islamisten dann für ungerechtfertigt, wenn der Friedensprozeß an einem toten Punkt angelangt zu sein scheint und die Militäraktionen Israels immer härter werden.

Obwohl die Konflikte in den palästinensischen Gebieten zunehmen, ist der häufig vorausgesagte palästinensische Bürgerkrieg ausgeblieben; zwar hat es mehrfach Zusammenstöße zwischen den militanten Islamisten und den Ordnungskräften gegeben, aber bis heute haben die Hamas und der Islamische Jihad Zurückhaltung geübt und darauf verzichtet, Vertreter der palästinensischen Regierung anzugreifen.

Gleichwohl stellen die militanten Islamisten und die Führer der islamistischen Bewegung das Haupthindernis für den Aufbau eines Rechtsstaates dar. Die Lösung der palästinensischen Frage und der Abbau der Spannungen sind unabdingbare Voraussetzungen für die Demokratisierung des palästinensischen politischen Systems. Die zahlreichen Hindernisse, die der palästinensischen Souveränität entgegenstehen und die Israel aus Sicherheitserwägungen aufrechterhält, wirken sich auf die gesamte Entwicklung des palästinensischen Gemeinwesens aus, das die Merkmale dieser militärischen, politischen und wirtschaftlichen Abhängigkeit trägt.

Palästina, Israel: Ist die Trennung unmöglich?

Zur Untersuchung der palästinensischen Gesellschaft und ihrer Institutionen gehört auch die Analyse ihres Verhältnisses zu Israel. Die Einführung der Autonomie im Gazastreifen und in einem Teil des Westjordanlands bedeutet eher eine Veränderung der Herrschaft Israels über die Palästinenser als ihr Ende oder ihre Abschwächung.

Die Angst der Israelis angesichts der Zunahme der Attentate hat dazu geführt, daß ihre führenden Politiker ein Sicherheitssystem konzipiert haben, das die von Palästina ausgehende Gefahr ausschalten soll. Während die Jahre der Besatzung durch die Absicht Israels gekennzeichnet waren, die palästinensischen Gebiete ökonomisch an die eigene Gesellschaft anzugliedern, um zu zeigen, daß ein unabhängiger palästinensischer Staat nicht lebensfähig ist, läuft der jetzt eingeschlagene Kurs auf eine räumliche Trennung von den Palästinensern hinaus. Die Eliten des jüdischen Staats rechnen damit, daß ihre Mitbürger sich sicherer fühlen, wenn es undurchlässige territoriale Grenzen gibt. Außerdem möchte Israel sich der moralischen, politischen und militärischen Bürde entledigen, die eine Besatzung darstellt. Gleichwohl verfolgt die israelische Führungsspitze das Ziel, in den palästinensischen Gebieten die wirtschaftliche Entwicklung zu fördern; sie ist der Ansicht, daß die Hebung des Lebensstandards längerfristig zur Beruhigung der politischen Lage führt. Doch Vorrang vor diesem Ziel hat der Schutz Israels. So heißt die neue Leitlinie für das Verhältnis zu den Palästinensern Trennung der beiden Gesellschaften, wobei die Verflechtung der geographischen Räume und der verschiedenen Bevölkerungsgruppen ein Problem darstellt. Die Entscheidungsträger setzen auf Phantasie und die Technik, um die geographischen und wirtschaftlichen Zwänge zu überwinden. Die palästinensische Autonomiebehörde hat nicht die Mittel, um den Plänen Israels etwas entgegenzusetzen, und versucht daher, die für sie günstigsten Bedingungen auszuhandeln.

Der jüdische Staat unterwirft den Personen- und Warenverkehr aus dem Westjordanland und dem Gazastreifen einer immer strengeren Kontrolle. Die zahlreichen umständlichen Kontroll- und Abfertigungsverfahren hemmen die wirtschaftliche Entwicklung Palästinas. Außerdem schafft das ausgeklügelte israelische System, das die Palästinenser in mehrere Kategorien mit jeweils spezifischen Rechten einteilt, soziale und wirtschaftliche Unterschiede in der palästinensischen Gesellschaft und vergrößert die Fragmentierung des palästinensischen Territoriums.

In Israel arbeiten

In den ersten Jahren der Besatzung ermutigte Israel seine Unternehmer, Palästinenser einzustellen. Diese Politik schrieb die wirtschaftliche Abhängigkeit der Palästinenser von Israel fest, hob aber auch den Lebensstandard der Bewohner des Westjordanlands und des Gazastreifens: Zwar sind die Palästinenser für die israelischen Unternehmer billige Arbeitskräfte, aber die ihnen gezahlten Löhne sind höher als in den palästinensischen Gebieten. Zwischen 1972 und 1992 verdoppelte sich das Pro-Kopf-Einkommen in den palästinensischen Gebieten.

In den siebziger und achtziger Jahren gibt es in den meisten Familien, die zu den einfachen Schichten der Bevölkerung gehörten, mindestens einen Mann, der in Israel arbeitet; in den Schulferien kommen noch die Jugendlichen hinzu, die so das Einkommen der Familie aufbessern. Dieser Teil der Bevölkerung spricht Hebräisch und hat Kontakte mit der israelischen Gesellschaft. Zwischen den palästinensischen Angestellten und ihren israelischen Kollegen und Arbeitgebern kann ein herzliches Verhältnis bestehen. Die Palästinenser sprechen keine politischen Themen an und vermeiden es, sich in Widerspruch zu ihrem Arbeitsumfeld zu setzen, denn in bezug auf die Verlängerung ihres Arbeitsvertrags und ihrer Aufenthaltserlaubnis sind sie vom israelischen Arbeitgeber abhängig. Die Familienväter können nicht den Verlust ihres Einkommens riskieren, um sich zu ihrer Überzeugung zu bekennen.

Um nicht in ein Abhängigkeitsverhältnis zu geraten – das zumindest als ein solches wahrgenommen wird –, verbergen manche Palästinenser ihre Identität und geben sich als Israelis aus. Fouad, einer der *Shebab* von Nablus, hat als Möbelpacker in Israel gearbeitet. Er erzählt:

»Ich sagte, ich sei ein Israeli. Mein Bruder ist auch zu einem Israeli geworden, niemand hätte gedacht, daß er ein Araber ist. Er spricht perfekt Hebräisch. Er erzählte ihnen, er hätte in der Armee gedient und fünf Araber getötet. Dazu haben ihn die Israelis beglückwünscht.«

Den anderen täuschen, indem man eine andere Identität annimmt, so reden wie er und sich dabei besonders fanatisch geben, in die Haut seines Feindes schlüpfen: so kann man für sich persönlich das Machtverhältnis verändern oder sich ihm entziehen. Auf jeden Fall verschafft es einem eine gewisse Genugtuung, den Gegner hereinzulegen, auch wenn der Preis dafür der Verlust der eigenen Identität ist.

Ghassan wohnt im Lager Jabalia im Gazastreifen. Er ist Berufsschullehrer und beschließt, in Israel zu arbeiten, um sein Einkommen zu verbessern. Mit dem Geld will er seine Hochzeit finanzieren. Durch seinen Cousin, der bereits in Israel arbeitet, findet Ghassan eine Anstellung als Metzger in einem Supermarkt in einem Vorort von Ashkelon. Sein Arbeitgeber stellt ihm eine Unterkunft zur Verfügung. Mit drei anderen Palästinensern aus dem Gazastreifen teilt er sich eine kleine Wohnung, in der sie zusammen ihre Mahlzeiten einnehmen. Das ist ein Leben unter Männern, ohne Frauen und ohne Familie. Pin-up-Fotos an den Wänden zeugen von einer plötzlich erlangten Freiheit. Unterstützt und ermutigt von seinen israelischen Kollegen, hat Ghassan nur seinen Vornamen geändert; er hat einen typisch hebräischen angenommen. »Um die Kunden nicht zu erschrecken«, erklärt er. Ghassan ist bereit, seine arabische Identität zu verheimlichen und sich den Vorurteilen der Israelis zu unterwerfen, wonach die Palästinenser gefährlich sind.

Die schwache Wirtschaftsentwicklung im Gazastreifen hat dazu geführt, daß die Menschen ihre Arbeitskraft jenseits der grünen Linie verkaufen. Bis 1993 waren zwischen 35 und 40 Prozent der Arbeitskräfte des Gazastreifens und zwischen 25 und 30 Prozent der arbeitsfähigen Bevölkerung des Westjordanlands in Israel beschäftigt. Nach dem Abkommen von Oslo fiel diese Zahl auf 15 beziehungsweise 20 Prozent.[1] Obwohl im Westjordanland und im Gazastreifen zwischen 1995 und 2000 167000 Arbeitsplätze geschaffen

1 Leila Farsakh, Palestinian Employment in Israel 1967–1997: A Review, Ramallah 1998.

wurden, hat diese Zunahme nicht ausgereicht, um die Abhängigkeit von Israel spürbar zu verringern oder die Arbeitslosigkeit zu beseitigen.[2] Wenn die israelischen Behörden die palästinensischen Gebiete abriegeln, verdoppelt sich die Zahl der Arbeitslosen: dann erreicht sie 32,5 Prozent im Gazastreifen und 23,8 Prozent im Westjordanland.[3] In Israel zu arbeiten ist nach wie vor finanziell attraktiv. Während ein einfacher Polizist, der für die palästinensische Autonomiebehörde arbeitet, 270 Dollar im Monat verdient, kann ein Arbeiter in Israel zwischen 15 und 40 Dollar pro Tag verdienen – was einem Monatseinkommen von 360 bis 960 Dollar entspricht.

Bis 1988 konnten die Palästinenser ungehindert nach Israel fahren, um sich dort Arbeit zu suchen. Danach wurden diejenigen, die in Israel arbeiten, kontrolliert. 1991 führte der jüdische Staat Aufenthaltserlaubnisse ein, die das Kommen und Gehen auf seinem Territorium regeln. Die Vergabe einer Arbeitserlaubnis hängt von der Zustimmung der Sicherheitsdienste und der entsprechenden Zusage eines israelischen Arbeitgebers ab. Die Erlaubnis, auf der Name und Ort des Unternehmens vermerkt sind, muß alle zwei Monate verlängert werden.[4] Die Arbeitswilligen müssen verheiratet und älter als 28 Jahre sein, da die israelischen Entscheidungsträger der Meinung sind, daß junge alleinstehende Männer gewaltbereiter sind.

Die israelische Wirtschaft profitiert von billigen und flexiblen Arbeitskräften aus den palästinensischen Territorien. Das Baugewerbe, die Textilindustrie und die Landwirtschaft beschäftigen einen Großteil der palästinensischen Arbeiter. Anfang der neunziger Jahre stehen die Sicherheitsinteressen Israels allerdings im Widerspruch zu den Interessen der Arbeitgeber. Die Regierung hat Maßnahmen getroffen, um den Zugang der Palästinenser zu Israel einzuschränken. Die Zahl der palästinensischen Arbeiter, die in Israel arbeiten, geht

---

2 Vgl. Leila Farsakh, The Implementation of Labour Related Articles in the Protocol on Economic Relations between Israel and the PLO: A Critical Assessment, Ramallah 1999.

3 Diese Zahlen stammen vom Palästinensischen Amt für Statistik, PCBS. http://www.pcbs.org.laborforce.html.

4 Law, Right to Work: Economic Rights under Military Occupation, Jerusalem, November 1999.

zurück, zum Ausgleich dafür werden Arbeitskräfte aus Rumänien und Südostasien importiert. Doch obwohl die Palästinenser nach Möglichkeit auf ihrer Seite der grünen Linie bleiben sollen, nimmt Israel weiterhin ihre Arbeitskraft in Anspruch. Dafür sind hauptsächlich zwei Gründe ausschlaggebend. Zum einen stellt ein Teil der israelischen Unternehmer bevorzugt Palästinenser ein; zum anderen ist die israelische Führung der Ansicht, daß die Beschäftigung palästinensischer Arbeitskräfte indirekt dazu beiträgt, die politischen Spannungen zwischen den beiden Parteien zu verringern. Sie glaubt, die Senkung des Lebensstandards der palästinensischen Bevölkerung fördere den Extremismus und die politisch motivierte Gewalt. Seit der Einführung der Autonomie und dem Beginn der Selbstmordattentate in Israel unterlag die Politik gegenüber palästinensischen Arbeitskräften großen Schwankungen. Zwar ist klar erkennbar, daß man palästinensische Arbeiter vom israelischen Arbeitsmarkt ausschließen möchte, doch das bedeutet nicht, daß ihre Anwesenheit in Israel ganz in Frage gestellt wird.

Von 1990 bis 1993 beschäftigte Israel zwischen 100000 und 120000 Palästinenser und nur einige zehntausend ausländische Arbeiter. 1993 verringerte die von der Arbeitspartei gestellte Regierung den Zustrom von Arbeitern aus den palästinensischen Gebieten als Reaktion auf die palästinensischen Gewalttaten. Diese Tendenz bestätigte sich 1994, als 60000 ausländische Arbeiter in Israel arbeiteten. 1996 waren es 110000, während die Zahl der Palästinenser nur noch 30000 betrug.

Dem jüdischen Staat sind die Nachteile des Zustroms von nichtjüdischen Immigranten bewußt. Mit ihnen sind viele illegale Arbeiter nach Israel gekommen. Es heißt, von den 200000 bis 300000 Ausländern, die sich zur Zeit in Israel befinden, sei die Hälfte illegal im Land. Dagegen bringt die Beschäftigung palästinensischer Arbeiter zahlreiche Vorteile mit sich. Erstens beherrschen sie die hebräische Sprache und sind mit den israelischen Verhältnissen weitgehend vertraut. Zweitens gelten sie als Arbeitskräfte, die vertrauenswürdig sind und ihre Arbeit gut machen; sie arbeiten im allgemeinen zur Zufriedenheit ihrer Arbeitgeber. Und schließlich fällt vor allem ins Gewicht, daß sie im Gegensatz zu Arbeitern aus Rumänien und Südostasien am Abend in ihr Gebiet zurückkehren. Die Aufnahme nichtjüdischer ausländischer Bevölkerungsgruppen wirft die Frage nach ihrem Verhältnis zur Gesellschaft auf. Es geht darum, ob die neuen Gruppen, die mit dem politischen und religiösen Projekt des jüdischen Staates nichts zu tun haben, integriert oder in eine Randexistenz abgedrängt werden.

Die Unternehmer sind durchaus in der Lage, Druck auf die israelischen Behörden auszuüben und diese dazu zu bringen, billige, zuverlässige und gefügige palästinensische Arbeitskräfte ins Land zu lassen. Die niedrigen Löhne und die Tatsache, daß keine Lohnerhöhungen gefordert werden, sind ein Gewinn für den industriellen Sektor, von dem ein Teil im Niedergang begriffen ist. Die Einschränkung der Zahl der palästinensischen Arbeiter oder gar ihr völliger Ausschluß vom israelischen Arbeitsmarkt sind ein Nachteil für die israelischen Arbeitgeber. Besonders das Baugewerbe hat einen großen Arbeitskräftebedarf. Zwischen 1993 und 2000 wurden im Westjordanland 49 neue jüdische Siedlungen gebaut, wodurch sich die Zahl der Siedler verdoppelte. Es mußten Häuser und nur von den Siedlern benutzte Straßen zur Umgehung der palästinensischen Wohngebiete gebaut werden. Zwischen 1990 und 1998 nahm Israel außerdem 980 000 Immigranten auf, die überwiegend aus der ehemaligen Sowjetunion kamen. Das Baugewerbe wuchs in diesem Zeitraum um 8,7 Prozent jährlich. Die israelischen und ausländischen Arbeitskräfte reichten nicht aus, um die offenen Stellen zu besetzen. 1998 machten die palästinensischen Arbeiter auf den israelischen Baustellen noch 25 Prozent aus.[5]

Der Machtantritt Benjamin Netanjahus im Mai 1996 brachte eine Kursänderung in bezug auf die Beschäftigung von Ausländern in Israel. Diese Änderung war nicht nur auf die durch die Anwesenheit der Immigranten ausgelösten Ängste, sondern auch auf die ideologische Position des Likud zurückzuführen. Die nationalistische Rechte ist gegen die Trennung von Israel und den palästinensischen Gebieten, denn diese Trennung läuft langfristig zwangsläufig auf die Entstehung einer souveränen palästinensischen Gesellschaft hinaus. Daher erhalten Ende 1997 mehr Palästinenser die Erlaubnis, ihre

---

5 Leila Farsakh, Palestinian Labor Flow to Israel: Land and Labor Since Oslo and Beyond. Dieses Referat wurde auf der Konferenz der Middle East Studies Association im November 2001 gehalten.

Arbeitskraft in Israel zu verkaufen:[6] im Dezember 1997 werden im Westjordanland und im Gazastreifen 48000 zusätzliche Arbeitserlaubnisse ausgestellt.[7] 1998 ergreift die rechtsgerichtete Regierung verschiedene Maßnahmen, um mehr palästinensische Arbeiter ins Land zu holen: die Altersgrenze für den Anspruch auf eine Arbeitserlaubnis wird auf 23 Jahre gesenkt. Einer bestimmten Kategorie von Arbeitern ist es erlaubt, die Nacht in der Nähe ihrer Arbeitsplätze in Israel zu verbringen. Gleichzeitig plant die Regierung Netanjahu, einen Teil der illegalen Einwanderer, und zwar 500 pro Monat, in ihre Heimatländer zurückzuschicken und die israelischen Unternehmer, die sie beschäftigen, zu bestrafen.

Die Regierung von Ehud Barak, die 1999 an die Macht kommt, stellt diese Beschäftigungspolitik nicht in Frage. Im Jahr 2000, vor dem Beginn der Intifada, verdienen 115000 Menschen aus dem Westjordanland ihren Lebensunterhalt in Israel (die Hälfte davon illegal), und 30000 Menschen aus dem Gazastreifen sind im Besitz einer Arbeitserlaubnis. Nach den im September 2000 ausgebrochenen Gewalttätigkeiten kommt es erneut zu einem Kurswechsel. Die palästinensischen Gebiete werden abgeriegelt, die Arbeitserlaubnisse aufgehoben. Dennoch überschreiten etwa 20000 Arbeiter aus dem Westjordanland heimlich die grüne Linie und verkaufen ihre Arbeitskraft weiterhin an israelische Unternehmer. In den Siedlungen und Industriezonen[8] sind noch immer einige tausend Palästinenser beschäftigt.

---

6 Aus diesem Grund sagen viele Palästinenser, daß ihnen eine vom Likud-Block gestellte Regierung lieber ist als eine von der Arbeitspartei gebildete.

7 Diese Zahlen stammen vom palästinensischen Arbeitsministerium.

8 Die Industriezonen sind geschlossene Gebiete in der Nähe der palästinensischen Städte. In der Industriezone von Erez, die im Grenzgebiet zwischen dem Gazastreifen und Israel liegt, gibt es etwa 100 israelische und 20 palästinensische Unternehmen. Sie wurde von der Arbeitspartei in den siebziger Jahren geschaffen, um den israelischen Investoren palästinensische Arbeitskräfte zur Verfügung zu stellen und diese vom Territorium des jüdischen Staates fernzuhalten.

Sicherheit für die Israelis, keine Freizügigkeit für die Palästinenser

Anfang der neunziger Jahre führt Israel in bezug auf die Erteilung von Aufenthaltserlaubnissen für die Palästinenser ein System ein, das diesen genau vorschreibt, wann und wie lange sie sich wohin begeben dürfen. Die Möglichkeit der Bewohner der palästinensischen Gebiete, ungehindert nach Jerusalem oder Israel zu fahren, und der Verkehr zwischen dem Westjordanland und dem Gazastreifen werden erheblich eingeschränkt. Die Arbeit in Israel, die Einschreibung von Bewohnern des Gazastreifens an Universitäten im Westjordanland, Besuche von Verwandten und die Inanspruchnahme medizinischer Leistungen im Westjordanland hängen vom Wohlwollen der israelischen Zivilverwaltung[9] ab. Die Selbstmordattentate, die ab 1994 gegen israelische Zivilisten gerichtet sind, führen zu einer Verschärfung der Reglementierung. Das Verbot, sich an bestimmte Orte zu begeben, betrifft die große Mehrheit der Bevölkerung, was bedeutet, daß die Palästinenser in dem Augenblick, in dem sie eine gewisse Souveränität erreichen, noch mehr von ihrer Bewegungsfreiheit einbüßen. Die Unterzeichnung des Friedensabkommens fällt mit der Einschränkung der Mobilität der Palästinenser zusammen.

In dem Maße, in dem die Verhandlungen voranschreiten und die Perspektive der Bildung eines palästinensischen Staates näher rückt, wird die über die Palästinenser ausgeübte Kontrolle weiter verstärkt. Es werden mehr Bestimmungen und Personenkategorien eingeführt; je nach Wohnort, sozialer und wirtschaftlicher Situation oder politischer Position wird den Palästinensern ein unterschiedlicher Status zugeschrieben. Der Ausbau dieses Systems deutet darauf hin, daß es auf Dauer angelegt ist.

Die Palästinenser aus dem Westjordanland und dem Gazastreifen brauchen eine spezielle, vom israelischen Staat erteilte Erlaubnis,

---

9 Diese Bezeichnung ist irreführend, da die zivile Verwaltung in Wirklichkeit eine Militärverwaltung ist, der die 1967 eroberten Gebiete unterstellt sind.

legal die grüne Linie zu überschreiten. Sie erhalten dieses wertvolle Papier, wenn ihre politische Vergangenheit vom israelischen Inlandsgeheimdienst (Shin Beth) als »unbedenklich« eingeschätzt wird. Von den *Shebab* der Intifada, einfachen Mitgliedern einer politischen Organisation, werden viele zur Immobilität verurteilt. Von der Funktion des Antragstellers hängt es ab, welche Bedingungen an die Aufenthaltserlaubnis geknüpft sind. Den meisten Arbeitern ist es untersagt, sich nach 19 Uhr auf israelischem Territorium aufzuhalten. Individuell können Palästinenser die Erlaubnis erhalten, für einen oder mehrere Tage ihr Gebiet zu verlassen, um nahe Verwandte zu besuchen oder sich einem medizinischen Eingriff zu unterziehen. Für die Geschäftsleute gelten weniger strenge Vorschriften:[10] sie dürfen sich frei in Israel aufhalten. Etwa hundert von ihnen, die ihren Wohnsitz im Gazastreifen haben, besitzen ein gründlich überprüftes Auto, das sie auf einem abgeschlossenen Parkplatz am Stadtrand von Erez stehenlassen; würden sie mit dem Auto in den Gazastreifen fahren, könnten sie mit diesem Fahrzeug nicht wieder nach Israel zurückkehren. Daher sind die betreffenden Personen gezwungen, zwei Autos zu haben, eins, das sie im Gazastreifen, und eins, das sie in Israel benutzen. Manche Palästinenser haben VIP-Karten. Zu dieser Kategorie gehören die hochgestellten Mitglieder der palästinensischen Autonomiebehörde. Die Minister, Abgeordneten und Leiter der Sicherheitsdienste werden von Israel entgegenkommender behandelt. Sie brauchen keine Sondererlaubnis, um die palästinensischen Gebiete zu verlassen, und manche dürfen sogar ihr im autonomen Palästina zugelassenes eigenes Auto benutzen.

Die Vorschriften der israelischen Behörden in bezug auf den Verkehr zwischen den palästinensischen Gebieten und Israel sind für das Westjordanland andere als für den Gazastreifen.

---

10 Die Zahl der Ausreisepapiere, die dieser Kategorie von Palästinensern ausgestellt wurden, stieg Ende der neunziger Jahre. Dem israelischen Verteidigungsminister zufolge konnten zu Beginn des Jahres 2000 31000 Geschäftsleute von dieser Regelung profitieren. Franck Debié und Sylvie Fouet sprechen in ihrem Buch »La Paix en miettes, Israël et Palestine (1993–2000)« davon, daß palästinensischen Geschäftsleuten 16500 Ausreiseerlaubnisse ausgestellt wurden.

Der von der Außenwelt abgeschnittene Gazastreifen

Die Israelis betrachten den Gazastreifen als eine Brutstätte gewaltbereiter Extremisten, als ein von gefährlichen Elementen bevölkertes Stück Land. Tatsächlich begann die Intifada in den Flüchtlingslagern im Gazastreifen, dessen Bevölkerung einen großen Beitrag zum nationalen Kampf geleistet hat, und diese Bevölkerung löst Ängste aus. Dieser Teil Palästinas gilt nämlich als eine tickende demographische Zeitbombe. 1994 bekamen die Frauen im Gazastreifen im Durchschnitt 7,4 Kinder, womit die Geburtenrate eine Rekordhöhe erreichte.[11] Außerdem halten die Israelis die einfachen Schichten im Gazastreifen für radikaler als die Palästinenser im Westjordanland. Ausgehend von diesen Analysen und Wahrnehmungen, haben die Israelis versucht, sich vor den Bewohnern des Gazastreifens zu schützen. Zwei Faktoren haben die Isolierung dieses Gebiets erleichtert. Zum einen meiden die Israelis, ob religiös oder nationalistisch eingestellt, den Gazastreifen. Nur 5000 Siedler haben sich hier niedergelassen. Zum anderen ist dieser Streifen mit seinen 40 Kilometern Länge und 10 Kilometern Breite so klein, daß hier effektive Maßnahmen zur Abriegelung ergriffen werden konnten. Vor der Übertragung von Vollmachten auf die palästinensische Autonomiebehörde hatten die Israelis den Gazastreifen mit einem elektrischen Zaun umgeben. Der Kontrollpunkt Erez, die einzige Übergangsstelle zwischen dem Gazastreifen und Israel, wurde seit 1994 zu einem richtigen Grenzposten ausgebaut.

Je nach Status werden die Menschen hier auf unterschiedliche Weise abgefertigt. Die in Israel beschäftigten Arbeitskräfte oder gelegentliche Besucher gehen zu Fuß durch ein etwa 500 Meter breites Niemandsland, das eine Art Sicherheitspuffer zwischen der Sperre der palästinensischen Polizei und dem israelischen Kontrollpunkt darstellt. Dann müssen sie auf einem eigens dafür angelegten, von

---

11 Die Frauen im Westjordanland bekommen im Durchschnitt 5,4 Kinder, vgl. Leila Farsakh (Anm. 2), S. 85. Philippe Fargues gibt für die Frauen im Gazastreifen 9,8 Kinder an. Siehe Philippe Fargues, *Démographie de guerre, démographie de paix,* in: Salamé, Ghassan (Hg.), Proche-Orient; les exigences de la paix, Brüssel 1994, S. 26.

einem Drahtzaun gesäumten Weg bis zu der Sperre gehen, wo sie von israelischen Soldaten kontrolliert und gegebenenfalls auch durchsucht werden.

Die Ausländer (Touristen, Mitarbeiter der UNO und der nichtstaatlichen Organisationen) und die Besitzer von VIP-Ausweisen nehmen nicht denselben Weg wie die palästinensischen Arbeiter. Wenn ihr Auto ein entsprechendes Kennzeichen hat, durchqueren sie das Niemandsland mit ihrem Wagen. Dann begeben sie sich in ein Büro, wo Soldaten ihre Personalausweise prüfen. Im selben Büro wird das Gepäck mit Röntgenstrahlen durchleuchtet. Das Auto wird von den Angestellten eines privaten Unternehmens untersucht. Nach Abschluß dieser Maßnahmen erhalten die Reisenden einen Passierschein, auf dem alle sie betreffenden Informationen (Anzahl der Reisenden und der Gepäckstücke) vermerkt sind und der es ihnen erlaubt, die israelische Sperre am Ende des Kontrollpunktes Erez zu passieren.

Diese Verfahrensweise wurde 1998 eingeführt; vorher gab es keine Büros, und die Auto- und Gepäckkontrollen wurden nicht systematisch durchgeführt. Die Ausländer und die VIPs konnten sich der Kontrolle entziehen oder wurden von der IDF besonders lange unter die Lupe genommen. Die neuen Regeln ermöglichen ein rationelles Vorgehen, das zugleich streng und zweckmäßig erscheint. Die Soldaten, die sich jetzt hinter ihren Schaltern eingerichtet haben, haben offensichtlich die Weisung erhalten, freundlich zu sein. Da die Abfolge der einzelnen Maßnahmen genau festgelegt ist, bleibt kaum Raum für Gespräche, für Diskussionen zwischen der israelischen Armee und den Reisenden. Auf diese Weise werden Auseinandersetzungen oder Übergriffe vermieden.

Die israelischen Bürger dürfen sich nicht im Gazastreifen aufhalten; aus Sicherheitsgründen verwehren die israelischen Behörden ihnen den Zugang zu diesem Gebiet. In Ausnahmefällen können allerdings Sondergenehmigungen erteilt werden. Für die Siedler in den Siedlungen des Gazastreifens gibt es eine Übergangsstelle und Straßen, die ausschließlich von ihnen benutzt werden. Da ihre Sicherheit oberste Priorität hat, dürfen die Palästinenser und Ausländer seit 1995 die Küstenstraße nicht mehr benutzen, in deren unmittelbarer Nähe mehrere Siedlungen liegen.

Der elektrische Zaun ist ebenfalls ein wirksames Instrument. Den

Gazastreifen zu verlassen, ist fast ein Ding der Unmöglichkeit, so daß die meisten Bewohner des Gazastreifens das Gefühl haben, eingeschlossen zu sein, keine Luft zum Atmen zu haben. Die Bevölkerungsdichte im Gazastreifen ist hoch: auf einen Quadratkilometer kommen 3766 Einwohner.[12] Die Städte, die Lager und die Wohnungen sind überfüllt: es bedarf eines großen Einfallsreichtums, um sich den Blicken der Familie und dem Druck der Gemeinschaft zu entziehen. Hier ist man von der Außenwelt abgeschnitten. Der Kontakt mit ihr beschränkt sich auf Begegnungen mit Durchreisenden und auf die vom israelischen Fernsehen und den Satellitensendern verbreiteten Wünsche und Träume. Die Bevölkerung nennt den Gazastreifen einen »Kaninchenstall« oder ein »Gefängnis im Großformat«. Die meisten Bewohner des Gazastreifens, die unter 20 Jahre alt sind, haben nichts anderes gesehen als den Ort, an dem sie geboren wurden. Aus einem bei Kindern und Jugendlichen im Alter zwischen 10 und 24 Jahren durchgeführten Test geht hervor, daß zwei Drittel von ihnen die Karte des Gazastreifens mit der von Palästina verwechseln.[13] Die Unfähigkeit, sich das nationale Territorium vorzustellen, zeigt, wie eingeschränkt die Vorstellungskraft einer Generation und einer Gesellschaft ist, die in einem geschlossenen Gebiet leben.

Das Westjordanland, die unmögliche Trennung

Für die Bewohner des Westjordanlands gelten nicht so strenge Regelungen. Aufgrund der Größe des Territoriums – 6600 Quadratkilometer – und der Existenz von 200000 jüdischen Siedlern ist es schwierig und kostspielig, dieses Gebiet von Israel zu trennen. Käme die Trennung zustande, bestünde die Gefahr, daß die Siedler isoliert würden. Das Haupthindernis ist indes nach wie vor politischer Natur: Grenzen einzurichten würde bedeuten, Grenzen zwi-

---

12 Philippe Fargues, *Des Cartes dans quel jeu?*, in: Revue d'études palestiniennes, Nr. 23, Frühjahr 2000.

13 Aurélie Bouhours, Des tentes aux murs: du provisoire au durable? Espace et Identités dans la bande de Gaza, Diplomarbeit, Institut de géographie Louis-Papy, Bordeaux-III, September 2001, unveröffentlicht.

schen Israel und einem zukünftigen palästinensischen Staat zu ziehen. Auch wenn die Israelis bereitwillig darauf verzichten, Souveränität über den Gazastreifen auszuüben, hat ein Teil der israelischen Öffentlichkeit große Probleme damit, sich das Westjordanland als ein rein palästinensisches Gebiet vorzustellen.

Um das Westjordanland herum befinden sich Sperren der israelischen Armee. An den Kontrollpunkten stauen sich die Autos. Wie schnell diejenigen abgefertigt werden, die in Richtung Jerusalem fahren, hängt vom Arbeitstempo der israelischen Soldaten und von den Weisungen ab, die sie erhalten haben. Nur die Autos mit einem gelben Kennzeichen – das heißt israelische – dürfen die Sperren passieren. Bei den anderen Autos kontrollieren die Angehörigen der IDF die Papiere und die Passierscheine. Hier fahren auch Taxis, die Bewohnern von Ostjerusalem gehören. Diese Autos werden selten durchsucht. In Zeiten relativer Ruhe ist es für die Bewohner des Westjordanlands leicht, die grüne Linie ohne Genehmigung zu überschreiten: Es gibt zahlreiche Abkürzungen, die von Taxifahrern oder Fußgängern genommen werden, die ostentativ die Sperre umgehen, ohne daß die Soldaten reagieren. Vor Beginn der Al-Aqsa-Intifada und in der Zeit, in der keine Attentate stattfanden, duldeten die israelischen Behörden diese heimlichen Grenzübertritte von überwiegend illegalen Arbeitern: Zwischen 1997 und 2000 zählte das israelische Verteidigungsministerium 50000. Somit haben die rund um das Westjordanland errichteten Kontrollpunkte hauptsächlich zur Folge, daß den Palästinensern das Leben schwergemacht und die Zeit verlängert wird, die die Menschen brauchen, um zu ihrem Arbeitsplatz zu gelangen. Dagegen können sie nicht verhindern, daß Selbstmordattentäter die grüne Linie überschreiten.

In umgekehrter Richtung – beim Übergang von Israel ins Westjordanland – werden die Soldaten der IDF nicht aktiv. Die Gewalttaten, die von Palästinensern auf israelischem Boden verübt werden könnten, sind die einzige Bedrohung, die in Betracht gezogen wird.

Die Fragmentierung des Territoriums

Wenn der jüdische Staat der Ansicht ist, daß von den palästinensischen Gebieten eine zu große Bedrohung ausgeht, riegelt er diese Gebiete intern ab, indem er die von Palästinensern bewohnten

Orte voneinander isoliert. Die israelische Armee kontrolliert noch 60 Prozent des Westjordanlands und 40 Prozent des Gazastreifens. Die Armee ist ohne weiteres in der Lage, Kontrollpunkte zwischen den palästinensischen Städten und Dörfern einzurichten und jeglichen Personen- und Warenverkehr zu unterbinden. Im Februar 1996, als ein Flügel der Hamas mehrere mörderische Attentate verübte, riegelte Israel die palästinensischen Gebiete völlig ab. Am Kontrollpunkt Erez konnte nichts und niemand die Sperre passieren. Im Westjordanland konnten die Einwohner und die Transportunternehmer ihre jeweilige Ortschaft nicht verlassen. Und dennoch war die Kontrolle nicht lückenlos: Im März wurde der jüdische Staat erneut durch zwei Selbstmordattentate erschüttert.

Die im Rahmen der Intifada verübten Gewalttaten führen dazu, daß die israelischen Behörden wieder auf die Politik der totalen Abriegelung zurückgreifen. Zwei Sperren, die eine im Süden, die andere in der Mitte des Gazastreifens, teilen diesen in drei Teile. Eine Strecke von 20 Kilometern kann vier Stunden dauern. Im Westjordanland werden von der IDF zahlreiche Kontrollpunkte eingerichtet. Die Dörfer sind isoliert; die Armee kann ihre Versorgung mehrere Tage lang unterbinden. Die Menschen, die einige Kilometer von ihrem Arbeitsplatz entfernt wohnen, können diesen nicht mehr erreichen. In Ramallah arbeiten die Unternehmen dann mit 40 Prozent ihres Personalbestands.

Die Einführung der palästinensischen Autonomie hat kaum dazu beigetragen, den Austausch zwischen dem Westjordanland und dem Gazastreifen zu erleichtern. Will jemand den Kontrollpunkt Erez passieren, braucht er von den Israelis eine Sondererlaubnis. Um ins Westjordanland zu gelangen, das heißt, um das israelische Territorium zu durchqueren, müssen die Bewohner des Gazastreifens die Erlaubnis der IDF einholen. Ende 1998 wurde endlich der Grundsatz des *safe passage* realisiert, der in den Friedensverträgen vorgesehen war, um die Verbindung zwischen den beiden Teilen des palästinensischen Territoriums zu regeln. Diese Öffnung, die einen streng reglementierten Verkehr ermöglichen soll, hat, wie ihr Name sagt, das Ziel, die Sicherheit der Israelis zu garantieren, und ist nicht dazu gedacht, die Bedingungen für die Freizügigkeit der Palästinenser herzustellen. Um diesen *safe passage* für sich zu nutzen, müssen die Bewohner der palästinensischen Gebieten bei ihrer Verwaltung eine Genehmigung beantragen, die ihnen unter der Bedingung ausgestellt wird, daß ihre Vergangenheit »unbedenklich« ist. Sie müssen vor 15 Uhr aufbrechen und dürfen nicht nach 19 Uhr zurückkehren. Die Reisenden steigen in Busse ein, deren Fahrer gehalten sind, die Strecke in einer bestimmten Zeit und auf einem genau festgelegten Weg zurückzulegen. Seit dem Inkrafttreten des Abkommens über den *safe passage* hat dieser eigentlich nur in eine Richtung funktioniert. Aus dem Gazastreifen kommt ein regelmäßiger Strom von Menschen ins Westjordanland, von wo aus man leicht illegal nach Israel einreisen und dort seine Arbeitskraft verkaufen kann. Die meisten Bewohner des Westjordanlands haben weder das Bedürfnis noch das Interesse, sich in den abgelegenen und in ihren Augen unterentwickelten Gazastreifen zu begeben.

Die Öffnung dieses Korridors entspricht den Bedürfnissen der Palästinenser nur sehr begrenzt. Er ist nicht frei zugänglich, sondern die Palästinenser müssen sich an ihre Verwaltung wenden und einen – allerdings kleinen – Geldbetrag für die Genehmigung zahlen. Außerdem ist zwingend vorgeschrieben, welche Zeiten einzuhalten sind und welche Strecke zu fahren ist: Von Turkimiya aus, einem Dorf in der Nähe von Hebron im Westjordanland, muß man einen weiten Umweg in Kauf nehmen, um in den Norden zu gelangen; das gleiche gilt für den Rückweg. All diese Zwänge sind nicht gerade dazu angetan, den Verkehr zwischen den palästinensischen Gebieten zu fördern. Die Geschäftsleute aus dem Gazastreifen verfügen im allgemeinen über einen Passierschein, mit dem sie nach Israel und ins Westjordanland fahren können. Die Unternehmer aus Hebron, Nablus und Ramallah haben schon seit einigen Jahren ihre geschäftlichen Kontakte mit dem Gazastreifen eingeschränkt, da diese durch die bestehenden Vorschriften zu stark belastet werden. Im übrigen gilt der *safe passage* nicht für den Transport von Waren.

Um ins Ausland zu reisen oder auszuwandern, reicht es nicht aus, daß die Palästinenser von den jeweiligen Behörden ein Visum bekommen. Die Zustimmung Israels ist unerläßlich. Will jemand den Flughafen Ben Gurion benutzen, der sich einige Kilometer von Tel Aviv entfernt befindet, braucht er eine Einreiseerlaubnis für Israel. Zwar wurde im Gazastreifen ein Flughafen gebaut, der seit November 1998 in Betrieb ist, doch dieser ist weit davon entfernt, den Palästinensern die Ausübung ihrer Souveränität zu ermöglichen; durch ihn wird, ganz im Gegenteil, die Unterordnung unter Israel verfestigt, da dessen Dienste für die Sicherheit auf dem Flughafen verantwortlich sind. An der Allenby-Brücke zwischen dem Westjordanland und Jordanien und in Rafah, zwischen dem Gazastreifen und Ägypten, haben die Israelis das Sagen. Die Präsenz palästinensischer Ordnungskräfte, die Ansprechpartner für die Reisenden sind, stellt einen eher ungeschickten Versuch dar, den Schein zu wahren.

Die Fesselung der palästinensischen Wirtschaft

Das 1995 in Paris unterzeichnete Wirtschaftsabkommen sieht vor, daß es zwischen den autonomen palästinensischen Gebieten und Israel so etwas wie eine Zollunion gibt: Die Importzölle sind gleich hoch, mit Ausnahme einer Reihe von Waren, für die die palästinensische Autonomiebehörde je nach Bedarf Zollkontingente festlegt;[14] theoretisch herrscht freier Handel zwischen den beiden Wirtschaftseinheiten. In Wirklichkeit unterliegen die palästinensischen Exporte in den jüdischen Staat zahlreichen Einschränkungen. Die Sicherheitsmaßnahmen stellen das Haupthindernis für wirtschaftlichen Liberalismus und ökonomische Rationalität dar: sie verlangsamen oder verhindern Reisen von Geschäftsleuten und die Vermarktung bestimmter Produkte. Hinzu kommen einseitige Entscheidungen israelischer Behörden, die an importierte Güter strenge Maßstäbe anlegen, wodurch palästinensische Waren vom israelischen Markt ferngehalten werden. Lautet die offizielle Begründung für die vom jüdischen Staat aufgestellten Richtlinien, daß der israelische Bürger und Verbraucher auf diese Weise geschützt wird, so kann man doch nicht ausschließen, daß sie zugleich die israelischen Unternehmer vor potentiellen Konkurrenten schützen.

Die palästinensische Wirtschaft besteht aus kleinen Produktionseinheiten. Die Vereinten Nationen schätzen, daß es 60000 Unternehmen mit einem Durchschnittskapital von 25000 Dollar gibt. Dabei handelt es sich häufig um Familienunternehmen. Da es keinen stabi-

---

14 Das geschieht mit der Billigung Israels gemäß dem Abkommen von Paris.

len und verläßlichen rechtlichen Rahmen gibt, ist es schwer, geschäftliche Kontakte mit Leuten zu knüpfen, die nicht zur eigenen Familie gehören. Überdies sind die Banken sehr zurückhaltend, wenn es darum geht, den Geschäftsleuten Kredite zu geben. Und schließlich wird die Investitionsbereitschaft dadurch gedämpft, daß es keine Sicherheit in bezug auf die innerpalästinensischen Regelungen, die von Israel erlassenen Vorschriften und die Entwicklung der politischen Lage gibt. Die von der israelischen Verwaltung errichteten bürokratischen Hindernisse und die durch die Abriegelung der palästinensischen Gebiete hervorgerufenen Störungen machen den wirtschaftlichen Akteuren zu schaffen, die den Unwägbarkeiten ihres Umfelds ausgesetzt sind.

Unter diesen Bedingungen können sich die kleinen Betriebe in keiner Weise mit den israelischen Unternehmen messen, die genügend Zeit hatten, sich an die Erfordernisse der Globalisierung anzupassen. Für die palästinensischen Unternehmen ist es schwer, auf dem israelischen Markt Fuß zu fassen. Sie versuchen in erster Linie, sich auf ihrem eigenen Markt zu behaupten, oder begnügen sich damit, Zulieferer zu sein. Nur eine Minderheit von ihnen steht in direktem Austausch mit ausländischen Partnern. Die meisten von ihnen ziehen kleine Gewinne aus dem Handel Israels mit der übrigen Welt (indem sie über Israel importieren und exportieren) und verzichten darauf, kostspielige und unsichere Strategien zur Eroberung von Marktanteilen zu verfolgen. Trotz der im November 1996 mit den Vereinigten Staaten und im Februar 1997 mit der Europäischen Union abgeschlossenen Liberalisierungsabkommen ist es für die palästinensische Wirtschaft schwer, sich von dem ungleichen Partner Israel abzukoppeln.

Die Zwangslage der Unternehmer am Beispiel der Textilindustrie

Der größte Teil der Betriebe in der Textil- und Schuhindustrie liegt in Hebron und in Bethlehem im Westjordanland; im Gazastreifen befinden sich hauptsächlich Zulieferbetriebe. Seit 1994 mußten die Unternehmen im Westjordanland ihre Belegschaft verkleinern. Die kleinen Unternehmen haben nicht die Vorteile der Massenproduktion, durch die sie ihre Wettbewerbsfähigkeit angesichts eines wachsenden Drucks auf die Preise erhöhen könnten. Der Leiter eines Unternehmens sagt, daß ihn die Produktion von einem Paar Sportschuhe 10 Dollar kostet, während es in China für 6 Dollar hergestellt wird.

Da sein Unternehmen klein ist, kauft er einen Teil des benötigten Rohmaterials (Leder, Acrylfasern, Polyester und Zubehör) aus Europa, der Türkei und Taiwan über israelische Zwischenhändler ein. Ein Schuhfabrikant aus Hebron sagt dazu:

»Wenn wir direkt im Ausland Leder kaufen wollen, müssen wir große Mengen kaufen, einen ganzen Container. Aber eine solche Menge brauchen wir selten. Da ist es für uns leichter, es bei den Israelis zu kaufen, die viel davon importieren.«

Die palästinensischen Unternehmer wickeln ihre Importe lieber über Israel ab, auch wenn das für sie finanziell weniger rentabel ist. Die Produkte, die über israelische Häfen aus dem Ausland kommen, sind so lange unterwegs (steigen die politischen Spannungen, kann es noch länger dauern), daß die palästinensischen Unternehmer lieber darauf verzichten, direkte Geschäftsbeziehungen mit ihren Lieferanten zu unterhalten. Außerdem werden Gebühren erhoben, wenn die Waren im Fall einer Blockade im Hafen gelagert werden. So wird der Unternehmer, dessen Waren aus Sicherheitsgründen im Hafen oder auf dem Flughafen festgehalten werden, zweimal zur Kasse gebeten: er verliert Geld, weil es Verzögerungen bei der Herstellung und/oder beim Verkauf gibt und weil er Gebühren an den israelischen Zoll zahlen muß.

Der größte Teil der heimischen Produktion wird im Westjordanland verkauft. Allerdings setzen die Unternehmen zwischen 20 und 50 Prozent ihrer Produktion in Israel ab. Die Geschäftsbeziehungen mit Kunden in Tel Aviv sind nicht sehr zahlreich, aber im allgemeinen längeren Datums – sie entstanden Anfang der siebziger Jahre – und beruhen auf gegenseitigem Vertrauen. Gehen diese Kontakte verloren, haben die palästinensischen Unternehmer nur wenige Möglichkeiten, neue aufzubauen. Israel ist der Markt, auf dem die größten Gewinne gemacht werden. Doch dieser Absatzmarkt wird unter dem Druck der Konkurrenz aus asiatischen Ländern kleiner; die israelischen Textilunternehmen verlagern ihre Produktion nach Jordanien und Ägypten, wo die Arbeitskräfte billiger sind. Heute muß die – sowohl israelische als auch palästinensische – Textilindustrie vor allem mit Billigprodukten aus China und Südostasien konkurrieren.

Für die palästinensischen Unternehmen, die sich in einer schwierigen Situation befinden, ist es unmöglich, auf dem Weltmarkt, insbesondere auf dem europäischen Markt, Fuß zu fassen. Hier sind bereits die israelischen Unternehmer stark vertreten, die sich den Absatz ihrer Produkte in den Supermarktketten des alten Kontinents vertraglich gesichert haben. Nur wenigen palästinensischen Herstellern gelingt es, einen kleinen Teil ihrer Produktion über ihre israelischen Konkurrenten zu exportieren.

Seit der Einführung der palästinensischen Autonomie zeigt sich ein neues Phänomen: Auch der Gazastreifen wird für die Unternehmer zu einem problematischen Absatzgebiet. Die israelischen Sicherheitsmaßnahmen wirken sich insofern auf die Verkäufe in diesem Gebiet aus, als sie zum einen die Transportkosten erhöhen und zum anderen zur Folge haben, daß es in bezug auf den Transport viele Unwägbarkeiten gibt. Da die Gewinnspanne im Gazastreifen wegen der geringen Kaufkraft der Bevölkerung ohnehin klein ist, lohnt es sich nicht, zusätzliche Kosten in Kauf zu nehmen und sich stärker um dieses Gebiet zu bemühen.

Somit verringern die von Israel ergriffenen Maßnahmen, die offiziell mit Sicherheitsbedürfnissen begründet werden, die Fähigkeit der palästinensischen Fabrikanten, schnell auf die Bedürfnisse des Marktes zu reagieren, und schwächen deren Position, was kurzfristig einem vom Niedergang bedrohten israelischen Industriezweig zugute kommen kann.

Protektionismus versus Sicherheit

Theoretisch steht der israelische Markt den palästinensischen Unternehmern offen, was allerdings voraussetzt, daß diese Unternehmer Kontakte zu israelischen Geschäftspartnern herstellen. Das ist nicht leicht, da es den Palästinensern an Mobilität fehlt und auf beiden Seiten Mißtrauen herrscht. Die an den Übergangsstellen vorgenommenen Kontrollen verlängern die Lieferzeiten und stellen für die palästinensischen Geschäftsleute einen Unsicherheitsfaktor dar. Diese Maßnahmen wirken sich besonders auf den im Gazastreifen stark entwickelten Agrarsektor aus. Die Gründlichkeit, mit der die israelischen Soldaten eine Fracht Obst und Gemüse überprüfen, kann dazu führen, daß diese dadurch zu lange der Hitze ausgesetzt ist und verdirbt. Außerdem erleben die Palästinenser häufig, daß ihre Lieferanten keine Schecks annehmen, so daß sie bar zahlen müssen. Und schließlich gibt es noch das Israeli Standard Institute, das die Produkte, die nach Israel gelangen, darauf überprüft, ob sie israelischen Maßstäben entsprechen, und unter dem Vorwand der Qualitätskontrolle besonders anspruchsvoll ist, wenn es um palästinensische Produkte geht. Dieses staatliche Institut, das sich hinter technischen Kriterien verschanzt, bestimmt, welche palästinensischen Importe ins Land dürfen, und hat dadurch für bestimmte israelische Produzenten eine Schutzfunktion. Ein weiteres Hindernis, mit dem die im Agrarsektor tätigen Palästinenser konfrontiert sind, ist die Forderung nach koscheren Nahrungsmitteln.

Da es für die Unternehmer schwierig ist, eine Verbindung zwischen dem Westjordanland und dem Gazastreifen herzustellen, können sie die Möglichkeiten des jeweiligen Marktes nicht ausschöpfen. Es sind weniger die tatsächlichen Barrieren zwischen den beiden Gebieten, die den Unternehmern zu schaffen machen, als die ständige Ungewißheit, ob und wann sie wieder aufgehoben werden. 1996 belief sich der Austausch zwischen dem Gazastreifen und dem Westjordanland auf nur 12 Millionen Dollar.

Der Warenaustausch mit Ägypten und Jordanien hat in letzter Zeit kaum zugenommen. Nur etwa 20 Autos passieren täglich den Grenzposten in Rafah. 1998, als durchschnittlich 14000 Lastwagen zwischen dem Gazastreifen und Israel verkehrten, wurden in Rafah 331 Grenzübertritte gezählt.[15] Die Exporte in das haschemitische Königreich beschränken sich auf 40 Millionen, die Importe auf 25 Millionen Dollar.[16] Die von den arabischen Nachbarn errichteten

---

15 Die Zahlen stammen von der Wirtschaftsabteilung des Office of the Coordinator of Government Activities in the Territories, das dem israelischen Verteidigungsministerium untersteht.

16 1998 stellt sich der Außenhandel der palästinensischen Gebiete folgendermaßen dar: Die Exporte betragen 530 Millionen US-Dollar, die Importe 2,420 Milliarden US-Dollar. 80 Prozent des Handels und des Defizits werden mit Israel realisiert (die Zahlen stammen vom Generalkonsulat Frankreichs in Jerusalem).

Zollbarrieren,[17] die vom Israeli Standard Institute vorgeschriebenen Qualitätskriterien für alle Produkte aus einem Drittland sowie die von Israel ergriffenen Sicherheitsmaßnahmen[18] verhindern, daß sich die palästinensischen Unternehmer diesen Märkten zuwenden. Hinzu kommt, daß die palästinensischen Gebiete, Jordanien und Ägypten die gleiche wirtschaftliche Spezialisierung durchgeführt haben: so gehen nicht etwa belebende Impulse von sich ergänzenden Produktionsstätten aus, sondern der geringe wirtschaftliche Austausch zwischen diesen Gebieten ist durch den protektionistischen Grundsatz der Begrenzung des mit der Konkurrenz verbundenen Risikos bedingt.

Die teilweise geschlossenen Grenzen der palästinensischen Gebiete, unter denen die Palästinenser zu leiden haben, bedeuten auch, daß die Israelis keinen Zugang zu den autonomen Gebieten haben. Diese Tatsache sowie die Angst der Israelis wird von manchen Bewohnern des Westjordanlands und des Gazastreifens für illegale Wirtschaftspraktiken ausgenutzt. So beklagen sich mehrere in Tel Aviv ansässige Produzenten, daß ihre palästinensischen Kunden verschwunden sind, wenn die Begleichung der Rechnung fällig ist.

Ein Spirituosenhändler aus einem Vorort von Tel Aviv wirft den Palästinensern Betrug vor: Der Alleinimporteur der Whiskymarke Johnnie Walker berichtet, ein palästinensischer Geschäftsmann hätte sich mit seinem Lieferanten in Verbindung gesetzt. Dieser Konkurrent wollte größere Mengen kaufen, als der Markt im Westjordanland und im Gazastreifen aufnehmen kann. Der israelische Geschäftsmann ist überzeugt, daß in Wirklichkeit beabsichtigt ist, den größten Teil der Waren zu niedrigen Preisen in Israel anzubieten. Außerdem ist er überzeugt, daß es irgendwo im Westjordanland ein Unternehmen gibt, das Whisky herstellt und unter falscher

---

17 Die palästinensische Autonomiebehörde hat im Januar 1994 mit Ägypten ein Abkommen über wirtschaftliche und technische Zusammenarbeit unterzeichnet, das für einige Produkte Vorzugsbedingungen vorsieht. Im Januar 1995 hat sie mit Jordanien ein Handelsabkommen geschlossen, dem zufolge 60 Produkte zollfrei sind.

18 Um nach Jordanien oder Ägypten fahren zu können, benötigen die palästinensischen Fahrzeuge eine Ausreiseerlaubnis, die für nicht mehr als zehn Stunden gültig ist.

Marke verkauft. In seinem Büro sind zwei fast gleiche Flaschen Whisky ausgestellt, das Original und die Nachahmung.

Trotz dieser illegalen Praktiken, die manchen israelischen Unternehmern schaden, ist die israelische Privatwirtschaft, die sich auch auf die politischen und militärischen Entscheidungsinstanzen stützen kann, nach wie vor in einer überlegenen Position. Zwar kann das stillschweigende Einverständnis zwischen den ökonomischen und administrativen Protagonisten nicht als zufällig betrachtet werden, aber es bleibt punktuell und häufig widersprüchlich. Für die israelischen Privatunternehmen ist es ein großer Vorteil, daß sie einen relativ leichten Zugang zum palästinensischen Markt haben und daß das Westjordanland und der Gazastreifen keine echte Konkurrenz für sie darstellen. Trotzdem ist die Produktion hochwertiger technischer Produkte für den amerikanischen und europäischen Markt der Schwerpunkt der israelischen Wirtschaft. Der Verlust des palästinensischen Marktes würde Israel zwar treffen, aber weder zu einem tiefen Einbruch noch zu einer dauerhaften Krise führen. Die positive Entwicklung der palästinensischen Wirtschaft stellt für den jüdischen Staat keine Gefahr dar. Die israelische Wirtschaft ist so dynamisch und steht so gut da, daß sie sich leicht an die neue Situation anpassen kann, wenn es zur Trennung der beiden Volkswirtschaften kommt. Dagegen würde die Einschränkung oder der Abbruch der Beziehungen mit Israel die Palästinenser hart treffen.

Die von den wirtschaftlichen Akteuren finanzierte Sicherheit

Israel verfolgt nicht das Ziel, die palästinensischen Gebiete wirtschaftlich zu beherrschen, auch wenn die vielfältigen israelischen Maßnahmen manchmal diesen Eindruck erwecken. Der jüdische Staat ist in erster Linie auf seine Sicherheit bedacht. Für die führenden israelischen Politiker bedeutet das, der palästinensischen Bevölkerung das Verlassen ihrer Gebiete so schwer wie möglich zu machen, um gegen israelische Bürger gerichtete Gewalttaten vorzubeugen. Die Abriegelungen lähmen das palästinensische Wirtschaftsleben, führen zur Verarmung der palästinensischen Gebiete und nähren die Unzufriedenheit. Israelische Experten sind der Auffassung, daß die aus den wirtschaftlichen und sozialen Umständen resultierenden Frustrationen die politisch motivierte Gewalt anheizen. Daher haben sie ein Sicherheitskonzept entwickelt, das darauf abzielt, die israelischen Forderungen und die wirtschaftlichen Bedürfnisse der Palästinenser in Einklang zu bringen. Es gilt, die Abriegelung, die punktuell, plötzlich und unerwartet erfolgt und von den Palästinensern, die in diesem Punkt die Unterstützung der internationalen Gemeinschaft haben, kritisiert wird, durch ein dauerhaftes, effizientes und legitimes System zu ersetzen. Die von der Arbeitspartei vorgeschlagene Trennung bedeutet, daß zwischen den Territorien undurchlässige Grenzen errichtet werden. Dieses Konzept, das den Sicherheitsinteressen des jüdischen Staats Rechnung trägt, wird als Fortschritt in puncto politische Rechte der Palästinenser dargestellt. Im Grunde genommen sagt man zu den Palästinensern: »Ihr wolltet einen Staat haben, jetzt werdet ihr geschlossene Grenzen haben.« Hier vermischen sich – von den Entscheidungsträgern durchaus gewollt – zwei Prinzipien: da ist zum einen die räumliche Trennung, durch die Israel Reibungsflächen mit der palästinensischen Bevölkerung beseitigen oder sogar alle Kontakte mit ihr abbrechen will, und zum anderen eine politische Trennung, die die Voraussetzung für die palästinensische Souveränität ist. Werden in einem kleinen Gebiet, wo die Souveränitätszonen nebeneinander bestehen, feste Grenzen errichtet, besteht die Gefahr, daß weitere kilometerlange Drahtzäune gebaut werden.

Aus ideologischen Gründen ist der Likud gegen die Trennung, weil diese zwangsläufig zur Bildung eines palästinensischen Staats führt. Als seine führenden Politiker an die Macht kamen, haben sie jedoch das von der Arbeitspartei eingeführte System beibehalten. Da die Vertreter der Rechten die Auswirkungen der Attentate auf die Wähler fürchten, erhalten sie die Sicherheitsmaßnahmen aufrecht.[19] Im Februar 2002, als die Intifada schon 17 Monate andauerte, konnte Ariel Sharon sein Versprechen, es werde wieder Ruhe

19 Der Sieg Benjamin Netanjahus über Shimon Peres im Frühjahr 1996 ist auf die Reaktion der Öffentlichkeit auf fünf mörderische Attentate zurückzuführen.

einkehren, nicht einlösen. In einer vom Fernsehen ausgestrahlten Rede plädierte er für »Pufferzonen« entlang den Grenzen, die »Sicherheit über den Weg der Trennung schaffen und so zur Sicherheit aller israelischen Bürger beitragen werden«.[20]

Da über die Wurzeln der Gewalt und die zukünftigen Beziehungen zu den Palästinensern keine grundsätzlichen Überlegungen angestellt werden, setzt Israel auf die Technik. Durch sie soll die terroristische Bedrohung aus den palästinensischen Gebieten beseitigt werden, ohne daß die palästinensischen Unternehmer zu sehr in Mitleidenschaft gezogen werden. Es geht darum, die Kontrollen sicherer, zugleich aber auch zügiger und weniger unangenehm für diejenigen zu machen, die sich ihnen unterziehen müssen. Dieser Kurs bedeutet eine systematische Distanzierung, Trennung und Abschottung vom anderen. Dieses Ziel steht freilich im Widerstreit mit den Wirtschafts- und Handelsbeziehungen zwischen Israel und den palästinensischen Gebieten und führt zur Schaffung vielfältiger Kontrollmechanismen. Die israelischen Behörden, denen es darum geht, die Effizienz ihres Kontrollsystems zu optimieren und sich von der lästigen Rolle der Besatzungsmacht zu befreien, beteiligen die palästinensische Autonomiebehörde an der Ausarbeitung der neuen Regeln und Verfahrensweisen. Da die Vertreter der Autonomiebehörde das Prinzip der Trennung nicht in Frage stellen können, beschränken sie sich darauf, mit den Israelis über die Modalitäten der praktischen Umsetzung und die Zahl der von ihnen auszustellenden Passierscheine zu verhandeln.

Die Sicherheitsstrategie Israels bedeutet, daß alle Waren aus den palästinensischen Gebieten kontrolliert werden, wobei das Westjordanland und der Gazastreifen allerdings völlig unterschiedlich behandelt werden. Die Produzenten aus dem Westjordanland benutzen Fahrzeuge mit israelischem Kennzeichen, wenn sie entweder Transportunternehmen aus Ostjerusalem in Anspruch nehmen oder mit Hilfe eines in der Heiligen Stadt wohnenden Strohmanns ihre eigene Transportgesellschaft gegründet haben. Ihre eigenen Lastwagen bleiben in der Garage, da sie nicht über die grüne Linie fahren dürfen. Hat man das kostbare gelbe Kennzeichen, bleiben einem

---

20 Le Monde, 23. Februar 2001, S. 1–2.

die Kontrollen der israelischen Armee erspart. Außerdem hat sich die Armee (noch) nicht die Mühe gemacht, das ganze Westjordanland mit Kontrollpunkten zu umgeben. Folglich wird ein Lastwagen mit einer für Tel Aviv bestimmten Ladung aus Nablus nur in Ausnahmefällen durchsucht. Systematischere Kontrollen finden statt, wenn die Waren über den Flughafen Ben Gurion oder den Hafen von Haifa exportiert werden.

Für den fast vollständig abgeriegelten Gazastreifen gilt ein anderes Grenzregime: der gesamte Transitverkehr wird an zwei Übergangsstellen abgewickelt. In Erez, im Norden des Gazastreifens, und in Karni, im Osten, werden die palästinensischen Exporte auf unterschiedliche Weise kontrolliert. In Erez werden die palästinensischen Lastwagen (sowohl die Fahrzeuge als auch die transportierten Waren) durchsucht, danach fahren sie bis zu ihrem Bestimmungsort in Israel, begleitet von zwei Fahrzeugen, in denen sich bewaffnete Mitarbeiter eines israelischen Sicherheitsunternehmens befinden.

Der Übergang Karni ist nach dem Prinzip der Trennung organisiert, das von der Arbeitspartei als politische Lösung gepriesen wurde. Dieser Ende 1999 völlig umgebaute Übergang zeugt von dem Willen Israels, Sicherheit durch Trennung zu erreichen. Eine hohe Mauer trennt das palästinensische vom israelischen Gebiet. In der Mauer befinden sich Öffnungen für Röntgengeräte. Auf der einen Seite entladen die Palästinenser die Fahrzeuge aus dem Gazastreifen und legen die Waren auf ein Laufband. Auf der anderen Seite überwachen die Israelis den Vorgang, der damit endet, daß Arbeiter die Waren in für Israel bestimmte Container laden. Für die Waren, die zu groß sind, um auf das Laufband gelegt zu werden, wurden Schuppen gebaut. Für die dort gelagerten Waren ist allein Israel zuständig; sie werden einer Sicherheitskontrolle unterzogen, deren Einzelheiten geheimgehalten werden.

Die Lastwagen, die zwischen Karni und dem Gazastreifen verkehren, sind im Gazastreifen zugelassen. Für die Strecke zwischen dem Kontrollpunkt und einem Ziel in Israel gibt es zwei Möglichkeiten: entweder bedient man sich eines israelischen Chauffeurs und eines israelischen Lastwagens, oder man arbeitet mit palästinensischen Transportunternehmern zusammen, die das Vertrauen der israelischen Behörden genießen. Bei ihnen handelt es sich um Fahrer, denen eine unbedenkliche Vergangenheit bescheinigt wurde, und um Fahrzeuge, die allen israelischen Anforderungen entsprechen. Diese Fahrzeuge dürfen nie in den Gazastreifen fahren. Sind sie nicht in Betrieb, werden sie am Kontrollpunkt Erez auf israelischer Seite auf einem Parkplatz abgestellt, der ebenfalls »sauber« ist.

Das neue Konzept zeigt, welche Linie gegenwärtig verfolgt wird. Einerseits sollen voneinander getrennte und nahezu undurchlässige Räume geschaffen werden, von denen der eine als ungefährlich und sicher, der andere als risikoträchtig gilt. Dementsprechend muß der erste geschützt werden, indem alles, was aus dem zweiten kommt, auf das gründlichste überprüft wird. Das Ziel besteht darin, lückenlose Sicherheitsmaßnahmen durchzusetzen. Wie der für Karni zuständige Israeli sagte, ist dieses Ziel noch nicht erreicht. Durch Technik und präzise Planung müßte es gelingen, das Kontrollsystem zu vervollkommnen. Andererseits sollen die Kontrollmaßnahmen die palästinensische Wirtschaft möglichst wenig beeinträchtigen. Anstatt die palästinensischen Transportunternehmer zu bestrafen findet eine sorgfältige Auslese statt, werden ihre Fahrzeuge sicher gemacht.

Der Einsatz einer ultramodernen Technik ist teuer. Indem die Gewährleistung der Sicherheit einem privaten Unternehmen übertragen wird, ist es möglich, die Kosten neu zu verteilen. In Erez werden die ausländischen und palästinensischen Fahrzeuge, die den Gazastreifen verlassen, an Werktagen von einem privaten Unternehmen kontrolliert. Nachts und am Sabbat übernimmt die israelische Armee diese Aufgabe. Für die Begleitung der palästinensischen Lastwagen via Erez gibt die israelische Regierung jährlich fast 476000 Euro für ein privates Unternehmen aus.

Der neue, moderne Übergang Karni untersteht nicht mehr der IDF, sondern der Israeli Airport and Port Authority (IAPA), einem dem Verkehrsministerium unterstellten Privatunternehmen. Die Kontrollgeräte stammen aus den Vereinigten Staaten, das israelische Unternehmen hat die Büros eingerichtet und die Mauer gebaut. Der Unterhalt der Maschinen und die Beschäftigung der für die Abwicklung des Verkehrs notwendigen 90 Personen werden nicht aus öffentlichen Mitteln bezahlt. Seitdem das Unternehmen, das für die Sicherheit auf dem Flughafen von Tel Aviv verantwortlich ist, auch für Karni zuständig ist, ist der Transport von Waren aus dem Gazastreifen nach Israel gebührenpflichtig: der Produzent aus dem Gazastreifen bezahlt je nach der Größe des Lastwagens umgerechnet 76 bis 115 Euro für die Kontrolle seiner Ware. Somit wird ein Teil der Kosten der israelischen Sicherheitsmaßnahmen fortan direkt von den palästinensischen Privatunternehmern getragen. 60 Prozent der Einnahmen fließen in die Kassen der IAPA, die restlichen 40 Prozent gehen an den Präventiven Sicherheitsdienst, der sich in Karni auf palästinensischer Seite befindet.

Heute gehen die israelischen Entscheidungsträger davon aus, daß die für Karni gefundene Lösung Modellcharakter hat. Im Frühjahr 2000 gab der jüdische Staat seine Entscheidung bekannt, Erez für den Warenverkehr zu schließen, hier sollen nur noch Personen abgefertigt werden. Der gesamte Warenverkehr soll über Karni abgewickelt werden. Es geht darum, diese neuen Infrastrukturen rentabel zu machen und das Prinzip der Trennung, dem das Konvoisystem entgegensteht, so rationell wie möglich zu gestalten. Diese von Israel favorisierte Lösung dürfte sich durchsetzen, da die Verantwortlichen der IAPA vorhaben, das gleiche Modell im Westjordanland anzuwenden, was bedeuten würde, das Westjordanland gegen Israel abzuschließen, das heißt, eine Grenze zu ziehen, die die Voraussetzung für die Trennung der beiden Bevölkerungen wäre.

Die Übertragung von Kompetenzen im Sicherheitsbereich auf den Privatsektor bringt eine Institutionalisierung und Normalisierung der Kontrolle zum Ausdruck. Maßnahmen, die zuvor einen Ausnahmecharakter hatten und das Eingreifen der Armee erforderlich machten, werden nunmehr von einem Unternehmen durchgeführt, das Angestellte hat, Investitionen vornimmt und mit Gewinnen rechnet. Dieser Prozeß zeigt, wie sich die israelischen Verantwortlichen die Zukunft vorstellen: Es gibt fortdauernde Gefahren, die die Errichtung von dauerhaften Barrieren erfordern, während die Wirtschaft bereit ist, sich den neuen Anforderungen zu stellen. Er zeigt auch, daß den israelischen Behörden viel am Aufbau eines Sicherheitsapparats gelegen ist, der auf Risikominimierung spezialisiert ist und optimale Effizienz gewährleistet.

Damit dieses System funktioniert, müssen alle Protagonisten die Existenz einer ständigen Bedrohung verinnerlichen. Aus diesem Grund werden die palästinensischen Behörden an der Ausarbeitung der Kontrollnormen beteiligt: diese werden zwischen Partnern

(IAPA und Präventiver Sicherheitsdienst) diskutiert und – wenn sie sich als untauglich erweisen – auch revidiert. Es geht darum, die Palästinenser zu beteiligen und sie schrittweise dazu zu bringen, die gleichen Sicherheitskriterien anzuwenden. Die palästinensischen Polizisten machen sich mit den Sicherheitsgrundsätzen und -techniken der Israelis vertraut, während die wirtschaftlichen Akteure die Zeit für die Kontrolle ihrer Produkte in ihre Kalkulation mit einbeziehen. Da die Sicherheit ein fester Bestandteil des Handelsaustausches ist, wird sie fortan von den Unternehmern finanziert, die, so die Annahme, gerne bereit sind, ein Klima der Unsicherheit und die Beeinträchtigung ihrer Geschäfte für eine garantiert effektive und schnelle Abwicklung des Grenzverkehrs einzutauschen. Durch den Rückzug der Armee verliert das Kontrollritual etwas von seinem erschreckenden und bedrohlichen Charakter; es soll zu einem Stück Normalität werden. Die Militäruniform verweist auf die Besatzung, während das mit modernen technischen Apparaten ausgestattete zivile Personal weniger martialisch wirkt. Auf diese Weise soll auch die Erbitterung der Palästinenser gedämpft, sollen die Reibungsflächen zwischen ihnen und den israelischen Behörden verringert werden. Diese Logik gipfelt in dem Plan, die IDF ganz von dem Kontrollpunkt abzuziehen: ein Lasergerät, das Personen an ihrem Netzhautmuster erkennt, würde menschliches Eingreifen überflüssig machen. Vorbild dafür sind entsprechende Einrichtungen in Südostasien.

Da jetzt Privatunternehmen für die Sicherheit zuständig sind, ist es möglich, durch eine ständige Präsenz an den Grenzen der palästinensischen Gebiete potentielle Bedrohungen durch die Palästinenser abzuwehren. Es geht darum, daß die Mehrheit der palästinensischen Bevölkerung diese Grenzen nicht überschreitet. So ersetzt der jüdische Staat eine direkte, kostspielige und sehr sichtbare Kontrolle über den Gazastreifen durch einen technisch hochentwickelten Kontrollapparat, der unauffälliger arbeitet und als perfekt gilt. Die palästinensische Autonomie hat es der israelischen Armee ermöglicht, in dem Maße einen Teil ihrer Funktionen abzugeben, in dem die palästinensische Polizei gegen die politischen, dem jüdischen Staat feindlich gesinnten Gruppen vorgeht. Und Israel bürdet den palästinensischen Unternehmern und der internationalen Gemeinschaft (die Amerikaner liefern die Geräte) die Kosten für seine Sicherheit auf.

Der Prozeß der Normalisierung in puncto Sicherheit verändert die Kräfteverhältnisse in der palästinensischen Gesellschaft. Da die Autonomiebehörde nichts gegen die Trennung tun kann, handeln ihre Vertreter mit Israel Vereinbarungen aus, die kurzfristig ihre Interessen wahren und sie an dem von Israel errichteten Kontrollapparat beteiligen. Diese Situation stärkt die Macht derer, die an den Kontrollmaßnahmen mitwirken. Sie wirkt sich diskriminierend auf die palästinensische Bevölkerung aus, deren Recht auf Freizügigkeit sehr ungleich verteilt ist. Diese Ungleichheit ist bemerkenswert, denn die Zugangsmöglichkeiten zu Israel sagen etwas über den sozialen und wirtschaftlichen Status der Menschen aus. Der Zusammenhalt der palästinensischen Gesellschaft, der durch die Blockaden und die wirtschaftlichen Schwierigkeiten ohnehin auf eine harte Probe gestellt wird, wird dadurch noch mehr geschwächt.

Den palästinensischen Verantwortlichen obliegt auch die Verteilung der VIP-Karten. Sie handeln mit ihren israelischen Kollegen eine bestimmte Anzahl von Karten aus, wobei sie versuchen, mehr Karten zu bekommen, als vorgesehen sind. Daß sie die Leute aussuchen, die in den Genuß dieses Privilegs kommen, bedeutet, daß es Menschen gibt, die ihnen verpflichtet sind, und vertieft bereits bestehende Bindungen. Der Besitz dieses kostbaren Papiers verweist auf eine bestimmte soziale Stellung. Ein VIP und ein Arbeiter werden am Übergang Erez nicht der gleichen Kontrolle unterworfen. Der Zugang zu Israel und die Art und Weise des Grenzübertritts hängen folglich mit der sozialen und wirtschaftlichen Stellung der betreffenden Personen zusammen.

Die palästinensische Autonomiebehörde spielt auch bei der Vergabe von Passierscheinen, die zum Verlassen des Westjordanlands und des Gazastreifens berechtigen, eine Rolle. Da sie als Vermittler zwischen den Bewohnern der palästinensischen Gebiete und den israelischen Militärbehörden fungiert, zieht sie den Groll derjenigen auf sich, deren Freizügigkeit eingeschränkt wird. Sie kann einen Antrag zurückweisen, weil sie entweder mit einer negativen Antwort der Israelis rechnet oder weil sie selbst dagegen ist, dem Antrag stattzugeben. In diesem Zusammenhang sind zwei Dinge bemerkenswert. Es sieht so aus, als würden sich manche Palästinenser im Westjordanland lieber direkt an die israelische Verwaltung anstatt an die palästinensischen Funktionäre wenden, die eine Art Verschiebebahnhof für Anfragen und Antworten darstellen. In diesem Fall verliert die palästinensische Autonomiebehörde das Monopol, die palästinensische Bevölkerung zu vertreten. Im Gazastreifen verzichten die palästinensischen Polizisten anscheinend darauf, sich einen Passierschein zeigen zu lassen. In einer finanziell schwierigen Situation haben manche von ihnen daran gedacht, ihr bescheidenes Monatsgehalt gegen einen Arbeiterlohn in Israel zu tauschen. Die palästinensische Autonomiebehörde, die diese Mitarbeiter nicht verlieren will, hat sie davon abgebracht, indem sie behauptete, sie könnten aufgrund ihrer bisherigen Biographie die israelischen Sicherheitsnormen nicht erfüllen.

Gewinnbringendes Sicherheitsgebäude

Zwar wirkt sich die Schließung der Grenzen im allgemeinen negativ auf den Wirtschaftsaustausch aus, doch es gibt auch Unternehmer, die davon profitieren. Die Trennung der israelischen und palästinensischen Gebiete schafft neue wirtschaftliche Möglichkeiten. Sie bringt bauliche Veränderungen mit sich, die zum Teil von privaten Unternehmen durchgeführt werden. Aus diesen Möglichkeiten schlagen diejenigen Kapital, die es verstehen, sich die Sicherheitszwänge zunutze zu machen.

Die Grenze als Einkommensquelle

Der Bau von Umgehungsstraßen im Westjordanland, die für die Siedler bestimmt sind, soll ein Schritt auf dem Weg zur Trennung von Israelis und Palästinensern sein. Häufig erfordert er, daß Palästinenser einen Teil ihres Grund und Bodens hergeben müssen, in jedem Fall verkleinert er ihr Territorium. Dennoch zieht Jamil Tarifi, Minister für zivile Angelegenheiten, einen persönlichen Gewinn aus dieser Situation. Er leitet eine Baufirma, die schon während der israelischen Besatzung tätig war: Er war der Bauherr, der für die IDF im Westjordanland Militärbasen baute. Heute baut seine Firma die Straßen, die die jüdischen Siedlungen mit Israel verbinden. Seine Geschäfte florieren unter dem Schutz mächtiger palästinensischer und israelischer Kreise.

Das Kasino in Jericho im Westjordanland, das gegenüber einem Flüchtlingslager liegt und für israelische Besucher bestimmt ist, ist ein anschauliches Beispiel für die angestrebte Apartheid zwischen der israelischen und der palästinensischen Bevölkerung. Der Bau des *Oasis* – so heißt das Kasino – wurde mit österreichischem Kapital und mit Geld von Mitgliedern der Autonomiebehörde finanziert. Zwar besteht das Personal ausschließlich aus Palästinensern, aber zum Spielen zugelassen sind nur Israelis und Ausländer. Jeden Abend strömen Bürger des jüdischen Staates, die sich zu Hause an das bei ihnen geltende religiöse Verbot des Spiels halten müssen, mit oder ohne Kippa nach Jericho. Sie kommen mit dem Bus oder mit dem eigenen Auto und benutzen die ihnen vorbehaltene Umgehungsstraße. Auf dem Parkplatz sprechen Mitglieder des Präventiven Sicherheitsdienstes mit ihnen in hebräischer Sprache und führen sehr diskret oberflächliche Sicherheitskontrollen durch.

An dem Kasino zeigt sich ganz deutlich die Diskriminierung der palästinensischen Bevölkerung durch ihre eigenen Repräsentanten, es beleuchtet schlaglichtartig eine bevorzugte Schicht von Palästinensern. Es vertieft die Trennung von Juden und Arabern, da hier praktisch kein Austausch stattfindet: die Juden begeben sich allein deswegen zu den Arabern, um ein religiöses Tabu zu brechen.

Der Austausch zwischen der palästinensischen Gesellschaft und Israel unterliegt vielfältigen bürokratischen Regeln. Dieses System lädt geradezu zum Verhandeln und Feilschen ein. Da es den ökonomischen Bedürfnissen der meisten Akteure nicht gerecht wird, ruft es Reaktionen hervor, die darauf abzielen, seine rigiden Bestimmungen aufzuweichen oder einen persönlichen Gewinn aus ihm zu ziehen. In den meisten Fällen sind es die palästinensischen Unternehmer, die versuchen, die offiziellen Vorschriften zu umgehen oder ihre schnellere Durchführung zu erreichen. Je nach Bedarf verhandeln sie mit den Behörden des jüdischen Staates, der palästinensischen Autonomiebehörde und/oder den israelischen Unternehmern.

Die Unternehmer, denen es um ihre Wettbewerbsfähigkeit geht, sind durchaus in der Lage, mit den auf ihrem Gebiet tätigen Israelis eine punktuelle Lockerung der Regeln auszuhandeln. Zwar erscheinen die Angestellten der Israeli Airport and Port Authority, die jetzt den Übergang Karni übernommen haben, als unflexibel, aber das heißt nicht, daß alle, die direkt mit den Palästinensern verhandeln, unbestechlich sind.

Manche palästinensischen Geschäftsleute umgehen lieber die verschlungenen Pfade der israelischen Bürokratie, vor allem dann, wenn es sich um Zölle handelt. Viele von ihnen setzen palästinensische Mittelsmänner oder israelische Araber ein, um die administrativen Hürden so gut und so schnell wie möglich zu beseitigen. Unter einer Bürokratie, über die sich auch die Israelis selbst beklagen, haben die Palästinenser besonders zu leiden. Manche von ihnen haben es nicht nur mit einem undurchschaubar wirkenden System zu tun, sondern sind darüber hinaus noch mit der Voreingenommenheit der israelischen Funktionäre konfrontiert. Daher können diejenigen, die bei den Israelis oder Palästinensern über die nötigen Kontakte und die nötige Erfahrung verfügen, aus ihren Vermittlerdiensten Kapital schlagen. Dieses Geschäft floriert.

Die Arbeitserlaubnisse der Palästinenser in Israel werden auf dem Schwarzmarkt verkauft. Israelische Unternehmer nutzen die Notlage von Arbeitslosen und die Tatsache aus, daß diese keine Möglichkeit haben, über eine größere Entfernung hinweg einen Arbeitsplatz zu finden; durch die Einschaltung eines ihnen bekannten Palästinensers bieten sie einem Bewohner des Gazastreifens eine Stelle an. Nachdem sie sich den zuständigen Behörden gegenüber zur Bereitstellung eines Arbeitsplatzes verpflichtet haben, kann der Betreffende eine Ausreiseerlaubnis beantragen. Hat er diese, begibt er sich jeden Morgen auf die andere Seite der grünen Linie, um sich dort eine illegale Arbeit zu suchen. Jeden Monat zahlt er einen bestimmten Betrag an den israelischen Unternehmer und den palästinensischen Mittelsmann.

Es gibt noch andere illegale Transaktionen zwischen Israelis und Palästinensern. Ein Beispiel dafür sind jüdische Siedler, die aus der Schließung der Grenzen einen persönlichen Gewinn ziehen wollen: Die israelische Öffentlichkeit war schockiert, als im Frühjahr 2000 bekannt wurde, daß ein junger Mann aus dem Gazastreifen, der ein Selbstmordattentat geplant hatte, den Soldaten der IDF entkam, weil er sich im Kofferraum des Autos eines israelischen Siedlers verstecken konnte. Auch der Handel mit gestohlenen Autos zeigt, daß Palästinenser und Israelis über die grüne Linie hinweg gemeinsame

Sache machen. Zoheir und Rami sind 21 Jahre alt, wohnen im Lager Balata in der Nähe von Nablus und haben mit 14 Jahren die Schule verlassen. Seit mehreren Jahren sind sie auf den Diebstahl von israelischen Autos spezialisiert. Beide haben keine Einreiseerlaubnis nach Israel. Sie meiden die Sperren der IDF und lassen sich meistens in der Nähe der grünen Linie von in Israel lebenden Arabern abholen und in wenig belebte Wohnviertel bringen. Dort zeigen Zoheir und Rami, was sie können: sie zerschlagen die Scheinwerfer und die Blinker und rufen so einen Kurzschluß hervor, der die Alarmanlage ausschaltet. Dann brechen sie das Schloß auf und schließen die Zündung kurz. Mit ihrem neuen Auto kehren sie nach Nablus zurück. Die beiden Freunde erzählen:

»Man kann mehrere pro Tag knacken. Hier kaufen uns alle möglichen Leute ein Auto ab, selbst Mitarbeiter der Autonomiebehörde.«

Sie sind nie von der israelischen Polizei erwischt worden. Einmal haben sie den Besitzer eines Autos geschlagen, der auftauchte, als sie sich noch an seinem Auto zu schaffen machten; sie konnten fliehen. Ein anderes Mal wurde Rami zu einer viermonatigen Gefängnisstrafe in Nablus verurteilt: unglücklicherweise hatte er das Auto des palästinensischen Botschafters für die Vereinigten Staaten gestohlen. Beide haben in den Sicherheitsdiensten der Autonomiebehörde gearbeitet. Rami wurde entlassen, Zoheir nach Jericho versetzt. Infolge der Al-Aqsa-Intifada konnte er seine neue Stelle nicht antreten. Rami gibt das ganze Geld, das er verdient, aus; obwohl er verheiratet und Vater eines kleinen Mädchens ist, lebt er in den Tag hinein. Zoheir hat mit seinem Geld ein Geschäft in Balata gekauft und so in eine sichere Zukunft investiert. Der kriminelle Geschäftsmann sagt:

»Es ist normal, daß man den Israelis ihre Autos klaut, nach allem, was sie uns angetan haben. Wir sind nicht gegen den Frieden; wenn sie ihn schließen wollen, sind wir dabei. Aber Frieden bedeutet, daß man überall hingehen, sich frei bewegen kann. Mit dem Auto nach Amman oder Tel Aviv fahren. Aber in die Dörfer zurückzukehren, aus denen unsere Großeltern stammen, das ist zu schwierig, das haben wir aufgegeben.«

Die beiden Komplizen bewundern Sami, Najy und Bassam. Sie haben mit ihnen ein Abkommen getroffen, wonach diese die Waffen bekommen, die in den Autos gefunden werden. Zoheir und Rami unterstützen die drei Älteren:

»Sie sind die besseren Kämpfer. Bei ihnen ist es nicht so wie bei diesen Leuten, die aus dem Ausland gekommen sind und das Volk bestehlen. Mit Yassir Arafat ist es anders. Er ist unser Präsident, und wir lieben ihn. Als wir klein waren, haben wir geweint, wenn wir ihn im Fernsehen sahen.«

Als das Verschwinden von Autos in Israel überhandnahm, wurden Gegenmaßnahmen ergriffen. Die Versicherungsgesellschaften verlangten von ihren Kunden, Luxusautos mit einem Radarsystem auszustatten, durch das sich das gestohlene Auto lokalisieren läßt. Über einen Fall wird berichtet, daß ein ehemaliger israelischer Militärangehöriger seine Kontakte zu einem palästinensischen Polizeichef reaktivierte, als das gestohlene Auto im Westjordanland auftauchte. Zusammen wollten sie es zurückholen; das kam für den Besitzer billiger als der Kauf eines neuen Autos. Wie sie sich den Gewinn teilten, ist nicht bekannt, aber man sich gut vorstellen, daß sie sich ihn teilten.

Eine andere mögliche Konstellation – es geht um die Beziehung zwischen einem israelischen Unternehmen und einem palästinensischen Sicherheitsdienst – zeigt, daß die Korruption auch in umgekehrter Richtung funktionieren kann. Dor Energy ist ein israelisches Unternehmen, das mit Benzin handelt. Zum großen Mißfallen seiner Konkurrenten hat es einen Exklusivvertrag für den Export des Treibstoffs in die palästinensischen Gebiete. Dieser Vertrag wurde 1996 mit einem Mitglied der palästinensischen Autonomiebehörde abgeschlossen, als Vermittler fungierte der ehemalige Leiter des israelischen Inlandgeheimdienstes. Man kann davon ausgehen, daß bei Vertragsabschluß eine Provision gezahlt wurde. 1998 kommt es zu einem Skandal: Mit Wissen des palästinensischen Präventiven Sicherheitsdienstes gibt Dor Energy an, daß es im Westjordanland eine bestimmte Menge Benzin verkauft hat, das in Wirklichkeit in Israel abgesetzt wurde. So wird der israelische Staat zweimal betrogen: das erste Mal, weil das Unternehmen seine Verkäufe in Israel nicht angibt und nicht die entsprechende Mehrwertsteuer bezahlt, und das zweite Mal, weil die auf Lieferungen in die autonomen Gebiete erhobene Abgabe vom jüdischen Staat an die palästinensische Autonomiebehörde zurückgezahlt wird, wie es das israelisch-palästinensische Wirtschaftsabkommen vorsieht. Gegen Dor Energy wurde ein Prozeß angestrengt.

Die Schlüsselrolle der Militärs

Die Hauptnutznießer der neuen Geschäftsmöglichkeiten sind Angehörige des Militärs. Auf israelischer Seite handelt es sich um Generäle oder Oberste im Ruhestand, die sich ein neues Betätigungsfeld gesucht haben. Da sie an der Schnittstelle mehrerer Bereiche gearbeitet haben, verfügen sie über wichtige Beziehungen. Wenn sie ihren Dienst in den palästinensischen Gebieten getan haben, reaktivieren sie alte Kontakte: Aktivisten der Fatah, die von ihnen verhaftet wurden und jetzt in das palästinensische Machtgefüge eingebunden sind, werden zu ihren Geschäftspartnern. Sie arbeiten auch mit Geschäftsleuten zusammen, die während der Intifada ihren Schutz genossen haben. Ob sie diesen Trumpf ausspielen können, hängt von ihrer Stellung in der israelischen Gesellschaft ab. Kontakte zu ihren noch aktiven Kollegen in der Armee oder in den Geheimdiensten bedeuten für sie einen strategisch wichtigen Zugang zu Informationen. Manche von ihnen sind auch in der Lage, ihre Interessen bei den Entscheidungsträgern direkt zur Geltung zu bringen und eine Lockerung der bestehenden Vorschriften zu erreichen.

Manche der ehemaligen *boys* investieren nicht selbst in den palästinensischen Gebieten, sondern empfehlen sich als Vermittler. Sie bringen israelische und palästinensische Geschäftsleute zusammen, organisieren die Verhandlungen, die der Unterzeichnung eines Vertrags vorausgehen, und nehmen Kontakt zu Mitgliedern der palästinensischen Autonomiebehörde auf. Sie präsentieren sich als Kenner der Lage in den palästinensischen Gebieten, weil sie häufig Karriere in der Militärverwaltung gemacht haben, die bis 1994 für das Westjordanland und den Gazastreifen zuständig war. Sie betrachten sich auch als kulturelle Vermittler, die es verstehen, die verbalen und nichtverbalen Ausdrucksweisen der Palästinenser zu entschlüsseln, denn ihrer Meinung nach würden die »westlich geprägten« Israelis durch das fremdartige Verhalten der »orientalischen« Palästinenser verunsichert. Die Sachkenntnis dieser kulturellen Vermittler beruht auf ihrer langjährigen beruflichen Erfahrung und in manchen Fällen auch auf der Tatsache, daß sie Sephardim sind. Sie beherrschen die arabische Sprache, weil sie entweder ihre Muttersprache ist oder weil sie sie im Hinblick auf ihre militärische Karriere gelernt haben. Sie kennen die arabischen Höflichkeitsregeln und verfügen außerdem über viele Kontakte in den palästinensischen Gebieten. Diese Experten für die arabische Kultur üben jetzt Beratertätigkeiten aus.

Ein Oberst im Ruhestand, der 30 Jahre lang in der Armee diente, hat eine originelle Möglichkeit gefunden, seine Fähigkeiten zu verwerten. Im Jahre 2000 arbeitet er als Fremdenführer für Israelis, die den Gazastreifen mit eigenen Augen sehen wollen. Zu diesem Zweck wird eine Tagesfahrt organisiert: Der größte Teil des Ausflugs findet mit dem Omnibus statt, das Mittagessen wird in einem Restaurant am Meer eingenommen, und für die Sicherheit der Gruppe sorgen palästinensische Sicherheitsdienste, mit denen der Offizier verhandelt hat. Er mußte auch eine Sondererlaubnis für den Grenzübertritt am Kontrollpunkt Erez einholen, da die israelischen Behörden ihren Bürgern das Betreten des Gazastreifens untersagen. Er präsentiert sich als Kenner der Region und rühmt sein Talent als unparteiischer Reiseführer. »Das Problem mit einem palästinensischen Begleiter ist, daß er politische Propaganda betreibt«, erklärt er ganz ernsthaft. Die Fahrt in den Gazastreifen kostet die bescheidene Summe von 300 Dollar pro Person: Objektivität hat eben ihren Preis!

Auf palästinensischer Seite sind die Militärs, die Nebengeschäfte betreiben, noch im aktiven Dienst. Sie investieren nicht immer direkt, sondern gewähren manchen Geschäftsleuten ihren Schutz. Gleichviel, ob es sich um Leiter von Sicherheitsdiensten oder Kaufleute handelt, sie suchen den Kontakt mit israelischen Militärs, die sie zu schätzen wissen; als Kämpfer mit einem starken Ehrgefühl respektieren sie ihre ehemaligen Gegner. Die palästinensischen Militärangehörigen genießen es zweifellos, mit Vertretern der israelischen Armee jetzt in gleicher Augenhöhe zu verhandeln. Im Gazastreifen und im Westjordanland haben letztere eine Machtposition, von der aus sie politische Entscheidungen beeinflussen.

Die bei den israelischen Militärs und Unternehmern am besten eingeführte Gruppe sind die Leiter des Präventiven Sicherheitsdienstes und diejenigen, mit denen diese zusammenarbeiten. Dieser Polizeiapparat wurde vor der Einführung der palästinensischen Autonomie im Frühjahr 1994 mit Billigung der verantwortlichen israelischen Militärs geschaffen. Jibril Rajoub und Mohamed Dahlan, Führer der Fatah, die vor beziehungsweise zu Beginn der Intifada vom jüdischen Staat vertrieben worden waren, übernahmen die

Leitung dieses Dienstes im Westjordanland und im Gazastreifen. Zu ihren Aufgaben gehört die Zerschlagung der Netzwerke der Islamisten, und sie arbeiten mit den israelischen Geheimdiensten zusammen. Steigt die Spannung zwischen der palästinensischen Autonomiebehörde und der israelischen Regierung, werden die Treffen zwischen den Leitern dieser Dienste zuletzt abgebrochen. Im Gazastreifen haben Männer wie Mohamed Dahlan eine Stellung von strategischer Bedeutung. Da sie für die Verbindung mit dem israelischen Überwachungsapparat an den Kontrollpunkten und im Industriegebiet des Gazastreifens verantwortlich sind, können sie entscheiden, ob sie palästinensischen Unternehmern ihre Hilfe gewähren oder verweigern. Darüber hinaus kontrollieren sie die Importmonopole, über die – nach dem Vorbild des Vertrags mit Dor Energy – Verträge zwischen Mitarbeitern der palästinensischen Autonomiebehörde und israelischen Unternehmen abgeschlossen werden. Diese Exklusivverträge betreffen so unterschiedliche Produkte wie Baumaterialien, bestimmte Nahrungsmittel und Zigarettenmarken. Die auf 100 bis 400 Millionen Dollar geschätzten Gewinne[21] fließen nicht in das Budget der Autonomiebehörde. Sie dienen anscheinend dazu, Regierungsmitglieder für ihre Dienste oder ihre Loyalität zu belohnen und potentielle Kritiker ruhigzustellen. Zudem wird angenommen, daß sie dem Präventiven Sicherheitsdienst zugute kommen, der über ständig wachsende Finanzmittel verfügt. Die Macht von Dahlan und Rajoub beruht auf ihrem strategischen Bündnis mit den wirtschaftlichen Akteuren der palästinensischen Autonomiebehörde. Sie garantieren ihren Partnern den ungestörten Gang ihrer Geschäfte und erhalten dafür eine finanzielle Zuwendung. Gute wirtschaftliche Ergebnisse sind die Grundlage für eine erfolgreiche Arbeit des Sicherheitsapparats.[22]

Darüber hinaus verfügen die ehemaligen Kämpfer über ein kulturelles und diplomatisches Kapital, das ihnen zusätzliche Vorteile

---

21 Diese Schätzung gibt Sara Roy unter Berufung auf offiziöse amerikanische Quellen in *Economic Deterioration in the Gaza Strip*, in: Middle East Report, Juli–September 1996, S. 37.

22 Ausführlichere Erörterungen zu dieser Frage finden sich in Kapitel 4 meines Buches Gaza, La violence de la paix.

verschafft. Da Rajoub und Dahlan vor 1987 in israelischen Gefängnissen waren, sprechen sie fließend Hebräisch. So können sie sich leicht mit ihren israelischen Kollegen verständigen. Infolge der zahlreichen Treffen sind zwischen einigen von ihnen sogar herzliche und freundschaftliche Beziehungen entstanden. Die Leiter des palästinensischen Militärapparats haben somit Zugang zum israelischen Machtsystem, was für sie persönlich sehr vorteilhaft ist.

Die militärischen Eliten auf beiden Seiten der grünen Linie haben ein gemeinsames Interesse: die Aufrechterhaltung und Vertiefung ihrer Beziehungen stellt für sie eine Möglichkeit dar, ihre Machtposition zu stärken. Man kann durchaus eine Parallele zwischen diesen beiden Ländern ziehen, die durch ein Übergewicht des Militärs gekennzeichnet sind. Durch die Nähe und die engen Beziehungen zwischen Israel und dem im Entstehen begriffenen palästinensischen Staat entsteht ein gewisser Nachahmungsdrang und eine Verstärkung dieser Tendenz auf beiden Seiten. Die zentrale Rolle des militärischen Apparats erscheint vielen Palästinensern als etwas Natürliches, für die der Mossad oder die IDF die eigentlichen Entscheidungsträger sind. Das hat zur Folge, daß die Leiter der palästinensischen Sicherheitsdienste im eigenen Land ebenfalls fordern, in wichtige Entscheidungsprozesse mit einbezogen zu werden. Sie verfügen in ihrem Land auch deswegen über Macht, weil die israelischen Militärs Vertrauen zu manchen ihrer palästinensischen Kollegen haben. Die Stärkung der Stellung der letztgenannten ist ein Grund, warum die Generäle des jüdischen Staates in den israelisch-palästinensischen Beziehungen weiterhin eine wichtige Rolle spielen.

Der jüdische Staat will sich durch undurchlässige Grenzen von den Palästinensern der autonomen Gebiete abschotten. Dieses Projekt muß allerdings dem Ineinandergreifen des israelischen und palästinensischen Raums sowie der Verflechtung der wirtschaftlichen Interessen Rechnung tragen. Es ist eine Ironie der Geschichte, daß das Bestreben des jüdischen Staates, Israelis und Palästinenser voneinander zu trennen, schon fast anachronistisch ist. Es würde sich als sehr schwierig erweisen, diese Trennung im Westjordanland zu verwirklichen, das 6000 Quadratkilometer umfaßt und in dem 1,6 Millionen Palästinenser und 200 000 – über das ganze Land verstreute – jüdische Siedler leben.

Das harte Vorgehen gegen die Al-Aqsa-Intifada erschwert die Erlangung der Souveränität für die Palästinenser. Die israelische Armee kehrt in Gebiete zurück, aus denen sie sich einige Jahre zuvor zurückgezogen hatte. Auch wenn die Frage der politischen Trennung der beiden Gesellschaften nicht mehr auf der Tagesordnung steht, haben das Wiederaufflammen des Konflikts und die dadurch hervorgerufenen Ängste bei vielen Israelis zu der Überzeugung geführt, daß ein Zusammenleben mit den Palästinensern nicht möglich ist. Daher setzt die IDF alles daran, die Palästinenser vom israelischen Boden fernzuhalten. Diese Verschärfung der Sicherheitspolitik hat zwei Ziele: einerseits soll die israelische Bevölkerung vor den Gewalttaten der Palästinenser, insbesondere vor Selbstmordattentaten, geschützt werden, andererseits wollen die Militärs die Revolte in den palästinensischen Gebieten ersticken, indem sie deren Bewohner ökonomisch und psychologisch schwächen.

Kämpfer auf Abruf

Die Al-Aqsa-Intifada 2000–2002

Die israelische Regierung behauptet, die im September 2000 ausgebrochene Intifada sei ein taktischer Schachzug Yassir Arafats, der auf diese Weise versuche, aus der politischen Sackgasse herauszukommen, in die er sich durch die Ablehnung der von Ehud Barak in Camp David zwei Monate zuvor vorgelegten Vorschläge manövriert habe. Ehud Barak machte hinsichtlich des zukünftigen Status Jerusalems sehr weitgehende Vorschläge, blieb aber unnachgiebig in bezug auf das von Arafat geforderte Recht der Flüchtlinge auf Rückkehr. Der israelische Ministerpräsident war zur Rückgabe von 95 Prozent der 1967 besetzten Gebiete bereit und wollte die jüdischen Siedlungen in zwei Gruppen zusammenfassen, was für die territoriale Kontinuität eines palästinensischen Staates sehr von Nachteil gewesen wäre. Die politische Klasse Israels ist heute der Ansicht, daß der PLO-Chef sich nicht für eine Verhandlungslösung entscheiden konnte und lieber auf einen militärischen Sieg setzte, um seine Legitimität und sein Charisma bei den Palästinensern wieder zur Geltung zu bringen. Zwar kann Arafat gelegentlich aus einem Volksaufstand persönlichen Nutzen ziehen, doch diese Einschätzung übersieht die nationalen Bestrebungen der palästinensischen Gesellschaft. Der Ausbruch der Gewalt im September 2000 zeigt, daß das territoriale und politische Kontrollsystem, das Israel den Palästinensern aufzwingen wollte, gescheitert ist und daß die Palästinenser nicht bereit sind, sich ihm zu unterwerfen. Außerdem ist mit der Al-Aqsa-Intifada die Rückkehr der *Shebab* verbunden, die erneut eine Schlüsselrolle spielen wollen. Da die Aufstiegshoffnungen der Aktivisten enttäuscht wurden und sie durch ein Macht- und Verteilungssystem benachteiligt werden, das ihnen nur wenige Vorteile bringt, stellen sie die politische und soziale Ordnung grundsätzlich in Frage. Auch wenn sich die *Shebab* tendenziell der Kontrolle der palästinensischen Autonomiebehörde entziehen, verfügen sie doch nicht über die Trümpfe, die notwendig sind, um ihrer Sache zum Sieg zu verhelfen.

Im übrigen geht der Einsatz von Gewalt nicht unbedingt mit einer unnachgiebigen Haltung gegenüber Israel einher; in gewisser Hinsicht sind die Fatah-Aktivisten pragmatisch eingestellt, was nicht für die Generation der »kleinen Brüder« gilt, an denen sich die tiefe Verunsicherung und die wachsende Radikalisierung einer Bevölkerung zeigt, deren Weg zur Souveränität blockiert ist.

Der Kämpfer und der Künstler

»Natürlich bin ich mit einem palästinensischen Staat einverstanden, der das Westjordanland, den Gazastreifen und Jerusalem umfaßt. Mehr ist nicht drin. Wenn sie uns respektieren, respektieren wir sie, wenn sie mit uns Frieden schließen, schließen wir mit ihnen Frieden. Ich finde richtig, was Gaddafi sagt: Wenn Israel den Palästinensern ihre Rechte gibt, wird es von den arabischen Ländern nicht mehr als Feind betrachtet werden. Wenn die Israelis uns akzeptieren, könnten sie von mir aus an der Spitze der Arabischen Liga stehen.«

Sami, der in seinen Blouson eingemummt ist und am Gürtel einen Revolver und ein Mobiltelefon trägt, lächelt über seinen kühnen Vorschlag hinsichtlich der Einbindung Israels in die arabische Welt. Dieser Fatah-Aktivist, der im Gefängnis saß, von den israelischen Behörden verbannt worden war und nach der Einrichtung der palästinensischen Autonomiebehörde zurückkehren durfte, greift im Oktober 2000 wieder zu den Waffen, um gegen die IDF zu kämpfen. Aus seinen Worten spricht kein Haß, eher die Überzeugung, getäuscht worden zu sein. Seit 1993 haben sich die jüdischen Siedlungen auf den Hängen um Nablus ständig weiter ausgebreitet; Fahrten innerhalb des Westjordanlands sowie Reisen ins Ausland werden weiterhin von Israel kontrolliert. Die Besatzung ist nicht verschwunden, sie durchdringt nach wie vor den Alltag der Palästinenser. Und sie hat sich in den Köpfen festgesetzt. Sami:

»Ich will ein Land, in dem jedes Kind seine Rechte hat. Ich möchte mich frei bewegen und reisen können, so wie andere Menschen auch. Ich will ein Land ohne Krieg und ohne Waffen, wie die Schweiz. Natürlich denke ich dabei in erster Linie an meine Kinder.«

Najy denkt nicht viel anders als sein Jugendfreund. Er hat keine Probleme mit der Existenz Israels, auch wenn er seit dem Ausbruch der Al-Aqsa-Intifada bereit ist, Soldaten der IDF zu töten. Mit Israelis ist er mehr als einmal zusammengetroffen. Zwischen 1985 und 1990 hatte er es mit den Mitarbeitern der Gefängnisverwaltung zu tun, danach hat er an Begegnungen mit Mitgliedern der Arbeitspartei teilgenommen, mit denen er sympathisierte. Najy und Sami dürfen das Westjordanland nicht verlassen, sei es um sich in den Gazastreifen, nach Israel oder ins Ausland zu begeben. Die israelischen Geheimdienste sind der Ansicht, ihre Vergangenheit sei zu belastet, als daß man ihnen gestatten könnte, sich frei zu bewegen. Die *Shebab* beugen sich diesem Diktat jedoch nicht. Najy sagt:

»Ich fahre nach Tel Aviv, wann immer ich möchte. Ich habe keinen Passierschein, aber ich komme auch ohne durch, das ist mir egal. Ich gehe nachts dorthin. Tel Aviv ist schön.«

Najy und Sami haben genügend Einnahmen, um von Zeit zu Zeit mit Freunden in Israel einen draufzumachen. Der schlitzohrige Polizist erzählt, daß sie an einem einzigen Abend mehrere tausend Schekel ausgeben können; sie genießen das Vergnügen, eine Spritztour in eine Stadt zu machen, in der sie sich eigentlich gar nicht aufhalten dürfen. Die grüne Linie überschreiten, ohne erwischt zu werden, noch einmal die mit Untergrundaktivitäten verbundene Angst und Aufregung spüren. Die Aussicht, in die Menge einzutauchen, vorübergehend dem Eingeschlossensein in Nablus zu entrinnen. Und sich das gleiche gönnen wie die Israelis, da die Freuden des Lebens nicht nur für sie da sind. Sami berichtet von einem Nachtclub. Der Eintritt ist sehr teuer, aber alles ist im Preis inbegriffen: ein Essen, Alkohol und Frauen. Najy betrinkt sich gern, will aber von den Frauen dort nichts wissen.

»Ich finde es gut, dorthin zu gehen, aber die Frauen sind nichts für mich. Ich kann mir nicht vorstellen, mit einer Frau zu schlafen, die ich nicht von den Haaren bis zu den Füßen gestreichelt und geküßt habe.«

Aziz kennt Najy, Sami und Bassam seit der Kindheit. Er kann nicht mit Waffen umgehen, seine Hauptbeschäftigung besteht darin, sich zu verlieben und seine künstlerischen Fähigkeiten unter Beweis zu stellen. Auch Aziz kommt aus dem Lager Balata. Als er acht Jahre alt ist, wird sein Vater krank und kann nicht mehr in Israel arbeiten. Seine Mutter nimmt daraufhin eine Stelle als Putzfrau bei einer Familie in Nablus an. Die älteste Tochter kümmert sich um Aziz und die jüngeren Geschwister. Wenn die Kinder nicht zur Schule gehen, arbeiten sie; sie sammeln in den Werkstätten Aluminium und verkaufen es an einen Altmetallhändler. Aziz ist ein ruhiges Kind, er hat nie eine Rauferei mit anderen Kindern, auch nicht, wenn er geschlagen wird. Er erinnert sich, daß seine Mutter ihn zum Betteln mitnahm. An ihrer Hand ging er mit ihr in den bürgerlichen Wohnvierteln von Nablus von Tür zu Tür.

»Für mich bestand die Welt aus Balata. Das nur fünf Minuten entfernte Nablus war eine andere Welt, ich hatte Angst. Eines Tages sind wir in das Haus eines Mannes gegangen, der mir Bonbons gab. Er versuchte, sich an meine Mutter heranzumachen, wir konnten gerade noch rechtzeitig weggehen, und ich habe die Süßigkeiten dort gelassen. Ich hatte das Gefühl, daß das, was wir machten, nicht richtig war, aber ich mußte meine Mutter begleiten. Als ich klein war, betete ich und fragte mich, warum wir so ein Leben führten. Als ich mit meiner Mutter darüber sprechen wollte, sagte sie, ich sollte still sein. Einmal schickte sie mich los, um zum Frühstück eine Portion Foul[1] zu kaufen. Ich ging zu dem Kaufmann, einem dicken Mann, der eine feuchte Aussprache hatte. Ich sagte zu ihm, meine Mutter würde abends das Geld bringen. Er sagte zu mir: kein Geld, kein Foul. Als ich nach Hause kam, fing meine Mutter an zu weinen.«

Aziz weiß nicht, ob der dicke Kaufmann unsensibel war oder ob er ihm helfen wollte. Er hat aus diesem Vorfall jedenfalls den Schluß gezogen, daß man nicht auf Kosten anderer leben kann. Wenn er heute ein armes Kind sieht, gibt er ihm kein Geld und bemitleidet es auch nicht. Als er ein kleiner Junge war, konnte er das Mitleid der Erwachsenen nur schwer ertragen. »Man sagt, der Grund für die Armut sei die Besatzung, aber das stimmt nicht«, fügt er hinzu. Aziz geht nicht mehr in die Moschee, er hat den Glauben verloren.

Als Israel 1982 in den Libanon einmarschiert, wird Aziz in der *Shabiba* aktiv. Zusammen mit Bassam gründet er im Lager eine Gruppe. 1986, als er 16 Jahre alt ist, muß er für zwei Jahre ins Gefängnis. Von den Fatah-Mitgliedern angeleitet, lernt er und nimmt an den politischen Diskussionen und sportlichen Aktivitäten teil. In seiner freien Zeit liest er Gedichte oder beschäftigt sich mit Geschichte; manchmal weint er auch. Seine Entlassung aus dem Gefängnis fällt mit dem Beginn der Intifada zusammen. Er ist vorsichtig, er will nicht noch einmal festgenommen werden. Als eine

1 Ein Gericht aus gekochten dicken Bohnen.

Sondereinheit, die den politischen und militärischen Aktivitäten von Bassams Gruppe[2] ein Ende setzen will und Khaled mitten im Flüchtlingslager Balata erschießt, erlebt Aziz die ganze Szene mit:

»Ich stand gegen eine Wand gelehnt und diskutierte mit jemandem, da sah ich, wie die Sondereinheit näher kam. Einer der Soldaten hat Khaled zuerst ins Bein geschossen. Ich sah, wie die Kugel in seine Hose eindrang. Ich versuchte, mich in den Verwundeten hineinzufühlen. Dann haben sie noch einmal geschossen, und ich fragte mich, wie die Seele den Körper verlassen konnte. Ich sah zu, ohne etwas zu sagen: die Schüsse, die schreienden Leute. Sie haben ihn umgebracht, einfach so, kaltblütig, so wie man ein Insekt vernichtet. Ich dem Augenblick habe ich begriffen, daß die Israelis überzeugt waren, daß Palästina ihnen gehörte, so wie wir überzeugt waren, daß es uns gehörte.«

Aziz geht nach Hause und schreibt ein Gedicht.

Er bringt einer Gruppe von Mädchen die *Dabka* bei. Eines Tages wirft die israelische Armee eine Tränengasgranate in den Saal, in dem sie üben. Zwei Schülerinnen fallen in Ohnmacht. »Das war für mich die erste künstlerische Tätigkeit, und der Besatzer hinderte mich daran, meine Arbeit gut zu machen. Ich habe begriffen, daß ich mit der Kunst gegen die Besatzungsmacht kämpfen konnte«, sagt Aziz. Nachdem es ihm nicht gelungen ist, ein Stipendium für ein Studium im Ausland zu bekommen, schreibt er sich 1993 an der Universität Nablus im Fach Kunstgeschichte ein.

Aziz erhält eine Arbeitserlaubnis für Israel, wo er als Näher in einer Fabrik arbeitet. Mit seinen israelischen Kollegen versteht er sich gut, niemand spricht über Politik. Dennoch meint er, mitunter Haß zwischen Juden und Arabern zu spüren. Eine marokkanische Jüdin schließt ihn ins Herz, weil er sie an ihren Sohn in Marokko erinnert. Sie bringt ihm Essen mit und macht ihm Geschenke.

»Das hatte nichts mit Politik zu tun. Das war rein menschlich, eine natürliche Sympathie. Wenn sie politische Absichten verfolgt hätte, wenn es ihr darum gegangen wäre, daß die Israelis einen guten Eindruck auf die Palästinenser machen, hätte ich mich nie auf diese Freundschaft eingelassen.«

In der Fabrik verliebt er sich in die junge Israelin Sofia, die bereits eine Beziehung mit einem Kollegen hat. Aziz, der sich mit einer pla-

---

2 Siehe S. 13–27.

tonischen Liebe begnügen muß, geht bei jeder passenden Gelegenheit aufmerksam und liebevoll mit ihr um. Als er sich von ihr verabschieden muß, weint er. Aber nicht vor ihr.

Seit der Einführung der palästinensischen Autonomie versucht Aziz recht und schlecht von seinen künstlerischen Fähigkeiten zu leben. Er gründet eine Theatergruppe, schreibt Stücke, lehrt Kinder aus dem Lager Balata das Theaterspielen und bringt ihnen die *Dabka* bei. Am kulturellen Austausch mit Israel beteiligt er sich nicht. Ihm wird vorgeschlagen, ein Stück über die Geschichte einer Freundschaft zwischen Israelis und Palästinensern aufzuführen. Dieser Auftrag wäre gut bezahlt worden, aber Aziz glaubt, daß die Israelis dabei nur ihr eigenes politisches Interesse im Auge haben:

»Wenn sie wirklich unsere Rechte anerkennen wollen, dann sollen sie unser Land verlassen! Sie sollen dahin zurückkehren, von wo sie gekommen sind.«

Aziz würde gerne in das Dorf seines Großvaters in der Nähe von Jaffa zurückkehren. Das Haus und die Apfelbäume gibt es noch. »Wenn ich das Land von 1948 betrete, schlägt mein Herz schneller, dort hat die Luft etwas Besonderes«, erzählt er. Es gab sogar eine Zeit, in der Aziz daran dachte, eine in Israel lebende Palästinenserin zu heiraten, um dort zu leben, das Haus seiner Familie zurückzukaufen oder einfach nur in dem Dorf zu wohnen. Schließlich hat er diesen seiner Ansicht nach zu individualistischen Plan fallengelassen. Der Künstler möchte eines Tages heiraten, aber nicht die Frau, die er liebt, denn sie ist bereits Ehefrau und Mutter. Er wünscht sich eine gebildete Frau, damit sie ihre Kinder gut erzieht. Zwei oder höchstens drei. Aziz möchte lieber Mädchen haben, »denn sie brauchen ihren Vater mehr, sie sind anhänglicher«. Außerdem hat er Angst, daß seine Söhne ums Leben kommen.

»In gewisser Weise begrüße ich die Besatzung, denn durch sie haben wir den Wert unseres Vaterlands schätzengelernt, sie hat uns dazu gebracht, unser Volk zu lieben. Bassam, Najy und Sami haben sich für den bewaffneten Weg entschieden. Ich habe einen anderen Weg gewählt«, erklärt er. Als seine Freunde 2001 gegen die israelische Armee kämpfen, hält er ihren Kampf für vergeblich. Der Dichter glaubt an die Wirksamkeit von Selbstmordattentaten.

Liebe und Politik

Sami bewohnt ein Zimmer im Erdgeschoß des elterlichen Hauses. Das baufällige Haus hat sich verändert. Jedes Jahr wurde ein neues Stockwerk gebaut, um dort einen frisch verheirateten Bruder unterzubringen. Sami wünscht sich ein Haus außerhalb des Lagers, außerhalb der Stadt, auf einem Hügel weit draußen auf dem Land, um darin mit Iman zu leben. Er liebt sie seit langem und hätte sich fast umsonst um sie bemüht. Er hätte ihr schon längst einen Heiratsantrag machen sollen, doch der Oktober 2000 hatte ihn erneut gezwungen, seine persönlichen Gefühle zurückzustellen; es war, als würde der Kampf gegen Israel einen Strich durch sein ganzes Leben ziehen.

Iman ist die jüngste Tochter einer in der Fatah aktiven Familie. Für ein Mädchen aus dem Lager ist sie liberal erzogen worden. Ihr Vater verzärtelte sein letztes Kind, weil es gesundheitliche Probleme hatte. Er brachte sie dazu, sich nicht nach anderen Leuten zu richten, sondern ihren eigenen Weg zu gehen. Er kaufte ihr ein Fahrrad, obwohl dieses Vergnügen den Jungen vorbehalten war.[3] Er ermutigte sie, zu lernen, rational zu denken und nichts auf abergläubische Überzeugungen zu geben. Während der Intifada zeigte er ihr, daß das Wissen, das jemand erworben hat, der erste Trumpf ist, den man dem Feind gegenüber ausspielen konnte. Er sagte ihr, je besser sie in der Schule sei, desto wirksamer sei ihr politisches Engagement. Iman war eine gute Schülerin, auf dem Gymnasium wurde sie zur Vorsitzenden der *Shabiba* gewählt. Sie nahm an Demonstrationen teil. Einmal wurde sie von Gummigeschossen an den Beinen getroffen und konnte mehrere Tage nicht gehen. Ihre Abiturprüfung fand am Ende der Intifada statt. Während einer Prüfung drangen maskierte *Shebab* in den Raum ein und schrieben die Antworten an die Tafel: dahinter stand die Idee, die Abiturienten von einer Prüfung zu befreien, die ihnen in dieser unruhigen Zeit der Besatzung und Revolution abverlangt wurde. Die Prüfung wurde für ungültig erklärt. Im drauffolgenden Jahr beschloß sie, als die Abiturprüfung noch

---

3 Es wird befürchtet, daß das Radfahren das Hymen der Mädchen beschädigt.

einmal zu machen, aber ein Besuch bei ihrem Bruder im Ausland brachte sie endgültig von ihrem Plan ab. Heute arbeitet sie als Sekretärin in der öffentlichen Verwaltung.

Mit ihren 27 Jahren ist sie immer noch unverheiratet, und sie fragt sich, ob sie es nicht bleiben wird. Dabei hat Iman mehrere Heiratsanträge bekommen. Rami, ihr erster Verehrer, ist ein Nachbar und einige Jahre älter als sie. Als Iman noch klein war, hatte sie Angst vor ihm; später hat er ihr einfach nicht gefallen. Dieser Nachbar kam regelmäßig in Begleitung seiner Mutter, um um ihre Hand anzuhalten; Iman lehnte seinen Antrag jedesmal ab. Iman war mit den Schwestern ihres Verehrers befreundet. Als sie einmal bei ihnen war, las Rami die Haare auf, die sich an dem Kissen befanden, auf das Iman ihren Kopf gelegt hatte. Sie bemerkte es und hielt es für eine abwegige Form der Verehrung. Doch Rami war, wie sich herausstellte, nicht der geduldige Liebende mit einem Hang zum Fetischismus. Er hatte die Haare der von ihm geliebten halsstarrigen jungen Frau genommen, um sie zu verhexen. Er vermischte die Haare mit einer schmutzigen Flüssigkeit, schüttete sie in ein Glas und legte einen Zettel dazu, auf dem geschrieben stand, Iman möge nie einen Ehemann finden, dann stellte er das Glas in eine Mauerspalte ihres Hauses. Die ersten Auswirkungen des Zaubers zeigten sich, als Iman dem hartnäckigen Nachbarn unüberlegt das Jawort gab. Sehr schnell nahm sie es zurück, aber niemand in der Familie konnte sich diesen plötzlichen Sinneswandel erklären. Ihre ältere Schwester rät ihr, einen Samaritaner[4] aufzusuchen, um sich von dem Zauber zu befreien, doch Iman handelt im Sinne dessen, was ihr Vater sie gelehrt hat, und weigert sich, an Magie zu glauben. Angesichts ihrer ungewissen Zukunft und ihrer Ängste sagt sie lediglich, daß sie kein »Glück« hat.

Als Sami in Jordanien war, machte sein Bruder Iman einen Heiratsantrag. So wie andere *Shebab* aus dem Lager Balata und aus an-

---

4 Die Samaritaner spalteten sich im 6. Jahrhundert v. u. Z. vom Judentum ab. Heute sind sie eine Gemeinschaft von etwa 350 Personen, die im Tal al-Tur, einige Kilometer von Nablus entfernt, lebt. Im palästinensischen Legislativrat werden sie durch einen Abgeordneten vertreten. Bei ihnen kann man Alkohol bekommen. Man spricht ihnen die Fähigkeit zu, jemanden zu verhexen oder von einem Zauber zu befreien.

deren Orten. Iman entschied sich schließlich für einen jungen Mann, den sie nicht kannte, nämlich den Bruder ihrer besten Freundin, die in Amerika lebt. Die beiden unterschrieben vor dem Imam einen Heiratsvertrag, und die Familien veranstalteten ein kleines Fest, wohl wissend, daß die beiden erst nach vollzogener Trauung ein richtiges Paar sein würden. Der Verlobte kehrt in die Vereinigten Staaten zurück, während Iman vergeblich versucht, ein Visum zu bekommen. Der zukünftige Ehemann schlägt ihr vor, den Rechtsweg zu umgehen und sich etwas anderes einfallen zu lassen. Diese Idee mißfällt Iman; solange sie sich illegal in den Vereinigten Staaten aufhält, wird sie ihre Familie nicht besuchen können. Außerdem erscheint ihr dieses große ferne Land wenig verlockend. Sie würde sogar lieber weiter im Lager wohnen. Trotz der Einwände ihrer Familie nimmt Iman ihr Eheversprechen zurück. Das bedeutet eine Scheidung, weil ein Heiratsvertrag unterschrieben wurde. Ihr ältester Bruder und gesetzmäßiger Vormund geht mit ihr zum Richter.

Iman liebt Sami, aber sie befürchtet, daß ihre Familie etwas gegen ihre Verbindung hat. Sami arbeitet nicht, führt ein unstetes Leben und setzt dieses immer noch aufs Spiel. Sami weiß, daß er an seine Zukunft denken müßte, aber wegen der neuen Intifada fällt es ihm noch schwerer, sein Leben in geregelte Bahnen zu lenken.

Warum sollte man heute erneut sein Leben riskieren? Vielleicht, weil Sami, Najy und Bassam nicht anders können. Da sie einen Untergrundkampf geführt und Gewalt am eigenen Leib erfahren haben, wurden sie durch diese Gewalt geprägt. Und da sie diese Erfahrung in jungen Jahren machten, fällt es ihnen um so schwerer, eine andere Rolle zu übernehmen. Sami beispielsweise übt keinen Beruf aus, und sein Gefühlsleben ist noch nicht gefestigt. Er erklärt: »Ich bin 30 Jahre alt, und wegen der israelischen Besatzung habe ich kein Haus und konnte nicht heiraten.« An Geld fehlt es Sami trotzdem nicht. Seine Unfähigkeit, ein geregeltes Leben zu führen, ist eher auf eine psychische Blockade zurückzuführen. Er kann sich nicht vorstellen, sich seinem Privatleben zu widmen, solange Israel in den palästinensischen Gebieten noch präsent ist. Nun greift die Besatzung zwar auf vielfältige Weise in das Leben der Palästinenser ein, aber sie verhindert keine Eheschließung – zumindest dann nicht, wenn dafür kein Grenzübertritt erforderlich ist. Wenn Sami noch nicht verheiratet ist, liegt das entweder daran, daß er meint, nicht gleichzeitig den Feind bekämpfen und eine Familie gründen zu können, oder daran, daß er glaubt, er dürfe das Leben nicht genießen, solange die israelische Besatzung andauert. Es fällt ihm schwer, sein eigenes Schicksal als ein individuelles zu begreifen, es von dem seines Landes und von der von ihm verfochtenen Sache abzukoppeln.

Viele junge Leute sind der Auffassung, das kollektive politische Scheitern müsse sich im Mißlingen des eigenen Lebens niederschlagen. Auf diese Weise können sie sich von der Verantwortung für ihren eigenen Mißerfolg freisprechen und in der Besatzungsmacht die Ursache des persönlichen Mißgeschicks sehen. Ihrer Ansicht nach durchdringt die israelische Militärherrschaft, die die Souveränität der Palästinenser begrenzt, alle Lebensbereiche, auch die intimsten. Diese Wahrnehmung führt bei manchen jungen Palästinensern zu einer resignativen Einstellung, es scheint, als würden sie darauf verzichten, ihr Leben selbst zu gestalten.

Um dieser vermeintlich zwangsläufigen Entwicklung zu entrinnen, gibt es die Möglichkeit, ins Ausland zu gehen. Das bedeutet, daß eine eigene glückliche Zukunft nur vorstellbar ist, wenn man sich von seinem sozialen Milieu und seinem Land abwendet. Die Äußerungen Fouads – ein Freund der Gruppe – geben diese Einstellung sehr gut wieder.

»Ich kann nur Streit anfangen und schießen. Etwas anderes kann ich nicht. Ich möchte in die Vereinigten Staaten gehen und nie wieder einen Fuß in dieses Land setzen. Dort werde ich normal arbeiten.«

Fouad sagt damit, daß er nichts zustande bringt, solange er sich in Nablus befindet, daß er nur die Wahl hat, ein Kämpfer und ein kleiner Ganove zu sein. Er stellt sich vor, daß er woanders, außerhalb seiner vertrauten Umgebung, ein »normales« Leben führen und die mit einer regelmäßigen Arbeit verbundenen Mühen auf sich nehmen kann. Seine Zukunftsaussichten schätzt er so ein: Entweder gelingt es ihm, wegzugehen, oder er stirbt während dieser Intifada. Er hat genug Geld, um in ein anderes Land zu gehen und dort in ein Geschäft zu investieren. In den USA hat er Freunde, die ihm helfen können. Seiner Ansicht nach ist das eine einfache Sache, auch wenn er nicht ein Wort Englisch spricht und nichts anderes kann, als »schießen und Probleme machen«. In Amerika wird alles anders sein. Das Problem ist die Ausreiseerlaubnis aus dem Westjordanland, das ihm die Israelis wegen seiner Rolle als militanter Aktivist nicht geben werden.

Fouad, Sami und Najy, die gezwungen sind, in ihrem begrenzten geographischen Raum zu bleiben, haben nur dann das Gefühl zu leben, wenn sie Gebrauch von ihrer Waffe machen. Für sie ist es enorm schwierig, eine andere Form der Selbstbestätigung zu finden.

Najy hat vor einigen Jahren beschlossen, die sich ihm bietende Gelegenheit zur Auswanderung nicht zu ergreifen. Er hatte eine junge Kanadierin kennengelernt. Obwohl er keine drei Worte Englisch konnte und sie nur wenige Grundkenntnisse des Arabischen hatte, zogen sie zusammen. Nach einigen Monaten schlug sie ihm vor, mit ihr in ihr Land zu gehen. Sie habe eine Wohnung in Kanada und könne sich um ihn kümmern. Najy zögerte, wohl wissend, daß das sein ganzes Leben umkrempeln konnte. Als er das Flugticket hatte, beschloß er, wegzugehen, dann änderte er seine Meinung. Ihn beschlich die Ahnung, daß er in diesem fernen Land nichts Nützliches würde tun können. »Ich habe noch nie gearbeitet, ich kann nichts.« Seine Angst vor dem Unbekannten zeigt, daß der Wunsch wegzugehen zwar da ist, daß aber auch die starke Befürchtung besteht, man könnte seinen Halt verlieren. Für manche jungen Leute ist das Dilemma unlösbar: hier können sie nicht leben, und woanders – vorausgesetzt, daß sie alle Hindernisse überwinden und dorthin gelangen – sind sie von Entwurzelung bedroht.

Als die Intifada im Herbst 2000 ausbricht, verbringt Najy nicht mehr jede Nacht bei seiner Frau. Daß er jetzt wieder das Leben eines Untergrundkämpfers führt, bedeutet, daß er weniger zu Hause ist. Mehrmals sah es so aus, als würde Leila ihn verlassen und zu ihrer Familie zurückkehren, doch bis heute ist sie jedesmal zurückgekommen. Obwohl er seine Frau und seine Töchter liebt und gut für sie sorgt, klagt er manchmal darüber, daß er die Rolle als Ehemann und Vater nicht richtig wahrnehmen kann. »Es wäre besser für sie, wenn ich ihnen Geld hinterlasse und sterbe«, sagt er ab und zu. Der Tod ist ein denkbarer Ausweg, der etwaige Preis für den Kampf, eine Möglichkeit, der Angst und der Enttäuschung zu entfliehen.

Bassam fällt es anscheinend leichter, wieder ein eigenes Leben zu führen und sich auf eine Zukunft vorzubereiten, die nichts mehr mit Krieg zu tun hat. Durch sein Soziologiestudium und seinen Wunsch, im sozialen Bereich zu arbeiten, schafft Bassam die Voraussetzungen für eine echte Wende in seinem Leben. Er ist etwas älter als seine Freunde und wurde von den Israelis nicht so brutal behandelt. Diesem praktizierenden Muslim gibt sein religiöses Engagement zweifellos mehr Möglichkeiten, sein Leben zu strukturieren. Doch aus Solidarität gegenüber seiner Gruppe und aus Überzeugung schließt er sich wieder seinen Kampfgefährten an.

Die Rolle des Kämpfers, die diese Männer nicht abstreifen können, wird ihnen auch von außen, insbesondere von der israelischen Armee aufgezwungen, die sie *a priori* als gefährliche Aktivisten betrachtet. Da sie wissen oder ahnen, daß sie Gefahr laufen, verhaftet oder sogar getötet zu werden, sind sie der Ansicht, daß sie, wenn sie schon ihr Leben riskieren, es im Kampf riskieren sollten. Die IDF fördert die Mobilisierung der *Shebab*, indem sie von vornherein hart gegen die Palästinenser vorgeht. So wiederholt sich ein Phänomen, das es schon bei der ersten Intifada gab: der Weg in den Untergrund ist mit der Bewaffnung verbunden. Als die Aktivisten Ende der achtziger Jahre erfahren, daß ihre Festnahme bevorsteht, bilden sie bewaffnete Gruppen und leben nur noch in Verstecken.

Ali ist ein Freund von Najy, den er Anfang der neunziger Jahre im Gefängnis kennengelernt hat. Ali wohnt in einem Flüchtlingslager in der Nähe von Ramallah. Während der ersten Intifada wurde sein Bruder von israelischen Kugeln getötet und das Haus seiner Familie zerstört, als die IDF ihn suchte; er wurde dreimal verwundet. Als Anführer einer 1988 gebildeten bewaffneten Gruppe wurde er verhaftet und zwei Jahre später zu lebenslanger Haft verurteilt. Nach seiner Freilassung im Jahre 1999 bekam er eine Stelle in dem für die Gefangenen zuständigen Ministerium. Als treues Mitglied der Fatah unterstützte Ali die Abkommen von Oslo, weil er glaubte, sie führten zur Gründung eines palästinensischen Staates und zur Beilegung des Konflikts mit Israel. Heute stellt er fest, daß diese Strategie gescheitert ist, und kritisiert die palästinensische Führung wegen schlechter Amtsführung und Korruption. Er ist der Meinung, daß die *Shebab* des Aufstands von 1987 hereingelegt wurden, da ihre politischen Forderungen nicht erfüllt und ihre persönlichen Verdienste nicht anerkannt wurden:

»Wie bei mir zum Beispiel, ich habe 15 Jahre meines Lebens im Gefängnis verbracht, und heute sitze ich mit drei anderen in einem kleinen Büro. Ich verdiene monatlich 1500 Schekel [ungefähr 300 Euro].«

Warum will er trotz dieser bitteren Bilanz den Kampf wiederaufnehmen? Man merkt bei Ali, daß er weder den Wunsch nach Revanche gegenüber einem System hat, von dem er sich benachteiligt fühlt, noch eine Strategie verfolgt, die darauf abzielt, durch die Teilnahme an dem Kampf seinen Status zu verbessern. Er erklärt:

»Man opfert sich auf und schindet sich ab. Dabei erwarte ich wirklich nicht, daß ich morgen Minister werde. Ich weiß, daß ich weiterhin wie eine Ratte in Ramallah in der Falle sitzen werde, während sie [die Mitglieder der palästinensischen Autonomiebehörde] so viel reisen können, wie sie wollen. Aber was für mich zählt, ist vor allem der Sieg über die Israelis. Die Kämpfer opfern sich immer und riskieren ihr Leben. Unser Leben ist immer in Gefahr, ob wir am Kampf teilnehmen oder nicht. Letzte Woche wurde eine Frau angeschossen, als sie mit ihren Kindern auf dem Heimweg war. Auch ich kann von einer Kugel getroffen werden oder mich dort aufhalten, wo eine Bombe hochgeht. Dann ist es schon besser, man kämpft. Jedenfalls werde ich seit dem Ausbruch der Intifada von den Israelis gesucht.«

Ali mag durchaus überzeugt sein, daß die Intifada berechtigt ist, aber es zeigt sich auch, daß der bewaffnete Kampf Teil seines Lebens, seiner Persönlichkeit ist. Die Rolle des Widerstandskämpfers, der bereit ist, für das Vaterland zu sterben, ist die einzige, die er kennt. Ein weiterer Auslöser ist der Druck der israelischen Armee: da Ali um die Unsicherheit seiner Existenz weiß, ist er bereit, zusätzliche Risiken auf sich zu nehmen.

Manchen jungen Leuten gibt ein neuer Aufstand gegen Israel die Möglichkeit, wieder das zu tun, was sie können, und sich in der Gesellschaft eine Stellung zu erobern. Auch wenn sie in den palästinensischen Verwaltungsapparat eingebunden sind, können sie sich an den Rand gedrängt fühlen. Manchen von ihnen, wie Najy und Sami, fällt es schwer, ihren Platz in einer friedlichen zivilen Ordnung zu finden. Aber die unvollständige Sozialisation dieser jungen Männer ist nicht der einzige Grund für ihre Unzufriedenheit. Die Art und Weise, wie die palästinensische Regierung seit der Einführung der Autonomie vorgegangen ist, hat bei einem Teil der *Shebab* der Intifada das Gefühl hervorgerufen, ungerecht behandelt worden zu sein. Da die meisten von ihnen nur untergeordnete Stellen im Verwaltungsapparat innehatten, waren ihnen die meisten der materiellen Vorteile, die normalerweise mit dem Besitz der Macht verbunden sind, verwehrt. Aufgrund ihrer persönlichen Stellung in der neuen politischen Ordnung streben sie folglich nach Veränderung. Außerdem sind sie der Ansicht, daß der von ihren politischen Führern unterstützte Friedensprozeß seine Versprechen nicht gehalten hat und daß die Verhandlungsführer den inakzeptablen Forderungen der Israelis nachgegeben haben. Daher ist der Aufstand ihrer Ansicht nach notwendig, um mit einer Politik der Unterwerfung und der Kompromisse Schluß zu machen. Die palästinensische Autonomiebehörde ist auf dem falschen Weg und verfügt nicht über die Mittel, sich gegenüber dem jüdischen Staat zu behaupten. Die Mobilisierung des Volkes muß diese Schwächen ausgleichen. Najy erklärt:

»Ich war für das Abkommen, ich dachte, es würde zu einem Staat führen, aber das ist wie bei Antoine Lahad.[5] Derjenige, der auf die Israelis schießen will, wird festgenommen. Dagegen bin ich, und deswegen habe ich den Präventiven Sicherheitsdienst verlassen. Abu Ammar ist von Leuten umgeben, die ihn unter Druck setzen.«

Von der Kritik an der Regierung ist Yassir Arafat im allgemeinen ausgenommen. Die *Shebab* der Fatah sind ihrem Führer gegenüber weiterhin loyal, und nur wenige stellen ihn in Frage. Für die von ihm begangenen Fehler machen sie seine Umgebung oder den Druck ausländischer Mächte verantwortlich. Diese Bindung an die Person Arafat und die Hartnäckigkeit, mit der versucht wird, ihn aus der Schußlinie zu bringen, zeugen von dem Wunsch, sich einige Gewißheiten zu erhalten. Die Enttäuschung über das Scheitern des nationalen Projekts und das politische Personal ist ohnehin sehr groß. Die Kritik richtet sich auch gegen die Führer der PLO, die das palästinensische Volk repräsentieren und etliche Jahrzehnte im Exil verbracht haben; sie werden heute mehr als Nutznießer denn als Patrioten wahrgenommen. Die Tatsache, daß viele *Shebab* den Exilpalästinensern und Mitgliedern der Autonomiebehörde gegenüber feindselig eingestellt sind, zeigt, daß tiefe Risse durch die palästinensische Gesellschaft gehen. An der Reaktion Samis wird deutlich, daß diese Apparatschiks der PLO für sie eine Gruppe darstellen, die nicht mehr würdig ist, zur palästinensischen Nation zu gehören:

---

5 Antoine Lahad war der Anführer einer libanesischen Miliz, einer Art Hilfstruppe Israels im Südlibanon. Ehud Barak faßte den Entschluß, dieses besetzte Gebiet zu räumen. Jetzt ist nur noch Syrien im Libanon präsent.

»Als sie im Ausland waren, hielt man sie für gute Leute. In Wirklichkeit sind sie hierhergekommen, um Geschäfte zu machen, um Geld zu verdienen. Sie sind nicht wie wir, sie sind Individualisten. Sie wissen, daß das nicht von langer Dauer sein wird, daher machen sie im Ausland Geschäfte und investieren dort, sie werden von hier weggehen.«

Die Intifada und unterschiedliche Standpunkte

Diejenigen, die eine positive Erinnerung an die erste Intifada haben, wollen durch einen neuen Aufstand erreichen, daß sich die palästinensische Gesellschaft vereint hinter die nationalen Ziele stellt. Doch die Zusammenstöße, die ab September 2000 zunehmen, ähneln kaum der Bewegung des zivilen Ungehorsams, die sich Ende der achtziger Jahre in den palästinensischen Gebieten ausgebreitet hatte. Sehr schnell zeigen sich in der Bevölkerung unterschiedliche Standpunkte und Interessen. Wie im Dezember 1987 ist der Auslöser für die Al-Aqsa-Intifada die Wut der Bevölkerung über ein Vorgehen der Israelis, das von den Palästinensern als Provokation betrachtet wird. Junge Leute werfen Steine auf israelische Militärlager, und überall in den palästinensischen Gebieten kommt es zunehmend zu Auseinandersetzungen zwischen Israelis und Palästinensern. Während der ersten Intifada griffen politische Organisationen die spontane Wut auf und kanalisierten sie zu einer Kampfbewegung. Die Ausarbeitung einer politischen Linie sowie die Formulierung von Zielen und Aktionsformen ermöglichten es, ihr eine längerfristige Perspektive zu geben und große Teile der Bevölkerung zu mobilisieren. Im Jahr 2000 bilden wütende und verzweifelte Jugendliche, die bereit sind, ihre Steine gegen Kugeln einzutauschen, Gruppen, die zwar bewaffnet sind, aber unkoordiniert vorgehen und nicht schlagkräftig sind. Die Kraftprobe besteht im wesentlichen in Zusammenstößen zwischen Soldaten, deren Ausrüstung auf dem neuesten Stand der Technik ist, und *Shebab*, die mit M 16 und Granaten bewaffnet sind. Auch wenn die Kämpfer jetzt über leichte Waffen verfügen, ist ihr Handlungsspielraum begrenzt. Da ist zunächst die Tatsache, daß sie keine richtige Guerillataktik entwickeln können, weil die Gebiete der Palästinenser geographische Enklaven bilden und ihre Städte und Dörfer von der israelischen Armee belagert werden. Außerdem haben sie keine Entscheidungsfreiheit, da es eine nationale Führung gibt; die politischen Führer der Bewegung sind von den Entscheidungen und Anordnungen Yassir Arafats abhängig. Und schließlich untergräbt die von Israel praktizierte Repression die Widerstandskraft der palästinensischen Gesellschaft.

In den ersten Wochen der Intifada 2000 kommen Najy und Sami zu dem Schluß, daß die Zeit der Zerstreuungen und des Lebensgenusses vorbei ist. Sie setzen in Nablus zwei Verkaufsstellen für alkoholische Getränke in Brand und verzichten auch selbst auf Alkohol. Die ganze Bevölkerung soll sich mit ihrer Aktion solidarisieren. Angesichts der »Märtyrer«, die ums Leben kommen, soll die Nation zusammenstehen und auf Vergnügungen aller Art verzichten. Die Restaurants von Nablus verlieren schnell ihre Kunden. Die Tische bleiben nicht unbesetzt, weil es den Menschen an Geld fehlt, sondern weil die wohlhabenden Familien wissen, daß es ratsam ist, zu Hause zu bleiben.

In manchen Wohnvierteln ist auch das Innere von Häusern und Wohnungen kein sicherer Ort mehr: ein Teil der städtischen Bevölkerung ist von den Schüssen sowohl der *Shebab* als auch der israelischen Armee bedroht und macht ihrem Unmut bald Luft. Im April 2001 wird dem Gouverneur der Region Nablus eine Petition vorgelegt. Die Unterzeichner fordern, daß die bewaffneten Aktivisten ihre Operationen nicht mehr von der Stadt aus organisieren. Das Anliegen dieser Familien wird von der palästinensischen Regierung unterstützt, die das Schießen in den Gebieten der Zone A untersagt, über die sie die zivile und militärische Kontrolle hat.

Vom militärtaktischen Standpunkt aus sind die Schüsse auf israelische Militärposten völlig unwirksam, und im ersten Jahr der Intifada kommen die *Shebab* nicht an die gut verschanzten Soldaten heran, die zudem durch Helme und kugelsichere Westen geschützt sind. Diese Art von Kleinkrieg ist unproduktiv und ermöglicht es der israelischen Armee, ihre Präsenz und die von ihr praktizierte Repression zu rechtfertigen.

Manche Veteranen der ersten Intifada – darunter einige aus dem Umfeld der *Shebab* von Balata – stehen den Aktionen der Kämpfer kritisch gegenüber. Anouar, seit den achtziger Jahren ein Mitglied der Fatah, wurde 1990 aus den palästinensischen Gebieten vertrieben und hat die Zeit des Exils genutzt, um sich mit Soziologie und

Demographie zu befassen. Er stammt aus dem Flüchtlingslager und arbeitet jetzt in Ramallah, wo er ein Jugendzentrum leitet. Obwohl er mit den Kämpfern immer noch freundschaftlich verbunden ist, sind seiner Einschätzung nach andere Aktionsformen gefragt:

»Das, was heute geschieht, ist für mich keine Intifada. Wenn die Israelis morgen den Belagerungszustand aufheben, wird es keine Intifada mehr geben. Es gibt weder eine vereinigte Führung noch ein Programm noch eine Koordination zwischen den verschiedenen politischen Kräften. Die Intifada von 1987 war ein umfassendes System, das unser Leben prägte. Und das Ziel der Bewegung war klar. Heute weiß niemand, was eigentlich gefordert wird. Ich bin nicht für den militärischen Kampf. Die Israelis suchen diese Form der Auseinandersetzung, aber wir haben dafür nicht die erforderlichen Mittel. Das Beste ist, wenn wir an uns selbst arbeiten, wenn wir die Korruption beenden und unsere Institutionen aufbauen. Wenn wir ein Parlament hätten, das tatsächlich funktioniert, eine starke Demokratie, dann wären wir Israel gewachsen.«

Für Najy ist es die Einstellung der einflußreichen Familien, die sich hinderlich auf die Intifada auswirkt. Seiner Ansicht nach sind die Notabeln daran interessiert, den Frieden aufrechtzuerhalten, damit sie ungestört ihren Geschäften nachgehen können. Sie haben nichts zu gewinnen, wenn die Feindseligkeiten wieder ausbrechen und die *Shebab* erneut eine wichtige Rolle spielen:

»Sie sind gegen die Intifada, weil sie Geld haben und nach Tel Aviv fahren können. Es gibt nicht einen einzigen Sohn dieser Familien, der an der Intifada teilnimmt. Man hat auch nie erlebt, daß einer im Gefängnis war. Ghassan Shakas Sohn ist seit dem Beginn der Intifada in den Vereinigten Staaten.«

Najy irrt sich zumindest in einem Punkt: Anfang 2001 wurde der Sohn von General Mahmud al-Aloul, Mitglied einer einflußreichen Familie in Nablus und Gouverneur der Stadt, bei einer Demonstration schwer verwundet. Aufgrund des diplomatischen Verhaltens des Gouverneurs nahm dieses Drama eine ungewöhnliche Wendung: ein Helikopter der IDF brachte das Kind in ein israelisches Krankenhaus. Doch trotz der vom Feind geleisteten Hilfe konnte das Leben des Sohns von al-Aloul nicht gerettet werden.

Auch in den Zeiten schwerer Zusammenstöße werden die Kontakte zwischen den palästinensischen Verantwortlichen und ihren israelischen Kollegen aufrechterhalten. Auf lokaler Ebene stehen der Gouverneur und der Bürgermeister mit dem für die nördliche Region des Westjordanlands verantwortlichen Kommandeur in Verbindung. Diese Kontakte können zwar auch für persönliche Belange genutzt werden, haben aber im wesentlichen die Funktion, die Spannung abzubauen. Die Regierungsvertreter, die von den Notabeln der Stadt gestellt werden, bleiben auch weiterhin mit den *Shebab* im Gespräch.

So vereinbaren Ghassan Shaka und Mahmud al-Aloul zu Beginn der neuen Intifada ein Treffen mit Najy, Sami und Bassam; diese sollen darauf verzichten, die IDF von der Stadt aus anzugreifen. Najy schildert das Treffen:

»Sie haben uns zu sich eingeladen. Ghassan Shaka hat zu mir gesagt: Du weißt, daß ich Angst vor dir habe, weil du erst handelst und dann nachdenkst. Ich habe zu ihm gesagt, daß das stimmt. Ich habe hinzugefügt, daß ich gerne bereit wäre, zu warten, bis er mir den Befehl zum Schießen gibt, daß ich aber wüßte, daß er ihn mir nie geben würde.«

Bassam, Sami und Najy stellen die Angriffe auf die israelische Armee zwar ein, aber das Abkommen bleibt eine unsichere Sache: Ob sie die Angriffe auf die IDF wiederaufnehmen, hängt ganz davon ab, wie sie die Situation vor Ort einschätzen und wie sich ihr Verhältnis zu den Notabeln der Stadt entwickelt.

Im Dezember 2000 beschließt die Polizei in Nablus, die in Israel gestohlenen Autos zu beschlagnahmen und zu verbrennen. Als offizieller Grund wird angegeben, daß die jungen Männer, die von dem Handel mit gestohlenen Autos profitieren und selbst mit gestohlenen Autos fahren, Verkehrsrowdies sind. In Wirklichkeit soll der Handlungsspielraum der *Shebab* durch die Einschränkung ihrer Mobilität begrenzt werden. Das Auto von Najy geht in Rauch auf, Sami verkauft seins, bevor es beschlagnahmt werden kann. Najy scheidet aus dem Polizeidienst aus, nimmt ihn aber einige Monate später wieder auf; so erreicht er, daß er ein kleines, in Israel gestohlenes Auto behalten kann, das er in den Farben eines Polizeiautos lackieren läßt. Dann schlagen die Sicherheitsdienste erneut zu: Najy soll verhaftet werden, aber dafür will keine Stelle des militärischen Apparats die Verantwortung übernehmen. »Sollen sie nur kommen, mal sehen, was dann passiert!« sagt der Held der Universität al-Najah großspurig. »Nach Balata können sie jedenfalls nicht kommen.« Würde die Regierung in dieser Richtung aktiv, würde sie Empörung bei den einfachen Schichten der Bevölkerung auslösen und die Bewohner des Lagers auf die Barrikaden treiben. Unterdessen macht

Najy seine Arbeit, geht in das Büro des Polizeichefs und macht es sich in dessen Sessel bequem. In gewisser Hinsicht hat sich das Verhältnis zwischen Vorgesetztem und Untergebenem umgekehrt. Der Leiter des Dienstes gibt indirekt zu, daß das Verhältnis zu den *Shebab* zwischen Angst und Kontrolle schwankt. So versucht er, die Kämpfer mit Zuckerbrot und Peitsche dazu zu bringen, ihre Aktionen zu begrenzen. Zwar beschlagnahmt er ihre gestohlenen Autos, aber dafür wird der Waffenhandel (auch die Waffen kommen größtenteils aus Israel) nicht geahndet.

Für Najy und Sami ist der Waffenhandel eine nicht unwichtige Einnahmequelle. Sie versorgen sich selbst mit Waffen und nutzen ihre Beziehungen, um auch andere Gruppen zu beliefern.

Zwar stellt die Intifada für die *Shebab* eine Gelegenheit dar, die Macht und den Status wiederzuerlangen, die sie in den Jahren zuvor verloren hatten, aber es ist keineswegs sicher, daß sie die Kraftprobe in ihrer eigenen Gesellschaft gewinnen. Die Schlinge zieht sich enger um sie zusammen.

Yassir Arafat, der sich für Verhandlungen entschieden hat, mit den israelischen Forderungen konfrontiert ist und von der internationalen Gemeinschaft unter Druck gesetzt wird, kann sich nicht an die Spitze des Kampfes gegen Israel stellen. Seine politische Rolle verhindert die Bildung einer vereinigten Führung nach dem Vorbild der ersten Intifada. Der palästinensischen Autonomiebehörde ist die Wahrung ihres internationalen Ansehens wichtiger als die Unterstützung der *Shebab*. Sie ist dem politischen und militärischen Druck der Vereinigten Staaten und Israels ausgesetzt, was sie in eine schwierige Situation gegenüber ihrer Bevölkerung bringt. Der nationale Kampf der Palästinenser war wesentlich wirksamer, als sich die PLO im Ausland befand.

Die IDF betreibt eine Politik der systematischen Liquidierung von palästinensischen Aktivisten. Im Juni holt Fouad Waffen, die er im nördlichen Teil des Westjordanlands gekauft hat; in dem Auto, mit dem er fährt, wurde eine versteckte Sprengladung angebracht. Die Explosion tötet den Fahrer auf der Stelle, Fouad wird verletzt. Einige Wochen später entgeht Najy einem ähnlichen Attentat; er überrascht einige Personen, die sich an seinem Auto zu schaffen machen. Im Herbst explodiert eine Bombe im Büro Jamal Mansours, der in Nablus an der Spitze der islamistischen Bewegung steht. Sie tötet sechs Personen, vier Mitglieder der Hamas und zwei palästinensische Journalisten, die sich zu der Zeit in dem Büro befinden. Als Vergeltung für die Gewalttaten der Palästinenser bombardiert die IDF die Gebäude verschiedener Sicherheitsdienste.

Trotz der gespannten Atmosphäre rät Najy seinem Freund Sami, seine Liebesbeziehung zu »legalisieren« und um die Hand Imans anzuhalten. Sami ist einverstanden und sucht in Begleitung von Bassam und Najy die Brüder Imans auf, die in Balata wohnen. Diese erheben keine Einwände, und wenn es die Situation erlaubt, wird die Hochzeit im Sommer gefeiert. Doch im August 2001, als Sami, Najy und einige andere *Shebab* durch die engen Gassen der Altstadt von Nablus schlendern, wird die Gruppe von einer Rakete getroffen. Kinder, die sich dort gerade aufhalten, werden leicht verletzt. Iman hatte wohl recht, als sie sagte, sie habe kein Glück. Najy wird an einem Bein verletzt, Sami am Kopf. Trotz der Bemühungen eines Arztes aus Jerusalem stirbt er an den Folgen seiner Verletzungen.

Die Lage der *Shebab* wird immer schwieriger. Einmal mehr gibt es tiefgreifende Meinungsverschiedenheiten zwischen der palästinensischen Autonomiebehörde und den Aktivisten der Intifada. Im Dezember 2001 hält Yassir Arafat anläßlich des *Aïd*, des Festes, das am Ende des Fastenmonats Ramadan stattfindet, eine Rede, über die Najy und Bassam bestürzt sind. Yassir Arafat geht anscheinend auf die Forderungen der Israelis und Amerikaner ein, indem er dazu aufruft, die Gewalttätigkeiten einzustellen. Wieder geraten die *Shebab* von Balata mit den palästinensischen Sicherheitsdiensten aneinander, die die Aktivisten hinter Gitter bringen wollen. Dennoch wird ein Kompromiß gefunden: Bassam wird unter Hausarrest gestellt. Najy versteckt sich, weil er Angst hat, zur Zielscheibe der IDF zu werden oder den palästinensischen Sicherheitsdiensten in die Hände zu fallen. Im Dezember 2001 kommt er Gott näher: er wird praktizierender Muslim und betet fünfmal am Tag.

Die »kleinen Brüder«

Die *Shebab* der ersten Intifada, die hohes Ansehen genießen, sind der Auffassung, daß die nachfolgende Generation nur wenig politisiert und kaum bereit ist, den Kampf gegen Israel aufzunehmen. Sie erklären den fehlenden Kampfgeist der jungen Leute damit, daß sie in der Schule zuwenig gelernt und keine politische Schulung erhalten haben. Sami sagte über diese »kleinen Brüder«:

»Sie wissen nur wenig über Palästina und die Nation. Sie sind nicht regelmäßig in die Grundschule gegangen, weil es während der Intifada Ausgangssperren gab.«

Trotzdem nehmen die Älteren an, daß die jungen Leute um die Zwanzig privilegiert sind, weil sie ihre Jugend in der Zeit der palästinensischen Autonomie verbrachten. Sie weisen auf den Handel mit gestohlenen Autos und den Drogenkonsum hin, die ihrer Ansicht nach eine Versuchung für die jungen Leute darstellen, sowie auf den Besuch von Restaurants und Diskotheken und die Spritztouren nach Israel, die es ihnen ermöglichen, verbotene Vergnügungen zu genießen.

Diese Beschreibung der jungen Generation ist ein indirekter Vergleich, der auf ihre eigene Erfahrung verweist und ihr politisches Engagement aufwertet. Die Älteren legen Wert darauf, ihre Verdienste im Kampf gegen Israel hervorzuheben und die Gruppe zusammenzuhalten, der sie angehören. Die *Shebab* der ersten Intifada geben ihr Wissen kaum an die Jüngeren weiter, da sie für andere militante Aktionen vorgesehen sind. Sami sagt dazu:

»Sie nehmen nicht an den militärischen Operationen teil, dafür sind sie zu jung. Sie nehmen an den Demonstrationen teil.«

Dennoch träumt ein Teil dieser Jugendlichen davon, zu kämpfen und Heldentaten zu vollbringen. Mansour wohnt im Lager Balata, er kennt und bewundert Sami, Najy und Bassam. Dieser Achtzehnjährige arbeitet bereits seit vier Jahren, um seine sieben Geschwister zu ernähren; so ersetzt er den Vater, der in Israel arbeitet und krank geworden ist. Er hat auch ein wenig Erfahrung im Umgang mit Waffen, da er seit einigen Monaten beim Präventiven Sicherheitsdienst arbeitet. Er sagt:

»Ich habe versucht, mich den *Shebab* anzuschließen, die auf die Israelis schießen, aber sie wollen mich nicht, ich weiß nicht, warum. Dabei kann ich mit Waffen umgehen. Vielleicht haben sie Angst vor neuen Leuten, weil die Gefahr besteht, daß sich Kollaborateure einschleichen. Ich weiß es nicht. Allein habe ich jedenfalls keine Möglichkeit, eine Gruppe auf die Beine zu stellen.«

Auch wenn die jungen Männer heute früher anfangen, israelische Autos zu stehlen und die verbotenen Wege zu erkunden, sind ihre kriminellen Taten entgegen einer weitverbreiteten Meinung nicht für diese Generation kennzeichnend. Die Propagierung von Regelverletzungen am Ende der neunziger Jahre spiegelt vielmehr eine allgemeine Entwicklung der Gesellschaft wider: Das Ende der Intifada und die Erlangung einer gewissen nationalen Souveränität zogen in den palästinensischen Gebieten eine Liberalisierung der Lebensgewohnheiten nach sich. Da der Kampf nicht mehr an erster Stelle steht, sind Vergnügungen und Zerstreuungen möglich geworden, auf die die ganze Bevölkerung während der ersten Intifada verzichtet hatte. Der Handel mit israelischen Autos hat insbesondere deswegen zugenommen, weil die autonomen Gebiete für die israelische Bevölkerung und Armee weniger zugänglich geworden sind. Bei diesem illegalen Handel sind die jungen Leute um die Zwanzig vor allem Handlanger, die für ältere »Chefs« arbeiten.

Ihre angeblich laxe Moral paßt kaum zu dem Puritanismus dieser Generation, die durch die strengen Moralvorstellungen der Intifada geprägt wurde: im Gazastreifen sind es 1994 die Jungen von 12 Jahren, die Steine auf nichtverschleierte Frauen werfen, die sich in die einfachen Wohnviertel wagen.

Die Reaktionen Youssefs, der in Balata wohnt, sind weniger heftig, aber ebenfalls aufschlußreich. Der schüchterne achtzehnjährige Gymnasiast weigert sich, Frauen die Hand zu geben, kann ihnen nicht in die Augen sehen. Youssef ist ein frommer Muslim und ein gehorsamer Sohn, der die Grundsätze respektiert, die seine Mutter ihn gelehrt hat. Da er keinen Vater und acht Geschwister hat, hat er gelernt, Verantwortung zu übernehmen. Er arbeitet in den Schulferien in einer Möbelfabrik – außer in diesem Jahr, weil er das Abitur macht. Er ist der erste Mann der Familie, der studieren wird; sein Vater ist nie zur Schule gegangen, und sein älterer Bruder hat nicht das Gymnasium besucht. Youssef ist der Hoffnungsträger der Familie. Seine Mutter möchte, daß er Arzt wird, und setzt darauf, daß er seinen sechs Schwestern hilft. Youssef möchte im Ausland Medizin studieren und die Laufbahn einschlagen, die seine Mutter von ihm erwartet. Er ist ein ernster junger Mann, der nicht lächelt, als er vom Fußball spricht. Einmal hat er geträumt, daß er bei der Weltmeisterschaft mitspielt, heute spielt er im Fußballclub von Balata, der vor Beginn der Al-Aqsa-Intifada Spiele mit den Mannschaften anderer Städte organisierte. Zuletzt spielte sein Club gegen einen Verein in

Hebron im Süden des Westjordanlands. Die Reise dorthin dauerte mehrere Stunden; der Bus mit den Spielern wurde von den Soldaten der IDF angehalten, und alle wurden durchsucht.

Die Jugendlichen sind zu einem Leben in einer engen Welt verurteilt. Die meisten von ihnen haben das Westjordanland oder den Gazastreifen noch nie verlassen. Diejenigen, die in den einfachen Stadtvierteln und in den Flüchtlingslagern wohnen, identifizieren sich stark mit dem Ort, an dem sich der größte Teil ihres Lebens abspielt. Im Gegensatz zu ihren älteren Brüdern hatten sie keinen Kontakt mit der Gesellschaft des Feindes. Sie sind zu jung, um eine Arbeitserlaubnis für Israel zu erhalten, und nur sehr wenige haben die israelischen Gefängnisse kennengelernt.[6] Die fehlenden Kenntnisse über den anderen sind für sie kein Grund zur Mäßigung.

Mäßigung wird ihnen auch von den politischen Organisationen nicht beigebracht, denn ein großer Teil dieser jungen Leute ist politisch nicht gebunden. Während die Aktivisten der ersten Intifada politischen Organisationen angehörten, wird Ende der neunziger Jahre von den 15- bis 20jährigen nicht verlangt, daß sie am nationalen Kampf teilnehmen, so daß sie auch nicht dem damit verbundenen sozialen Druck ausgesetzt sind. Im übrigen unternehmen die politischen Bewegungen nur wenig, um neue Aktivisten zu rekrutieren. Die Linksparteien müssen seit einigen Jahren einen Bedeutungsverlust hinnehmen, und die verfolgte Hamas ist kaum in der Lage, neue Mitglieder zu gewinnen. Und die palästinensische Autonomiebehörde legt keinen Wert darauf, daß sich die Fatah als unabhängige politische Kraft profiliert.

---

6 Diese Analyse muß insofern modifiziert werden, als die Zahl der Verhaftungen von palästinensischen Minderjährigen seit der Al-Aqsa-Intifada zugenommen hat. In einem Artikel in *Ha'aretz*, der linksgerichteten israelischen Tageszeitung (die Übersetzung des Artikels erschien in der Ausgabe des *Courrier international* vom 17. Mai 2001), wird festgestellt, daß 350 Palästinenser im Alter zwischen 12 und 18 Jahren in den ersten sieben Monaten der Al-Aqsa-Intifada ins Gefängnis kamen. Sie wurden wegen des Werfens von Steinen zu mehreren Monaten Haft verurteilt und hatten in den israelischen Gefängnissen unter der Grausamkeit der Erwachsenen zu leiden. Seit dem Beginn der Intifada wurde das Besuchsrecht für Familienmitglieder aufgehoben.

Somit hat die Einführung der Autonomie den Gewißheiten den Boden entzogen und die Positionen erschüttert, an denen sich die Bevölkerung orientierte. Der Kampf gegen die Besatzung hatte zur Herausbildung einer stabilen politischen Identität geführt; ein einige Jahre währender unsicherer Frieden hat es der jungen Generation nicht erlaubt, eine vergleichbar festgefügte Identität zu entwickeln. Der von der palästinensischen Autonomiebehörde eingeschlagene Weg hat in der Gesellschaft zu Differenzen und schmerzhaften Konflikten geführt, und alle Palästinenser werden durch das Ende der Einmütigkeit und Geschlossenheit verunsichert, die während der ersten Intifada vorherrschend zu sein schienen. Die jungen Leute sind noch stärker desorientiert, und der Ausbruch eines neuen Aufstands gegen Israel bringt ihnen keine politische Klarheit. Die jungen Palästinenser lehnen die in der Gesellschaft entstandenen Spaltungen ab, die sie als sehr negativ empfinden. Werden sie älter, halten sie die politischen Kämpfe häufig für unproduktiv und kritisieren die Politiker wegen ihrer Unfähigkeit, einen Konsens herzustellen. Diese Einschätzung wird noch dadurch verstärkt, daß die Regierung eine ambivalente Haltung gegenüber den Aktivisten einnimmt. Die Jugendlichen prangern zwar das Unvermögen der Autonomiebehörde an, ihre eigene Bevölkerung zu schützen, ziehen aber nicht in Zweifel, daß sie für die nationale Sache eintritt. Youssef sagt:

»Was können unsere Sicherheitsdienste schon tun, wenn die Israelis unser Land beschlagnahmen? Einen Bericht schreiben? Eine Entschädigung zahlen? Und wenn sie unsere Bäume fällen, um ihre Siedlungen zu vergrößern! Ich glaube, daß die Autonomiebehörde immer schwächer werden wird und daß sich vielleicht sogar das Volk gegen sie wenden wird. Denn in unseren Städten, in der Zone A, werden Bomben abgeworfen, wird geschossen.«

Eine Oberschülerin aus Balata sagt über die Mitglieder der palästinensischen Regierung:

»Ich glaube, daß manche mit der israelischen Armee zusammenarbeiten und daß andere Patrioten sind, so wie die Söhne unseres Volkes.«

Ob Oberschüler oder kleine Angestellte, sie alle formulieren politische Forderungen, indem sie sich eine Führung wünschen, die in der Lage ist, die in der Gesellschaft entstandenen Spaltungen zu überwinden und eine richtige Strategie auszuarbeiten. Youssef sagt, er hoffe, daß »politische Persönlichkeiten imstande sein werden, die

Einheit wiederherzustellen, und daß sie militärische Übungen und politische Schulungen organisieren werden, damit man weiß, was man tun soll«, denn der Krieg der Steine »ist sinnlos«. Die meisten sind der Auffassung, daß es keine politische Kraft gibt, die diese Rolle heute spielen könnte. So wie die übrige Gesellschaft – deren Vergrößerungsspiegel[7] sie ist – hat die Jugend die Orientierung verloren, was darauf zurückzuführen ist, daß bei den palästinensischen Nationalisten kein klarer Kurs erkennbar ist und daß die Regierung schwerwiegende Fehler gemacht hat. Die Idealisierung einer heldenhaften Vergangenheit, die als eine Periode des Zusammenhalts und der Solidarität gesehen wird, trägt noch mehr zur Verunsicherung bei.

Obwohl die 15- bis 20jährigen das eigene System kritisieren, das Begünstigte und Benachteiligte hervorbringt, vertreten sie einen radikalen Nationalismus und stehen dem jüdischen Staat sehr feindselig gegenüber. Ein großer Teil von ihnen glaubt, Israel müsse von der Landkarte verschwinden. Die Enkel der Flüchtlinge sprechen von ihrem Recht, in ihre Dörfer zurückzukehren. Diese kompromißlose politische Einstellung geht häufig mit einer sehr negativen Meinung von den israelischen Bürgern einher, die als materialistisch, grausam und rassistisch beschrieben werden. Hilft man ein bißchen nach, faßt Youssef seinen Standpunkt so zusammen:

»Ich bin überzeugt, daß es Juden gibt, die gute Menschen sind, aber ich habe noch nie so einen getroffen. Auf jeden Fall schützt der Islam die Christen und die Juden.«

Bei welcher Gelegenheit hätte Youssef die Erfahrung machen können, daß die Israelis Menschen wie alle anderen sind? Er erinnert sich, wie erschrocken er war, als die Soldaten bei der ersten Intifada die Häuser durchsuchten und brutal gegen die *Shebab* vorgingen. Und er erinnert sich, daß er während der Ausgangssperren nicht Fußball spielen konnte. Bei den großen Demonstrationen, die im März 2001 in Nablus stattfanden, mußte er mit ansehen, wie einer seiner Kameraden von den Kugeln der israelischen Armee getroffen wurde:

---

7 Nach dem Ausdruck von Anne Muxel, die über das Verhältnis zwischen Jugend und Politik in Frankreich gearbeitet hat.

»Ich war ganz in der Nähe, er ist auf mich gefallen, sein Blut hat mich bespritzt, und sein Gehirn hat sich auf dem Boden verteilt.«

Die Älteren sind manchmal vom Radikalismus der »kleinen Brüder« überrascht, der durch mehrere Faktoren bedingt ist. Der erste ist mangelnde Erfahrung: für die jungen Leute zwischen 15 und 20 ist das politische Engagement häufig etwas, hinter dem sie mit ihrer ganzen Person stehen; Ideale bestimmen ihre Zielsetzungen und Diskurse. Die Unerfahrenheit und das Eingeschlossensein in einen engen sozialen Raum tragen dazu bei, daß diese jungen Leute keine pragmatischen Positionen entwickeln. Paradoxerweise bringt die direkte Konfrontation mit Israel den Menschen die konkrete Realität näher, nämlich die Existenz eines jüdischen Nachbarstaats, mit dem man sich eines Tages wird arrangieren müssen. Hinzu kommt, daß die heutige Generation den Einsatz massiver Gewalt erlebt. Die von Israel praktizierte Repression in Form von Bombardierungen, Demütigungen und Schüssen auf Demonstranten, die entweder unbewaffnet sind oder leichte Waffen haben, ist nicht dazu angetan, gemäßigte Einstellungen hervorzubringen. Viele dieser Jugendlichen sind bereits mit dem Tod in Berührung gekommen. Und schließlich ist der Einfluß der islamistischen Ideologie deutlich erkennbar, was sogar auf die Söhne von Familien zutrifft, die die Fatah unterstützen. Sie enthält die Forderung nach Rückeroberung des ganzen Mandatsgebiets von Palästina, wo die Juden als geduldete religiöse Minderheit in einem islamischen Staat leben dürften. Durch sie wird der »Märtyrer« in der Vorstellungswelt der Jugendlichen wieder zu einem Vorbild. Der Wunsch nach der während der ersten Intifada herrschenden Einmütigkeit trifft sich mit der islamistischen Interpretation des Konflikts. Die Verschmelzung dieser beiden Dimensionen wird deutlich, wenn Jugendliche mit einem Stein in der Hand gegen die israelischen Panzer vorgehen, bereit, ihr Leben zu riskieren, ohne das ihres Gegners in Gefahr zu bringen. Die heroische Geste soll den Mythos der Intifada wiederaufleben lassen, während der in Kauf genommene Tod Märtyrertum bedeutet. Es ist die mit dem Gefühl der Ohnmacht verbundene Wut, die zu diesen sinnlosen Aktionen führt: Derjenige, der Steine auf einen Soldaten wirft, der einen Helm und eine kugelsichere Weste trägt und mit einem Maschinengewehr ausgerüstet ist, bringt nur das eigene Leben in Gefahr. Bei diesem ungleichen Kräftemessen sind schon mehrere hundert palästinensische Kinder und Jugendliche ums Leben gekommen.[8] Diese Gleichgültigkeit gegenüber dem Tod erklärt sich auch dadurch, daß es schwer ist, einen eigenen Lebensplan zu entwickeln und sich eine Zukunft vorzustellen, da diese nach allen Seiten hin blockiert zu sein scheint.

Fragt man in Balata die »kleinen Brüder«, was sie in ihrem Leben erreichen möchten, antworten etliche, sie wollten »Märtyrer« sein, ohne näher darauf einzugehen, ob ihre Aktion dem Feind Schaden zufügt. In dieser Haltung kommt die Orientierungslosigkeit einer Generation – und damit einer Gesellschaft – zum Ausdruck, die nicht weiß, mit welchen Mitteln sie Israel bekämpfen kann.

Mansour wurde bei einer Demonstration in Nablus am Bein verletzt. Er sagt: »Ich nehme daran teil, sooft ich Gelegenheit habe. Ich werfe Steine. Die Israelis können mich auch töten, wenn ich auf der Straße gehe.« Mansour hofft, eines Tages als »Märtyrer« zu fallen. Auf eine andere Zukunft setzen? Das kommt für ihn nicht in Frage: »Ich weiß nicht, wie ich mir meine Zukunft vorstellen soll, solange Palästina nicht befreit ist, und daran glaube ich nicht.« Mansour muß seine Phantasie sehr anstrengen, um seine Wünsche zu formulieren:

»Wenn es einen richtigen palästinensischen Staat gäbe, würde ich gerne wieder zum Militär gehen und studieren. Entweder Informatik oder Chemie, wie Yahya Ayasch[9]. Ich möchte in Kfar Qassem, im Dorf meiner Eltern, wohnen. Unser Haus gibt es noch. Wenn das nicht möglich ist, bleibe ich in

8 Die nichtstaatliche Organisation Defense for Children International hat festgestellt, daß im Jahr 2000 105 palästinensische Minderjährige getötet wurden. Ein Drittel von ihnen durch einen Kopfschuß, ein anderes Drittel durch Schüsse in die Brust, die anderen starben an den Folgen ihrer Verletzungen. Vgl. Courrier international, 17.–22. Mai 2001, S. 58.

9 Yahya Ayasch, der »Ingenieur«, gilt als der Gründer des bewaffneten Flügels der Hamas. Da Israel ihn als den Drahtzieher mehrerer Attentate auf dem Boden des jüdischen Staates ansah, wurde er von den israelischen Sicherheitsdiensten umgebracht, die im Dezember 1995 eine Sprengladung in seinem Mobiltelefon versteckten. Zu seiner Beisetzung erschien eine eindrucksvolle Menschenmenge. Seine Ermordung beendete den Waffenstillstand, den die Hamas einige Monate lang eingehalten hatte. Eine Zelle der Hamas übte schreckliche Vergeltung: im Februar und März 1996 wurde Israel von fünf Attentaten erschüttert.

Balata. Ich möchte reisen, den Turm in Paris sehen. Aber ich will in meinem Land leben. Palästina soll ein islamischer Staat sein, in dem es gerecht zugeht. Eine Demokratie wie in Israel.«

Sterben oder studieren. Sterben oder im Land der Vorfahren leben. Angesichts der Zwänge, die die Besatzung mit sich bringt und die es fast unmöglich machen, eigene soziale, wirtschaftliche und persönliche Pläne zu verwirklichen, schwanken die jungen Leute zwischen der Unmöglichkeit zu leben und dem Traum, das Exil der Ihren zu beenden. Es erscheint ihnen notwendig, die Zahl der Selbstmordattentate zu erhöhen, um Palästina zu befreien; die Attentäter, die sich wie »Kamikaze«-Kämpfer in israelischen Städten mit ihrer Bombe selbst in die Luft sprengen, gehören der Altersgruppe der 18- bis 24jährigen an.

Mansour unterstützt die Hamas nicht, meint aber, ihre Operationen seien das einzige Mittel, um das Kräfteverhältnis zwischen den beiden Parteien zu verändern. Youssef teilt diese Ansicht weitgehend. Er wäre bereit, zur Waffe zu greifen, aber in der derzeitigen Situation hält er dies nicht für nötig. Die Selbstmordattentäter sind die einzigen Kämpfer, die etwas erreichen.

Die Selbstmordattentate, die wahllos gegen israelische Zivilisten verübt werden, rufen im Westen Empörung und Unverständnis hervor. Da diese Art von Terror als ein absolut unzulässiges Mittel im politischen Kampf betrachtet wird, werden diese Gewalttaten auch von palästinensischen Intellektuellen kritisiert. Abgesehen von der moralischen Verurteilung, wundert sich die Öffentlichkeit über ein Vorgehen, das als völlig irrational empfunden wird: junge Menschen sind bereit, zu menschlichen Bomben zu werden. Manche glauben, die Attentäter seien Opfer von zynischen politischen Führern und Manipulateuren, die es mit perfiden Methoden schaffen, aus Menschen Tötungsmaschinen zu machen. Andere sind der Meinung, daß das Selbstmordattentat das letzte Mittel ist, durch das arme Palästinenser ohne Zukunftsperspektive ihre Verzweiflung zum Ausdruck bringen. Diese Sichtweisen vereinfachen die Dinge zu sehr und berücksichtigen nicht die politischen, sozialen und psychologischen Mechanismen, die diesen Aktionen zugrunde liegen, sowie den Umfang des Phänomens, das sich ständig wiederholt und immer neue Anhänger gewinnt. Die Attentate zu erklären bedeutet nicht, sie zu rechtfertigen; es geht darum, die Logik zu erkennen, die hinter dem Abgleiten in radikale Gewalt steht.

Die Attentäter behaupten, durch ihre Tat würde sich das strukturelle Ungleichgewicht zwischen der israelischen Armee und den palästinensischen Kämpfern verringern, ja sogar umkehren. Sie wollen die Unfähigkeit dieser Kämpfer, die es ihrer Meinung nach nicht verstehen, legitime Gewalt anzuwenden, ausgleichen, indem sie auf eine radikale Kampfform setzen. Die Vorbereitung eines Anschlags erfordert nur geringe materielle Mittel und einen kleinen Kreis von Menschen. Notwendig sind Sachkenntnis und ein gewisser Einfallsreichtum, um der Aufmerksamkeit der israelischen Soldaten und Polizisten zu entgehen, außerdem bedarf es einer sorgfältigen Planung, an der in der Regel nur wenige Menschen beteiligt sind. Das Gelingen des Anschlags hängt im wesentlichen von der Entschlossenheit des Attentäters und seiner technischen und psychologischen Fähigkeit ab, das Unternehmen in allen Einzelheiten zu organisieren: Er muß den Sprengstoff besorgen, die grüne Linie überschreiten, sich so verhalten, daß er nicht das Mißtrauen der Israelis auf sich zieht, und den richtigen Zeitpunkt und Ort wählen, um den Sprengsatz zu zünden. Diese Art von Terror bringt den palästinensischen Kämpfern etwas, das sie durch die klassische Guerillastrategie nie erreicht hätten: einen erheblichen Verlust an Menschenleben und eine tiefgreifende psychologische Wirkung auf den Gegner. Der Terrorakt zielt hauptsächlich darauf ab, den anderen zu destabilisieren.

Die islamistische Rhetorik erklärt die Verletzbarkeit der israelischen Gesellschaft damit, daß ihre Mitglieder Angst vor dem Tod haben. Es soll gezeigt werden, daß es keine Waffengleichheit zwischen den hervorragend ausgerüsteten israelischen Soldaten und den Palästinensern gibt. Die Befürworter des *Jihad* wollen ihre Unterlegenheit in bezug auf die materielle Ausstattung dadurch wettmachen, daß sie die Schwachstelle der Israelis ausnutzen, die ihrer Ansicht nach darin besteht, daß sie zu sehr am Leben hängen. Sie glauben, daß ihre Opferbereitschaft ihnen moralische Überlegenheit über die Bürger des israelischen Staates verleiht. Den Kampf gegen Israel mit dem eigenen Leben zu bezahlen ist etwas, das die militanten Palästinenser (seien sie islamistisch eingestellt oder nicht) mit einem gewissen Fatalismus hinnehmen. Diese Einstellung basiert auf der Verinnerlichung der für ihre Lage charakteristischen Unterlegenheit und auf einer pragmatischen Einschätzung des von ihnen eingegangenen Risikos. Diese Position läßt sich außerdem durch eine traditionelle Auffassung von der Gesellschaft untermauern, die besagt, daß die Interessen der Gemeinschaft Vorrang vor denen des einzelnen haben. Für die Attentäter und ihr Umfeld ist Israel eine hedonistische, materialistische Gesellschaft, die sich weit von moralischen und religiösen Werten entfernt hat. Die radikalen Aktivisten wollen Angst und Schrecken unter den Israelis verbreiten, indem sie ihnen den Tod bringen. Sie hoffen, daß die Angst die israelische Regierung dazu bringen wird, nachzugeben und/oder daß ein Teil der Bevölkerung das Land verläßt. Das Kalkül ist, die Israelis durch die Ausnutzung ihrer Schwächen zu terrorisieren.

Zu den Motivationen der Selbstmordattentäter gehören auch Rachegelüste und der Wille, auf der Seite des Gegners möglichst viele Menschen zu töten. Die meisten Attentate werden als Vergeltung für das Verschwinden von palästinensischen Zivilisten im Laufe der Operationen der IDF in den palästinensischen Gebieten oder als Reaktion auf die Liquidierung hochgestellter militärischer und politischer Persönlichkeiten dargestellt. Was wiederum dazu führt, daß die israelischen Behörden nach Selbstmordattentaten Vergeltung üben, indem sie versuchen, »die Terroristennester« zu zerschlagen.

Der Einsatz terroristischer Gewalt macht deutlich, daß es nicht viele Möglichkeiten gibt, gegen die israelische Besatzung zu kämpfen, und daß die palästinensische Gesellschaft nicht in der Lage ist, neue Aktionsformen zu finden. Die jungen Leute und die gesamte Bevölkerung sind der Auffassung, daß sie nicht effektiv handeln können, woraus ein Gefühl der Nutzlosigkeit erwächst. Obwohl der Kampf gegen den jüdischen Staat grundsätzlich bejaht wird, zweifelt die palästinensische Gesellschaft an der Wirksamkeit der von den *Shebab* angewandten Methoden. Paradoxerweise hat die reale und sehr stark empfundene Unterlegenheit gegenüber Israel dazu geführt, daß manche auf die totale Gewalt setzen. Was die individuelle Ebene betrifft, so stellen die jungen Leute fest, daß sie keine Zukunftsvorstellungen entwickeln und ihr Leben nicht so gestalten können, wie sie möchten. Ein Studium oder einen Beruf zu planen, ist schwierig wegen der insgesamt unsicheren Lage; hinzu kommen finanzielle Probleme und die Einschränkungen in bezug auf die Bewegungsfreiheit innerhalb der palästinensischen Gebiete und Auslandsreisen. Die Tatsache, daß es schwer ist, sich persönlich zu verwirklichen, wirkt sich auch auf die Bereitschaft aus, sich emotional zu binden, zu heiraten und eine Familie zu gründen. Die Repression der Israelis greift nicht nur konkret in den Alltag der Menschen im Westjordanland und im Gazastreifen ein, sondern hat eine noch tiefergehende Wirkung: Die Besatzung prägt das Denken der Palästinenser. Die *Shebab* sprechen häufig davon, daß sie ihr Leben nicht selbst bestimmen können. Der eigene Tod, der der Gesellschaft des Feindes einen schweren Schlag versetzen soll, macht es paradoxerweise möglich, wieder die Kontrolle über das eigene Leben zu gewinnen und den Gegner die verheerenden Auswirkungen dieser Tat spüren zu lassen. Man befreit sich von der eigenen Ohnmacht und der der Gemeinschaft, indem man den Weg des »heldenhaften Märtyrers« wählt. Die vorhersehbaren Auswirkungen des Selbstmordattentats in bezug auf den Verlust von Menschenleben, die erwartete psychologische Wirkung und das mit Sicherheit hohe posthume Ansehen sind ebenfalls Spuren, die der Attentäter hinterläßt.

Für die Islamisten der Hamas und des Islamischen Jihad hat die Verübung eines Attentats eine religiöse Dimension; einer solchen Tat liegen die Überzeugung, eine Pflicht zu erfüllen, und die Aussicht auf ein glückliches Leben im Jenseits zugrunde. In diesem Fall sind die ideologische Schulung und die Einbindung in ein militantes Netzwerk von entscheidender Bedeutung. Die Führer der islamistischen Bewegungen legen großen Wert darauf, daß die Kandidaten in religiösen Fragen gefestigt sind. Der Selbstmordattentäter bekommt nur dann konkrete Handlungsanweisungen, wenn sein Glaube und seine Moral so weit fortgeschritten sind, daß er seinen Auftrag erfüllen kann. Ein von einem Selbstmordattentäter und Hamas-Mitglied unterzeichnetes Kommuniqué enthält eine religiöse Begründung der Tat:

»Die Begegnung mit Gott ist besser und kostbarer als dieses Leben. Ich schwöre, bei Gott, daß das Paradies, das größer ist als die Himmel der Erde, woanders ist, denn heute ist das Leben nichts weiter als Zerstreuung und Ablenkung und die Jagd nach Geld ... Ein Unternehmen des Jihad, das von einem Kämpfer durchgeführt wird, dessen Herz voller Glaube und Liebe für sein Vaterland ist, erschreckt die Anmaßenden und stört ihr Gleichgewicht.«[10]

---

10 Ein von Hisham Ismail Hamed am 11. November 1994 unterzeichnetes Kommuniqué, das im Gazastreifen verteilt wurde.

Nach der Unterzeichnung der Friedensabkommen mit Israel im Jahre 1993 haben die palästinensischen Islamisten zum *Jihad* aufgerufen und die Verhandlungsführer als Verräter bezeichnet. Da die Hamas die palästinensische Autonomiebehörde für unfähig hält, ihre Bürger vor den israelischen Geheimdiensten zu schützen und das nationale Projekt zu verwirklichen, behauptet sie, sie stehe für die Erfüllung der islamischen Pflicht und die Vaterlandsliebe. Nach dem Beginn der Al-Aqsa-Intifada verübten die Islamisten erneut Selbstmordattentate.

Zu einem Umschwung kommt es Anfang des Jahres 2002: Die Brigaden der Al-Aqsa-Märtyrer, eine bewaffnete Gruppe, die sich zur Fatah zählt und nach Ausbruch der neuen Intifada gegründet wurde, übernehmen die Methoden der Islamisten und verüben Selbstmordattentate gegen israelische Zivilisten. Sie setzen sich über die Fatah-Führung hinweg, für die die Militärangehörigen und die Siedler im Westjordanland und im Gazastreifen die einzigen legitimen Ziele sind. Unter dem Eindruck der von Israel praktizierten harten Repression radikalisiert sich die Basis der Fatah und weigert sich, den Anweisungen ihrer Führung zu folgen. Je intensiver die nationalistische Mobilisierung wird, desto mehr Attentate werden verübt. Neu ist auch, daß der bewaffnete Flügel der Fatah junge Mädchen rekrutiert. Durch das rücksichtslose Vorgehen der israelischen Armee vertieft sich das ungleiche Kräfteverhältnis zwischen den beiden Parteien. Der Einsatz äußerster Gewalt soll den Feind zur Zurückhaltung zwingen.

Bei den jungen Palästinensern aus der Generation der »kleinen Brüder« (und »kleinen Schwestern«) ist eine wachsende Bereitschaft festzustellen, sich in menschliche Bomben zu verwandeln. Im Gegensatz zu den Älteren verfügen sie nur über eine geringe politische Kultur und stehen den Strukturen der palästinensischen Gesellschaft kritisch gegenüber. Werden sie zu Selbstmordattentätern, sind sie der Mühe der politischen Vermittlung enthoben, können sich der kollektiven Niederlage entziehen und einen individuellen Krieg gegen den Feind führen.

Der von jungen radikalen Aktivisten herbeigeführte Umschwung ist taktischer Natur. Obwohl sich diese neuen »Kamikaze«-Kämpfer weniger von religiösen Motiven leiten lassen, zeugt diese Entwicklung von einer Islamisierung der palästinensischen Gesellschaft. Die Hamas hat in den Jahren der palästinensischen Autonomie zwar keinen politischen Sieg errungen, aber dafür ist es ihr gelungen, ihre Ideologie zu verbreiten, die im Märtyrer ein Vorbild sieht. In den ersten Monaten der Al-Aqsa-Intifada konnte der Steinewerfer, der durch die Kugeln israelischer Soldaten ums Leben kam, dieses Vorbild verkörpern. In dem Maße, in dem die Gewalt und die Vergeltungsschläge gesteigert wurden, ist der Wille erkennbar, den »Märtyrer als Opfer« durch den »Märtyrer als Held« zu ersetzen.

Ein normaler Freitag in Ramallah

Die übliche Freitagsdemonstration in Ramallah. Nach dem Gebet versammeln sich einige hundert Menschen mit palästinensischen und mit Fahnen politischer Organisationen im Stadtzentrum. Dann setzt sich die Menge in Richtung Betil in Bewegung, wo sich, einige Kilometer von al-Bireh entfernt, ein israelisches Militärlager befindet. Der Zug hält einige Meter vor den israelischen Jeeps. Einige junge Leute werfen Steine auf die Fahrzeuge. Die Soldaten schießen, die Demonstranten zerstreuen sich, doch dann laufen die Dinge aus dem Ruder.

Eine kanadische Journalistin namens Katia berichtet über das Ereignis. Als die Menge losrennt, um irgendwo Schutz zu suchen, bleibt sie zurück. Durch einen Betonpfeiler ist sie vor den Schüssen der IDF mehr oder weniger geschützt. Und sie hat keine Angst, weil ihre Fotoapparate und ihre Kleidung sie als Journalistin ausweisen. Die Soldaten sind nahe genug, um das zu erkennen. Der Platz ist leer, Katia beobachtet. Plötzlich wird sie gewahr, daß ein israelischer Heckenschütze auf sie zielt. Sie fängt an zu laufen. Eine Kugel trifft ihre Wade. Zwei junge Palästinenser eilen herbei, um ihr zu helfen. Sie stehen den Soldaten allein gegenüber, weder werfen sie Steine noch schießen sie. Ein Krankenwagen kommt. Der Heckenschütze hat seine Arbeit jedoch noch nicht beendet. Einer der *Shebab*, der Katia hält, wird am Kopf getroffen. Er stirbt einige Stunden später in dem Krankenhaus, in dem die junge Journalistin medizinisch versorgt wird.[11]

---

11 Die Organisation Reporters sans frontière hat eine Untersuchung über die Journalisten durchgeführt, die seit dem Beginn der Al-Aqsa-Intifada verwundet wurden. Sie berichtet, daß zwischen September 2000

An der Kreuzung einige hundert Meter von dem Militärposten entfernt warten bewaffnete *Shebab*. Eine Gruppe hat in einer Nebenstraße Stellung bezogen und sich hinter einem verlassenen Haus verschanzt. Einige palästinensische Familien sind von hier weggezogen, weil die Gefahr bestand, daß Kugeln in ihre Häuser einschlugen; diejenigen, die sich einen Umzug nicht leisten konnten, sind geblieben.

Die jungen Männer, ausgestattet mit einem Mobiltelefon und einer M16, sind mit dem Auto zum »Schlachtfeld« gefahren. Am oberen Ende der Straße postiert, warten sie auf die Anweisungen ihres Anführers Hussein Sheik, eines Abgeordneten der Fatah um die Vierzig. Sheik sagt, wenn die Israelis es wirklich ernst mit dem Frieden meinten, würde er seinen eigenen Sohn an die grüne Linie schicken, um für ihren Schutz zu sorgen. Doch vorerst ist er der Auffassung, daß die vielen israelischen Provokationen eine neue Intifada notwendig machen. Er hat eine Gruppe von jungen Leuten um die Zwanzig zusammengestellt, die ihm ergeben sind. Sie alle arbeiteten in den Sicherheitsdiensten, haben ihre Arbeit aber aufgegeben, um sich dem Kampf gegen Israel zu widmen. Die *Shebab* schleichen sich heran und verschießen ihre Patronen, aber die israelischen Soldaten, die sich in ihrem Lager verschanzt haben, sind außer Reichweite, was Sheiks Schützlinge allerdings nicht daran hindert, sich für Cowboys zu halten. Um ihren Mut und ihre Männlichkeit unter Beweis zu stellen, tragen sie keine kugelsicheren Westen, obwohl sie über solche Westen verfügen. Der Repräsentant der Fatah verfolgt den Verlauf der Operationen. Er gerät in Zorn, als er feststellt, daß seine Leute sich in einer Stellung befinden, die von einer anderen Gruppe von Palästinensern gehalten wird; diese hat sich im unteren Teil der Straße hinter einem Gebäude verschanzt, dessen Gewölbe sie als Schießstand benutzt. Die Wiederaufnahme des Kampfes schließt Rivalitäten nicht aus.

---

und Dezember 2001 45 Reporter von Kugeln getroffen wurden, die ihrer Ansicht nach aus israelischen Waffen abgefeuert wurden. Die von ihr genannte Zahl bezieht sich nicht auf Zwischenfälle, bei denen Journalisten von Armeeangehörigen geschlagen wurden oder von Gummigeschossen bedroht waren. Die von dieser Organisation aufgestellte Bilanz ist nicht vollständig.

In der politischen Organisation Yassir Arafats in Ramallah gibt es in der Tat ernsthafte Differenzen. Sowohl Hussein Sheik als auch Marwan Barghouti erheben den Anspruch, an der Spitze der Fatah im Westjordanland zu stehen. Als es darum ging, den Vorsitzenden der Fatah zu wählen, traten sie als Konkurrenten an, doch eine Entscheidung konnte nicht herbeigeführt werden, da der letzte Wahlgang nicht stattfand, wodurch mehrere von der Basis gewählte Delegierte im Rennen blieben. In dieser schwierigen Situation wollte Yassir Arafat nicht, daß durch das Wahlverfahren eine Entscheidung zugunsten von einem der beiden Männer fiel, die sich trotz gewisser Gemeinsamkeiten aus dem Weg gehen und nicht gut aufeinander zu sprechen sind. Marwan Barghouti ist der Star von Al-Jezeera und einigen anderen Medien. Vor dem Ausbruch der ersten Intifada von Israel aus den palästinensischen Gebieten verbannt, wirkte er von Amman aus an der Organisierung der Intifada mit, 1996 wurde er auf der Liste der Fatah in den Legislativrat gewählt. Sheik gehört ebenfalls zur Generation der Führer des Aufstands von 1987. Als überzeugter Befürworter der Abkommen von Oslo hat er das Prinzip »Frieden gegen Sicherheit« akzeptiert: den Tausch von Gebieten gegen die Zusage der Palästinenser, die Sicherheit der palästinensischen Bürger zu gewährleisten. Er hat das harte Vorgehen gegen die islamistische Bewegung unterstützt und mitgeholfen, den Präventiven Sicherheitsdienst aufzubauen, bevor er aus dessen Leitung gedrängt wurde.

Aber diese Differenzen beziehen sich nicht auf die Einstellung zu den Angehörigen der israelischen Armee, die am späten Nachmittag drei Granaten werfen, um die militärische Operation gegen diese *Shebab* zu beenden, die sich alle an derselben Stelle postiert haben. Drei Explosionen, drei Verletzte bei den Palästinensern.

Während dieser Zeit verstecken sich Amal und Khalil mit ihren beiden Töchtern in einem Zimmer ihrer Wohnung. Die Fensterscheiben zittern. Das fünfjährige Mädchen bleibt ruhig, während seine dreijährige Schwester den ganzen Nachmittag weint, und auch nicht aufhört, als die Schießerei zu Ende ist. Amal bleibt gelassen, Khalil ist ängstlicher. Das junge Paar, das in einem Gebäude wohnt, das schon Kugeln abbekommen hat, schimpft über diese ständig wiederkehrenden Zusammenstöße. »Das alles ist sinnlos, eines Tages werden sie doch wieder verhandeln«, wettert Khalil. Als es dunkel wird, können die Bewohner des Viertels ihre Häuser wieder verlassen. Die Familie fährt zu einer kleinen Grünanlage auf den Anhöhen von Ramallah. Die Eltern rauchen eine Zigarette, während sich die Kinder auf der Schaukel vergnügen.

Da man nicht weiß, wie lange es noch so weitergeht, beschließen Amal und Khalil, aus dem Gebäude auszuziehen, in das sie erst einige Monate zuvor eingezogen sind. Das Ehepaar hat noch einige Ersparnisse, und mit Hilfe eines Kredits mit einer Laufzeit von 20 Jahren kauft es eine Wohnung in einem neuen, luxuriösen Gebäude in al-Bireh. Im November 2001 wird der gesamte Hausrat der Familie in Kartons gepackt. Genau in dieser Zeit erobern die israelischen Panzer einige Gebiete zurück, die den Palästinensern unterstanden, darunter die Umgebung des Büros von Yassir Arafat und einen Teil von al-Bireh. Das neue Gebäude, in dem Amal und Khalil wohnen möchten, ist noch leer: die Soldaten der israelischen Armee besetzen es und verwüsten die Wohnungen. Die Böden werden verschmutzt, Küchen und Badezimmer demoliert. Der Umzug wird verschoben. In dieser Zeit werden auch die Räume des Palestinian Central Bureau of Statistics[12] verwüstet, die Software vernichtet oder beschlagnahmt.

Erst nach dem Abzug der israelischen Armee kann die Wohnung von Amal und Khalil wieder in Ordnung gebracht werden. Das Paar bekommt für die Instandsetzungsarbeiten einen Zuschuß von der palästinensischen Autonomiebehörde, den Rest bezahlt es aus eigener Tasche. Als die Familie in ihr neues Zuhause einzieht, hat sie einen unverbaubaren Ausblick auf die Panzer der israelischen Armee.

Amal, Khalil und ihre Töchter müssen nach Sonnenuntergang in ihrer Wohnung bleiben. Das Viertel ist zu gefährlich, um sich bei Dunkelheit nach draußen zu trauen. Es ist schwierig, wenn nicht gar unmöglich, Schlaf zu finden, denn als Vergeltung für die von den palästinensischen »Kamikaze«-Kämpfern verübten Selbstmordattentate bombardiert Israel Ende 2001 Ramallah und den Gazastreifen. Die Nächte sind weiß.

---

12 Diese Einrichtung, die mit einem hochqualifizierten Personal arbeitet, hat die Grundlagen für die statistische Erfassung der palästinensischen Bevölkerung und Wirtschaft geschaffen.

Die Angst und die finanziellen Probleme setzen dem Ehepaar zu. Angst gehört zum Alltag der Familie: die jüngere Tochter soll in einer Krippe untergebracht werden, doch diese muß sich entweder der von den Israelis verhängten Ausgangssperre unterwerfen oder aus Sicherheitsgründen schließen, so daß Amal das Mädchen mit zur Arbeit nehmen muß. Und dann sind da noch die finanziellen Probleme: Während Khalil und sein Bruder eine Druckerei betreiben, hat Amal vor zwei Jahren eine Werbeagentur aufgemacht. Sie wurde zu einer Geschäftsfrau mit unternehmerischem Geschick und Phantasie. Doch seit der Rückeroberung eines Teils der Stadt durch die Israelis haben einige Kunden bankrott gemacht und die anderen ihren Werbeetat deutlich verringert. Da Amals Firma nur noch zu 10 Prozent ausgelastet ist, mußte sie von ihren sieben Mitarbeitern vier entlassen. Sie weiß nicht, ob sie im nächsten Monat die Miete bezahlen kann. Der Hausbesitzer wird ihr unter gar keinen Umständen Kredit geben. In dem modernen Gebäudekomplex, den er für ausgesuchte Unternehmen gebaut hat, hat er nur zehn Büros vermietet; mehr als sechzig stehen leer.

Amal und Khalil stammen aus Nablus; anläßlich des *Aïd* besuchen sie gewöhnlich ihre Eltern. In diesem Jahr fällt der Besuch schon zum zweiten Mal aus. Die Stadt ist zwar nur ungefähr 50 Kilometer entfernt, aber aufgrund der Sperren der israelischen Armee verlängert sich die Fahrt um mehrere Stunden. Mit dem eigenen Auto zu fahren ist riskant: Es kann sein, daß die israelischen Soldaten die Insassen auffordern, auszusteigen, das Auto stehenzulassen und ihnen die Autoschlüssel zu übergeben. Wenn man mit dem eigenen Auto fahren darf, muß man viele Umwege in Kauf nehmen, da mehrere Straßen wegen der Straßensperren nicht mehr befahrbar sind. Mit einem Sammeltaxi zu fahren ist auch nicht angenehm. Dann ist man ebenfalls den Kontrollen und Demütigungen der israelischen Soldaten ausgesetzt.

Operation »Schöne Reise«

Am Donnerstag, dem 28. Februar 2002, führt die israelische Armee einen Angriff gegen die Flüchtlingslager Balata und Jenin im Westjordanland durch. Der Deckname der Operation lautet »Schöne

Reise«, er wurde vom Computer willkürlich ausgewählt und von den verantwortlichen Militärs gebilligt. Die Rückeroberung von Gebieten der Zone A, die unter der zivilen und militärischen Kontrolle der Palästinenser standen, begann im Mai 2000 mit dem Eindringen der IDF in ein Dorf im Norden des Gazastreifens. Seitdem sind zahlreiche Gebiete zurückerobert worden, doch der Angriff auf die Lager stellt einen beispiellosen Vorgang dar und bedeutet eine Eskalation der Repression. Das Ziel ist, Aktivisten festzunehmen und Waffen und Sprengstoff zu beschlagnahmen. Es soll auch demonstriert werden, daß es für die palästinensischen Kämpfer keinen sicheren Ort gibt und daß die IDF überall zuschlagen kann. Diese Operation ist ein Vergeltungsschlag für eine Reihe von Angriffen auf militärische Ziele und jüdische Siedler in den besetzten Gebieten sowie auf Zivilisten in Israel. Seit Beginn des Jahres 2002 haben die bewaffneten *Shebab* ihre Kenntnisse erweitert, und da manche Gruppen Guerillatechniken beherrschen, können sie dem Feind empfindliche Verluste zufügen. Die Al-Aqsa-Intifada steht an einem Wendepunkt.

Am Donnerstag nachmittag wird das Lager Balata von Panzern umstellt. Der Generator, der das Lager mit Strom versorgt, wird zerstört, so daß die Häuser und Wohnungen kein Licht mehr haben. Die Soldaten fordern die Bewohner auf, das Lager zu verlassen, doch die meisten weigern sich und bleiben, obwohl sie bedroht werden. Die Flüchtlinge wissen, welchen Preis sie für den erzwungenen Exodus 1948 bezahlt haben, und können sich nicht entschließen, ihr Zuhause ein zweites Mal aufs Spiel zu setzen. Dafür gelingt es Intifada-Aktivisten, aus dem Lager zu fliehen und sich an einem sicheren Ort zu verstecken.

Um 18 Uhr dringt eine Einheit der israelischen Armee in das Haus ein, in dem Iman wohnt. Ihr Bruder, ein politischer Repräsentant der Fatah, hat das Haus verlassen, um nach den Verletzten zu sehen. Außer Iman befinden sich ihre alte Mutter, die kleinen Kinder ihres Bruders und ihre Schwägerin im Haus, die im siebten Monat schwanger ist. Die Soldaten verlangen die Auslieferung der Männer und ihrer Waffen. Iman sagt, nur die Frauen und Kinder seien im Haus, und Waffen gebe es nicht. Die Soldaten könnten alles durchsuchen, versichert Iman, und bietet ihnen den Schlüssel zur Wohnung ihres Bruders einen Stock höher an. Die Soldaten gehen nicht darauf ein, sondern fordern das junge Mädchen und seine Familie auf, sich in ein Zimmer zurückzuziehen. Als Iman sich weigert, fesseln sie ihr die Hände und schließen sie und die anderen in ihrem Schlafzimmer ein. In diesem kleinen Zimmer liest Imans Mutter im Koran, ihre Schwägerin fällt in Ohnmacht, und ihre beiden Nichten, sechs und acht Jahre alt, weinen und schreien abwechselnd. Shams, mit seinen vier Jahren das jüngste Kind, ist ganz erstarrt und schweigt bis zum nächsten Tag. 24 Stunden lang dürfen die Mitglieder der Familie das Zimmer nicht verlassen, um etwas zu sich zu nehmen oder ihre Notdurft zu verrichten. Imans Mutter ist Diabetikerin und braucht Medikamente, aber die Bewacher bleiben hart. Nachts öffnet ein Soldat regelmäßig die Tür und richtet eine Taschenlampe auf die Menschen in dem Zimmer, um sich zu vergewissern, daß sie nichts Subversives tun. Am Freitag bekommen Iman und die Ihren am späten Nachmittag die Erlaubnis, in die Küche und ins Badezimmer zu gehen, aber die Zeit dafür ist knapp bemessen. Iman gibt den Kindern Brot, Öl und getrockneten Thymian zu essen, denn wegen des Stromausfalls sind die Lebensmittel im Kühlschrank verdorben. Einer der Männer stellt sich Iman als Militärarzt vor, der sich der Kinder im Notfall annehmen könne. »Den Kindern geht es gut. Aber wenn Sie ihnen wirklich etwas Gutes tun wollen, wäre es am besten, Sie wären nicht hier«, erwidert Iman trocken. Der Mann schaut sie an, als wolle er sagen, daß er für das, was hier passiert, nicht verantwortlich ist, und wendet dann den Blick schnell ab. Ein anderer Soldat nimmt die eingerahmte Fotografie, die sich über Imans Bett befindet, in die Hand. Sie zeigt Sami mit seiner Waffe kurz vor seinem Tod.

»Wer ist dieser Mann?
Das war mein Verlobter. Eure Armee hat ihn getötet.
Er war also ein Terrorist. Hast du oft mit Terroristen zu tun?
Er war kein Terrorist, sondern ein Kämpfer. Er ist als Märtyrer gefallen.
Gut, er ist tot, aber seine Waffe muß noch dasein. Du mußt wissen, wo sie sich befindet.
Ich weiß überhaupt nichts. Wir haben nicht zusammengelebt. Was soll ich da schon wissen!«

Der Soldat zerreißt das Foto von Sami und tritt mit dem Fuß darauf. Iman bückt sich und hebt die kleinen Stückchen des Bildes von dem Mann auf, den sie liebte.

Die etwa 20 Soldaten, die das Haus bevölkern, hinterlassen überall im Wohnzimmer ihre Zigarettenkippen, und in den Zimmern, die Iman sehen kann, herrscht ein wüstes Durcheinander. Als sie Shams etwas zu essen gibt, merkt sie, daß er total verängstigt ist und den Kopf gesenkt hält, aus Angst, dem Blick eines Soldaten zu begegnen. Sie sagt zu ihrem Neffen:

»Shams, heb den Kopf hoch und sieh die Soldaten an. Du brauchst keine Angst zu haben. Das sind Menschen wie wir. Schau, sie haben Beine, Arme, Augen und einen Mund wie wir. Sie sind keine Ungeheuer. Schau sie an und hör auf, Angst zu haben.«

Der Junge wirft einen kurzen, scheuen Blick auf die Soldaten.

Am Sonntag vormittag ist die Belagerung beendet. Die Soldaten hinterlassen zwei verwüstete Wohnungen. Die Eingangstür zu der Wohnung im zweiten Stock, für die Iman ihnen den Schlüssel angeboten hatte, ist aufgebrochen. Der Fernseher und das Tonbandgerät sind zerstört, die Betten demoliert, die Schränke geleert, die Schulbücher und Pässe zerrissen.

Der Angriff der israelischen Armee auf die Flüchtlingslager Balata und Jenin forderte 21 Tote: 19 Palästinenser, darunter ein achtjähriges Mädchen, und zwei israelische Soldaten. Mehr als 200 Palästinenser wurden verletzt; die Armee durchbrach Hauswände, um sicher von einem Haus in ein anderes zu gelangen. »Die Lager galten als uneinnehmbar, aber der Löwe hat sich als Hase entpuppt«, erklärte der Kommandeur Yitzhak Eytan.[13] Trotz der traurigen Bilanz hat die IDF offenbar nicht ihr Ziel erreicht, Aktivisten aufzuspüren und Waffen zu beschlagnahmen. Dafür ist die Zahl der Aktivisten und der »Kamikaze«-Kämpfer gestiegen: am Samstag, dem 2. März, kommen bei einem Selbstmordattentat in Westjerusalem neun Menschen ums Leben; am Sonntag, dem 3. März, erschießt ein Palästinenser mit einem Gewehr aus dem Zweiten Weltkrieg sieben israelische Soldaten und drei Siedler bei einer Sperre im Norden von Ramallah; am Montag, dem 4. März, sprengt sich ein Palästinenser mit seiner Bombe in einem Bus auf dem Weg nach Afula in die Luft, ein anderer tötet drei Menschen in Tel Aviv; vom Gazastreifen aus werden israelische Städte mit Raketen beschossen. Die Vergeltungs-

---

13 La Croix, 4. März 2002.

schläge der Israelis lassen nicht auf sich warten. Die Spirale der Gewalt, durch den Grundsatz der Vergeltung angetrieben, scheint sich unaufhaltsam weiterzudrehen.

Die Spirale der Gewalt

Im April 2002 nimmt sich die israelische Armee vor, dem palästinensischen Terrorismus einen vernichtenden Schlag zuzufügen. Sie führt eine großanlegte, beispiellose Operation durch, von der mehrere palästinensische Städte betroffen sind, die aber in erster Linie dem Flüchtlingslager Jenin und der Altstadt von Nablus gilt.

Das Flüchtlingslager Jenin, in dem 15000 Menschen leben, wird von den Behörden des jüdischen Staates als Schlupfwinkel für Selbstmordattentäter betrachtet. Aus diesem Grund geht die Armee besonders hart gegen dieses Lager vor, was in der internationalen Öffentlichkeit Empörung hervorruft und in manchen israelischen Kreisen Zweifel an der Richtigkeit der israelischen Politik aufkommen läßt.[14] Am 3. April umstellen Panzer das Lager, über das eine Ausgangssperre verhängt wird. Zwar gelingt es einigen Bewohnern, in Nachbardörfer zu fliehen, aber die meisten verstecken sich in ihren Wohnungen. Aus Kampfhubschraubern werden Granaten und Raketen auf das Lager abgefeuert. Um Wege für die Armeefahrzeuge zu schaffen und den Soldaten einen sicheren Vormarsch zu ermöglichen, zerstören Bulldozer einen Teil der eng aneinander gebauten Häuser. Die Büros der palästinensischen Autonomiebehörde werden ebenfalls systematisch beschossen. Palästinensische Kämpfer, die mit leichten Waffen und Sprengstoff ausgerüstet sind, setzen sich zur Wehr. Trotz ihrer zahlenmäßigen und waffentechnischen Unterlegenheit gelingt es ihnen, israelische Soldaten in einen Hinterhalt zu locken und 13 von ihnen zu töten. Um neue Verluste zu

---

14 Der folgende Bericht beruht auf den Ausführungen von Amnon Kapeliouk in seinem Artikel *Jénine, enquête sur un crime de guerre. La Palestine à feu et à sang*, in: Le Monde Diplomatique, Mai 2002. Siehe außerdem Amira Hass, *What kind of war is this?*, in: Ha'aretz, 22. April 2002.

vermeiden, verschärft die IDF ihr Vorgehen. Dutzende von Häusern werden gesprengt oder zerstört. Bei der Durchsuchung der Wohnungen werden brutale Methoden angewandt: die Familienmitglieder müssen sich in einem Zimmer aufhalten, während die Soldaten alles auf den Kopf stellen, verwüsten und Schmuck oder Zigaretten stehlen. Um Zugang zu den Häusern zu bekommen, werden Männer gezwungen, der IDF als Schutzschilde zu dienen. Die israelischen Soldaten schießen auf jeden, der es wagt, gegen die Ausgangssperre zu verstoßen. Nach den Anweisungen der Männer, die diese Operation am Boden durchführen, werden Raketen auf die Ziele abgefeuert, die als gefährlich betrachtet werden. Diese »chirurgischen Schläge« können nicht verhindern, daß Zivilisten umkommen. Nach einigen Tagen geben die letzten palästinensischen Kämpfer auf.

Die Zahl der getöteten Palästinenser wird auf 54 bis 200 geschätzt; da Menschen unter den Trümmern eingestürzter Häuser begraben wurden, ist eine genauere Schätzung nicht möglich. Im Laufe der Kämpfe wurden 23 israelische Soldaten getötet und 60 verletzt. Manche Viertel im Lager Jenin bestehen nur noch aus Ruinen; als die Belagerung am 17. April beendet wird, sind 4000 Menschen obdachlos.

Während der gesamten Operation war das Gebiet völlig abgeriegelt und keinem israelischen oder ausländischen Journalisten zugänglich. Den humanitären Organisationen war es nicht erlaubt, ins Lager zu gehen und den Verwundeten zu helfen. Amnesty International veröffentlichte im November 2002 einen Bericht, dem zufolge es überzeugende Anhaltspunkte dafür gibt, daß die israelische Armee in Jenin und Nablus Kriegsverbrechen begangen hat. Der Bericht weist auf die Ermordung von Menschen, den Einsatz von Palästinensern als Schutzschilde, die Verweigerung medizinischer und humanitärer Hilfe, die Zerstörung von Häusern und sonstigen materiellen Gütern hin.

In Nablus wurde ein Teil der Altstadt zerstört. Die Bulldozer der israelischen Armee nahmen keine Rücksicht auf Bauwerke, die zum kulturellen Erbe des Landes gehören. Die Al-Khudra-Moschee, die als eine der ältesten der Welt gilt, wurde erheblich beschädigt. Das Ziel der Operation war, die Verstecke der palästinensischen Kämpfer zu zerstören, die versuchten, Widerstand zu leisten. Zwischen dem 29. März und dem 22. April wurden mehr als 80 Palästinenser getötet, darunter sieben Frauen und neun Kinder.[15] Najy und Bassam entrinnen wieder einmal dem Tod.

Im gesamten Westjordanland nimmt die IDF in den Städten und Flüchtlingslagern viele Männer fest. 6000 Männer,[16] einfache Zivilisten oder militante Aktivisten, werden in Lager gesperrt, wo sie den Unbilden der Witterung ausgesetzt sind, schlecht behandelt werden und nicht genug zu essen bekommen. Die Haftbedingungen sind besonders schlimm, weil die israelische Armee nicht die Mittel hat, um Tausende von Häftlingen ausreichend zu versorgen. Zwei Drittel von ihnen werden nach einigen Tagen oder Wochen entlassen. Einige werden mitten in der Stadt abgesetzt, wo sie von israelischen Patrouillen kontrolliert und dafür bestraft werden, daß sie gegen irgendwelche Verbote verstoßen haben.

Im Juni 2002 wird Jerusalem von einem neuen Attentat erschüttert. Als Vergeltung führt die IDF die Operation »Fester Weg« durch, in deren Verlauf alle Städte des Westjordanlands, mit Ausnahme Jerichos, zurückerobert werden. Diese Operation, die ein größeres Gebiet betrifft, hat zwar weniger den Charakter einer Strafexpedition, zerstört aber das wirtschaftliche und politische Gefüge der palästinensischen Gesellschaft, da sie auf dauerhafte Veränderungen abzielt.

Über Nablus und die umliegenden Flüchtlingslager wird drei Monate lang eine Ausgangssperre verhängt. Niemand darf sich zu seinem Arbeitsplatz begeben, die Schulen sind geschlossen, das gesamte Leben kommt zum Erliegen, beschränkt sich auf häufig überbelegte Wohnungen. Alle zwei oder drei Tage dürfen die Familien das Haus verlassen, um sich mit Lebensmitteln zu versorgen. Den Händlern fällt es zunehmend schwer, sich Waren zu beschaffen. Die Funktionäre der palästinensischen Autonomiebehörde bekommen ihr Gehalt weiter, aber die Privatwirtschaft entläßt viele Leute. Viele Haushalte verbrauchen ihre letzten Ersparnisse. Es ist sehr schwer, wenn nicht gar unmöglich, medizinisch versorgt zu werden. Not-

---

15 Bericht von Amnesty International.

16 Vgl. Uri Blau, *Inhuman conditions in Israeli Detainment Camps: Why Tell The Court?*, in: Kol Ha'ir, 24. Mai 2002.

fälle können häufig nicht schnell genug behandelt werden, da es vorkommen kann, daß die Krankenwagen stundenlang von den Soldaten kontrolliert werden.

Das Westjordanland wird in etwa 300 voneinander isolierte Enklaven aufgeteilt. Auf den meisten Straßen dürfen keine palästinensischen Autos fahren, und um die Sicherheit noch zu erhöhen, hat die israelische Armee mehrere Straßen durch Gräben unpassierbar gemacht. Sammeltaxis versuchen noch, zwischen einigen Ortschaften zu verkehren, indem sie auf unbefestigten Wegen fahren und riesige Umwege in Kauf nehmen, aber sie geraten trotzdem in die Kontrollen der Armee. Auf den Straßen sind wieder Esel und Maultiere zu sehen. Im Gegensatz zu den Autobesitzern riskiert der Besitzer eines Esels nicht die Beschlagnahme seines Eigentums. Die Dörfer, die in bezug auf ihre Versorgung von benachbarten größeren Ortschaften abhängig sind, machen eine schwere Zeit durch. Beit Fourik, ein kleines Dorf in der Nähe von Nablus, hatte mehrmals einige Wochen lang kein Wasser. Wer von der Landwirtschaft lebt, bekommt die Folgen der israelischen Politik sehr schmerzhaft zu spüren. Mehrere hundert Bäume, vor allem Olivenbäume, wurden gefällt. Als die Ausgangssperre aufgehoben wird und die Dorfbewohner wieder auf ihre Felder gehen können, sind sie den Angriffen jüdischer Siedler ausgesetzt, die Steine werfen und auf sie schießen. 2002 gab es im Westjordanland keine Olivenernte.

Im Zuge der Operation »Fester Weg« wird Bassam von der IDF verhaftet und in ein israelisches Gefängnis eingeliefert. Jetzt ist Najy allein. Er versteckt sich, und als im Oktober die Ausgangssperre aufgehoben wird, geht er nur ins Freie, um in ein Versteck zu gelangen, das mehr Sicherheit bietet. Da er befürchtet, abgehört zu werden, gibt er den Zellen der Al-Aqsa-Märtyrer per Handy seine Anweisungen. Ein Jahr nach dem Tod seines Freundes versucht er, Samis ehemalige Verlobte zu überreden, Bassam, den letzten Junggesellen der Gruppe, zu heiraten. Obwohl er viele Argumente vorbringt und sehr in sie dringt, lehnt Iman eine Beziehung mit Bassam kategorisch ab.

Die Besetzung palästinensischer Gebiete durch die israelische Armee und deren brutales Vorgehen können nicht verhindern, daß die israelische Gesellschaft erneut von Gewalt heimgesucht wird. Trotz der Abriegelungen, der Ausgangssperren, der Verhaftungen und der gezielten Morde kommt es zu neuen Selbstmordanschlägen, was die Frage aufwirft, ob die israelische Strategie wirksam und berechtigt ist. Am 17. Juli 2002 sprengt sich ein Selbstmordattentäter in Tel Aviv in die Luft. Zwei Wochen später legt ein Familienvater in der Cafeteria der Hebräischen Universität von Jerusalem eine Bombe. Am 4. August und 18. September erschüttern weitere Selbstmordanschläge Israel. Am 11. November wird ein Anschlag auf den Kibbutz Metzer verübt, der die Menschen zutiefst schockiert. Ein Mitglied des bewaffneten Flügels der Fatah erschießt fünf Menschen, darunter eine Frau und ihre zwei Kinder. Zehn Tage später kommen bei einem Anschlag der Hamas in Jerusalem elf Menschen um, was zur Rückeroberung Bethlehems führt.

Der Dezember verläuft relativ ruhig. Vor dem *Aïd* wird Najy von der israelischen Armee gefaßt. Nach einem Verhör, das einen Monat dauert, wird er in ein Gefängnis im Süden Israels eingeliefert. Wie alle anderen Häftlinge darf Najy vor Beginn seines Prozesses keinen Besuch empfangen. Aus einem im Januar 2003 veröffentlichten Bericht einer israelischen Menschenrechtsorganisation geht hervor, daß sich über 1000 Palästinenser in Israel in Verwaltungshaft befinden.

Terrorakte gehören weiterhin zum Alltag der Israelis. Am 5. Januar, drei Wochen vor den Parlamentswahlen in Israel, finden in Tel Aviv gleichzeitig zwei Attentate statt, zu denen sich mehrere palästinensische Organisationen bekennen und bei denen 23 Menschen ums Leben kommen. Am 5. März sprengt ein Selbstmordattentäter in Haifa einen Bus in die Luft und tötet 15 Menschen. Derweil gehen die Überfälle und Angriffe der israelischen Armee auf palästinensische Gebiete weiter. Zwei Monate nach seinem Amtsantritt erklärt der neue Generalstabschef General Mosche Yaalon:

»Die [palästinensische] Bedrohung ist unsichtbar, wie Krebs [...] Irrt man sich in der Diagnose und sagt, daß es sich nicht um Krebs, sondern um Kopfschmerzen handelt, ist die Behandlung unwirksam. Ich bin der Auffassung, daß es Krebs ist [...] Tritt er zutage, gibt es verschiedene Behandlungsmöglichkeiten. Manche sagen, daß es notwendig ist, die [befallenen] Organe herauszuoperieren. Im Augenblick wende ich die Chemotherapie an.«[17]

---

17 Zitiert von Sylvain Cypel in seinem Artikel *Traiter le cancer palestinien à la chimio*, in: Le Monde, 3. September 2002.

Schluß

Zwischen den gescheiterten Versuchen der internationalen Gemeinschaft, einen Waffenstillstand zwischen den palästinensischen Kämpfern und der IDF zu erreichen, und dem Beginn des Kriegs gegen den Irak am 20. März 2003 ist der Vorschlag des saudiarabischen Prinzen Abdallah, die Beziehungen zu Israel zu normalisieren, wenn es sich aus allen 1967 besetzten Gebieten zurückzieht, anscheinend der Kriegslogik zum Opfer gefallen. Der von den Teilnehmern des Gipfeltreffens der Arabischen Liga in Beirut im März 2002 gebilligte Vorschlag sowie die Aussicht auf eine Lösung des Konflikts erscheinen unrealistisch angesichts der Toten, die in den palästinensischen Gebieten und in Israel fast schon zum Alltag gehören. Vom Beginn der Intifada am 28. September 2000 bis Anfang September 2003 wurden 2897 Menschen getötet, davon 2124 Palästinenser und 773 Israelis. Diese drei Jahre haben mehr Opfer gefordert als der sieben Jahre währende erste Aufstand.[1]

Die von den Israelis praktizierte Repression wurde beträchtlich verschärft. Die israelische Armee versucht, den Aufstand niederzuschlagen, und geht dabei mit beispielloser Härte vor. Das engmaschige Überwachungssystem im Westjordanland und im Gazastreifen und die Wiedereroberung eines Teils der autonomen Gebiete blockieren jeden Personen- und Warenverkehr in den palästinensischen Gebieten sowie zwischen diesen Gebieten und dem Ausland. Die systematischen Abriegelungen wirken sich ruinös auf die ohnehin schwache Wirtschaft aus und machen es den Palästinensern schwer, die Schule, die Universität oder den Arbeitsplatz zu erreichen und sich medizinisch versorgen zu lassen. Immer mehr Familien haben kein Einkommen mehr, so daß die Zahl der unterernährten Menschen steigt. An den Straßensperren und bei ihrem Vordringen auf palästinensisches Territorium legen die israelischen Soldaten manchmal ein brutales Verhalten an den Tag und sind bewußt darauf aus, die Palästinenser zu demütigen. Die masssenhafte

1 Diese Zahlen stammen von B'tselem, dem israelischen Informationszentrum für Menschenrechte in den besetzten Gebieten.

Zerstörung palästinensischer Häuser in den Flüchtlingslagern, in der Nähe der Orte, an denen gekämpft wird, bedeuten für deren Bewohner Not und Elend. Die Schüsse auf unbewaffnete Demonstranten, die »zielgenauen« Bombardierungen in dichtbevölkerten palästinensischen Gebieten, die Liquidierung von Aktivisten und führenden Personen der Fatah, der Hamas oder anderer politischer Organisationen, das Eindringen in die autonomen Zonen und der über eine Stadt, ein Dorf oder ein Flüchtlingslager verhängte Belagerungszustand sind Methoden, die viele Menschenleben fordern und auch die Zivilisten nicht verschonen. Anfang März 2002, nach einer Woche, in der besonders viele Menschen ums Leben kamen, erklärt Ariel Sharon, daß man mit den Palästinensern »sehr hart umgehen wird«, denn »solange sie sich nicht geschlagen geben, kann man die Verhandlungen nicht wiederaufnehmen«.[2] Durch zunehmende Härte wollen die israelischen Behörden die palästinensische Gesellschaft zermürben und ihr Mobilisierungspotential ausschalten. Dennoch es ist keineswegs sicher, daß diese Strategie kurzfristig die erhofften Ergebnisse bringt. Langfristig scheint sie in dem Maße in eine Sackgasse zu führen, in dem sie nicht mit einem politischen Projekt verbunden ist. Für die palästinensische Frage kann es keine Lösung geben, die sich in Sicherheitspolitik erschöpft.

Zur Zeit zieht die von den Israelis praktizierte Repression eine Steigerung und Ausweitung der Gewalt nach sich. Den *Shebab* ist es mehrfach gelungen, Soldaten und Siedler in den palästinensischen Gebieten anzugreifen. Auf israelischem Boden kommt es in regelmäßigen Abständen zu Selbstmordattentaten. Allein im Jahre 2001 führen die Hamas und der Islamische Jihad 24 derartige Operationen durch.[3] So gesehen, ist die Politik Israels, die darauf abzielt, sich der islamistischen politischen Führer zu entledigen, kontraproduktiv. Die Ermordung Ismail Abu Shanabs, eines der Gründungsmit-

2 Liberation, 5. März 2002.

3 Angaben nach Human Rights Watch. Für denselben Zeitraum gibt das Außenministerium höhere Zahlen an, unterscheidet aber nicht zwischen Selbstmordattentaten und Bomben, die in Autos deponiert wurden. Zwischen April 1994 und Oktober 1998 haben der Islamische Jihad und die Hamas 16 Selbstmordattentate durchgeführt.

glieder der Hamas, im August 2003 und der einige Wochen später gescheiterte Versuch, Scheich Ahmed Yassin, den geistigen Führer der Hamas, zu töten, führen zur Beendigung des Waffenstillstands, auf den der palästinensische Ministerpräsident alle bewaffneten Gruppen am 26. Juni verpflichten konnte. Das Vorgehen der israelischen Armee, das als Provokation empfunden wird, löst sofort Selbstmordattentate aus. Die Ausschaltung von Führungspersönlichkeiten, so schädlich diese auch erscheinen mögen, birgt die Gefahr einer zunehmenden Radikalisierung dieser Organisationen in sich. Durch die Ausschaltung bestimmter politischer Elemente wird der Einfluß jüngerer Leute verstärkt, die unnachgiebiger und gewaltbereiter sind. Es sei daran erinnert, daß Ismail Abu Shanab immerhin im Namen der palästinensischen Autonomiebehörde über ein Ende der Gewalt verhandelt hat.

Die Übernahme der Methoden der Islamisten – also die Durchführung von Selbstmordattentaten in Israel – durch den bewaffneten Flügel der Fatah ist von großer Bedeutung. Es handelt sich um einen Kurswechsel dieser Organisation, die sich bislang durch politischen Pragmatismus ausgezeichnet hat und für ein säkulares Gesellschaftsmodell eingetreten ist. Diese Entwicklung hat nicht nur zu Veränderungen in einer politischen Bewegung geführt, sondern spiegelt auch die Radikalisierung der palästinensischen Gesellschaft wider.

Im Grunde genommen wollen manche Palästinenser das gleiche wie Sharon: möglichst viele Menschen auf der Gegenseite töten, um diese dazu zu bringen, die notwendigen Konzessionen zu machen. Sie rechnen damit, daß die israelische Gesellschaft irgendwann so zermürbt ist, daß sie nicht mehr bereit ist, die mit der Besetzung des Westjordanlands und des Gazastreifens verbundenen moralischen und menschlichen Kosten hinzunehmen. In diesem Zusammenhang wird das Vorgehen der Hisbollah im südlichen Libanon als nachahmenswert betrachtet. Diese Überlegung ist nicht ganz falsch: Die Proteste von Reservisten der israelischen Armee, die sich weigern, in den besetzten Gebieten Dienst zu tun, und die Mobilisierung israelischer Mütter zeigen, daß ein wachsender Teil der Israelis nicht bereit ist, den Preis für den Krieg zu bezahlen. Gleichwohl bewirkt die terroristische Strategie der Palästinenser vor allem, daß die israelische Bevölkerung enger zusammenrückt und sich hinter ihre Führung stellt. Die Wiederwahl Ariel Sharons zum Ministerpräsidenten im Januar 2003, die starke Position des Likud und der radikalen Rechten in der Knesset sowie der Zusammenbruch der Linken zeigen, daß die Mehrheit der Israelis die Sicherheitspolitik des ehemaligen Generals unterstützt. Die Kriegsrhetorik, mit der die repressiven Maßnahmen der IDF gerechtfertigt werden, speist sich aus der von den Palästinensern ausgeübten Gewalt.

So wird die Gewalt heute noch von jedem Protagonisten als eine fruchtbare Strategie betrachtet, die in dem Maße wirksam sein müßte, in dem sie die andere Seite zum Aufgeben zwingen würde.

Aber durch die Gewalt werden beide Gesellschaften beschädigt. In Israel hat das Gefühl der Unsicherheit und des Bedrohtseins vielfältige Auswirkungen. Ein Teil der Bürger des jüdischen Staates verläßt das Land. Dabei handelt es sich im allgemeinen um Angehörige der wirtschaftlichen und geistigen Elite, die über ein ökonomisches und kulturelles Kapital verfügen, das ihnen einen Neuanfang in Europa oder in Amerika ermöglicht. Ein Minister der Regierung Sharon hat darauf hingewiesen, daß immer häufiger Kinder von Mitgliedern der politischen Klasse ins Ausland gehen. Diese Emigration bedeutet tendenziell eine Veränderung der israelischen Gesellschaft, die liberale Elemente verliert, während religiös und nationalistisch eingestellte Kräfte im Land bleiben. Die Risse in der Gesellschaft werden tiefer. Die Weigerung von etwa 50 Reserveoffizieren und -soldaten – sie werden die *refuzeniks* genannt –, weiterhin in der israelischen Armee zu dienen, zeugt von einem wachsenden Unbehagen in der Bevölkerung. Die im Februar 2002 unterzeichnete Petition kritisiert die Auswüchse der Militär- und Sicherheitspolitik und bekräftigt die Position der Unterzeichner: Sie wollen nicht mehr mitmachen bei der »Unterdrückung, Vertreibung, Aushungerung und Demütigung eines ganzen Volkes«, und sie wollen keine »Kriegsverbrechen« mehr begehen. Diese Initiative durchbricht den traditionellen Konsens in bezug auf die IDF und die traditionelle Ideologie von der »Nation in Waffen«. Sie bedeutet eine echte politische Stellungnahme, die ein Ende der Besatzung fordert. Sollte sich diese Position weiter ausbreiten, wird sie auf den heftigen Widerstand der rechtsradikalen Organisationen stoßen, die ein Großisrael und die Präsenz bewaffneter Siedler im Westjordanland und im Gazastreifen fordern. Die zunehmenden Unruhen haben außerdem schwerwiegende Auswirkungen auf die israelische Wirtschaft; Israel wird international isoliert und verliert in der Welt an Ansehen.

Auf palästinensischer Seite wirkt sich der andauernde Konflikt auf den Zusammenhalt der Gesellschaft aus; er schwächt ihre politische Ordnung und führt zu einer Fragmentierung ihres Territoriums. Die Zusammenstöße mit der israelischen Armee gefährden die nationale Solidarität in dem Maße, in dem sich die Interessenunterschiede zwischen den Mittelschichten und den bewaffneten *Shebab* vertiefen. Die ersteren versuchen, die Bedingungen für ihr wirtschaftliches Überleben aufrechtzuerhalten; die letzteren sind der Ansicht, daß sie nichts zu verlieren haben, so daß sie zu waghalsigen Aktionen bereit sind. Ein Teil des aus den traditionellen Familien hervorgegangenen oder mit der palästinensischen Autonomiebehörde verbundenen Bürgertums distanziert sich von der Bewegung, deren politische und soziale Auswirkungen es fürchtet. Das von der palästinensischen Führungsschicht errichtete politische Gebäude steht auf schwachen Füßen. Die islamistische Bewegung entzieht sich der Kontrolle Yassir Arafats und ein Teil der militanten Aktivisten der Fatah setzt sich über die Anweisungen der politisch Verantwortlichen hinweg, was aber nicht heißt, daß es keine Kommunikation mehr zwischen der Führungsebene und der Basis gibt. Zwischen ihnen besteht nach wie vor eine Verbindung, die sich jedoch gelockert hat. Der politischen Elite und den Repräsentanten der Zivilgesellschaft wachsen die Dinge über den Kopf. Einige politische und intellektuelle Persönlichkeiten wollten an die Aktionen des zivilen Ungehorsams der ersten Intifada anknüpfen, die ihrer Ansicht nach wirksamer sind als ein bewaffneter Kampf, bei dem die Palästinenser zwangsläufig unterlegen sind. Sie haben es allerdings auch nicht vermocht, andere Aktionsformen zu konzipieren, durch die die Zivilgesellschaft hätte mobilisiert werden können. Daß das palästinensische Gemeinwesen auf schwachen Füßen steht, zeigt sich auch an der zunehmenden Unfähigkeit seiner Führung, die ihr unterstellten Gebiete zu kontrollieren. Gebiete wie der Norden des Westjordanlands oder der Süden des Gazastreifens, die von den Mitgliedern der Autonomiebehörde nicht mehr aufgesucht werden können, organisieren sich unter der Führung von lokalen Kriegsherren zu autonomen Gebilden. Die von Israel praktizierte Repression schwächt die Fähigkeit der Palästinenser, ihre politische

Gemeinschaft zusammenzuhalten und einen eigenen Staat aufzubauen.

So erscheint die Zukunft des israelisch-palästinensischen Konflikts zumindest paradox. In gewisser Hinsicht könnte man auf die historische Notwendigkeit setzen, die zur politischen Emanzipation der Palästinenser führen würde, deren nationales Projekt ein fester Bestandteil der politischen Agenda ist. Doch zur Zeit ist es den Palästinensern anscheinend nicht möglich, Souveränität in den Gebieten von 1967 zu erlangen, was teilweise auf die israelische Politik und teilweise auf ein internationales Klima zurückzuführen ist, das für die PLO und die von ihr repräsentierte Nation nicht günstig ist. Obwohl Ariel Sharon erklärt hat, er sei für die Bildung eines palästinensischen Staates, ist er entschlossen, das Souveränitätsprinzip vollständig auszuhöhlen. Die gegenüber dem Westjordanland und Ostjerusalem verfolgte territoriale Strategie macht deutlich, daß es Israel um Eroberung und Kontrolle geht. In bezug auf die heilige Stadt gibt es den Plan, drei große Siedlungsblöcke an »Großjerusalem« anzugliedern, das bereits dreimal größer ist als vor dem Krieg von 1967. Ziel ist, die Stadt mit einem Gürtel von Siedlungen zu umgeben, um sie noch mehr und endgültig vom restlichen Westjordanland abzuschneiden.[4] Durch den Bau einer Mauer zwischen den von Arabern und Juden bewohnten Gebieten wird das den Palästinensern zugestandene Territorium noch kleiner. Diese Mauer soll die Sicherheit der Israelis garantieren und für die Palästinenser eine mit Bewegungsmeldern ausgestattete unüberwindbare Barriere sein. Wegen der jüdischen Siedlungen im Westjordanland verläuft die neue Grenze vor der grünen Grenze, und zwar zum Nachteil der Palästinenser. Manche Bauern haben keinen Zugang mehr zu ihrem Land, das jetzt auf der anderen Seite der Mauer liegt; einige palästinensische Dörfer sind ebenfalls vom restlichen Westjordanland abgeschnitten und scheinen dazu bestimmt, von Israel annektiert zu werden. Der jüdische Staat praktiziert eine Politik der vollendeten Tatsachen, die seine Behörden unumkehrbar zu machen versuchen. Sollte es also mittelfristig zur Bildung eines palästinensischen Staates kommen, würden diesem die von Israel einseitig geschaffenen

---

4 Le Monde, 2. Januar 2003.

Sicherheitszonen und Siedlungsgebiete fehlen. Überdies führen die erneute Besetzung des Westjordanlands und des Gazastreifens sowie die systematische Zerstörung aller palästinensischen Verwaltungsstrukturen zur Zerstückelung und Isolierung der palästinensischen Gebiete. Die geplante Einrichtung von Kantonen, die im Westjordanland und im Gazastreifen voneinander getrennte Enklaven wären, die nicht aus eigener Kraft überleben könnten, würde die Grundlagen eines palästinensischen Staates vollends unterminieren. Vervollständigt wird die israelische Strategie durch den Versuch Ariel Sharons, Yassir Arafat politisch kaltzustellen und eine Ablösung der palästinensischen Führung zu erreichen. Die angestrebte Ausschaltung des PLO-Führers und die wiederholt ausgesprochene Drohung, ihn auszuweisen, machen die Widersprüche bei den israelischen Entscheidungsträgern deutlich. Wenn diese glauben, daß der »Alte« der Hauptverantwortliche für die terroristischen Gewalttaten ist, und sich seiner entledigen, würden sie dann nicht ein wichtiges Mittel aus der Hand geben, mit dem die Aktionen der »Kamikaze«-Kämpfer gestoppt werden könnten? Indem die israelische Regierung versucht, Politiker zu fördern, bei denen nicht sicher ist, in welchem Umfang sie die palästinensische Nation repräsentieren, vertieft sie die Spaltung der palästinensischen Gesellschaft. So haben Mahmud Abbas, der zurückgetretene Ministerpräsident,[5] und der für seine Nachfolge vorgesehene Ahmed Kurei[6] keinen echten Rückhalt in der Bevölkerung. Sie gelten als Vertreter der wirtschaftlichen und politischen Elite, die zur Umgebung des »Alten« gehören und in dessen Schatten geblieben sind. Da sie politisch kaum hervorgetreten sind, haben sie kein eigenes Profil entwickelt und können

5 Mahmud Abbas, auch unter dem Namen Abu Mazen bekannt, ist die Nummer zwei der PLO. Er steht Arafat nahe, hat die Fatah gegründet und mehrere Jahre an den Verhandlungen mit Israel teilgenommen. Im März 2003 unter dem Druck Amerikas und Israels zum Präsidenten der palästinensischen Autonomiebehörde ernannt, tritt Mahmud Abbas zurück, nachdem er erkannt hat, daß es nicht möglich ist, die »road map« zu verwirklichen.

6 Ahmed Kurei, auch Abu Ala genannt, steht ebenfalls Yassir Arafat nahe und hat in den vergangenen zehn Jahren an den Gesprächen mit dem jüdischen Staat teilgenommen.

sich auch nicht auf einen Wählerauftrag berufen. Dennoch gelang es Mahmud Abbas am 26. Juni 2003, die verschiedenen Gruppierungen für einen Waffenstillstand zu gewinnen. Diese Übereinkunft wurde allerdings durch die Strategie der IDF zunichte gemacht, die in der Liquidierung politischer und militärischer Führungspersönlichkeiten besteht. Indem die israelische Armee von der palästinensischen Autonomiebehörde verlangt, die bewaffneten Gruppen zu zerschlagen, während sie selbst gezielt gegen bestimmte Personen vorgeht, stellt sie die palästinensische Regierung vor eine unlösbare Aufgabe und diskreditiert sie bei ihrer eigenen Bevölkerung. Die dauerhafte Schwächung einer palästinensischen Führung würde es der israelischen Rechten erlauben, auf einen alten Plan zurückzugreifen, der vorsieht, daß für die Palästinenser auf lokaler Ebene Autonomie eingeführt wird und daß jeder Kanton vom jüdischen Staat abhängig ist. Das Ziel ist, die Kontrolle über das palästinensische Territorium zu haben, ohne die Bevölkerung direkt zu verwalten.

Die Lösung des israelisch-palästinensischen Konflikts erfordert das Eingreifen der internationalen Gemeinschaft. Die Europäische Union könnte beiden Parteien gegenüber eine ausgewogene Position einnehmen; außerdem verfügt sie über ökonomische Druckmittel, da sie die palästinensische Autonomiebehörde mitfinanziert und einen Assoziationsvertrag mit Israel hat. Da sie jedoch nicht imstande ist, sich als Akteur auf der internationalen Bühne zu positionieren, ist es wenig wahrscheinlich, daß sie entscheidende Schritte unternehmen wird, um zur Lösung eines so komplizierten Problems beizutragen. Ein Scheitern würde noch deutlicher machen, daß es ihr schwerfällt, eine gemeinsame Außenpolitik auszuarbeiten. Auch wenn der Vertreter der europäischen Kommission Kritik am Verhalten Israels in den palästinensischen Gebieten geübt hat,[7] hat die Eu-

---

7 Jean Brétéché, Vertreter der europäischen Kommission für das Westjordanland und den Gazastreifen, hat erklärt: »Nach dem Genfer Abkommen ist die Besatzungsarmee verpflichtet, der betreffenden Bevölkerung ein Minimum an Dienstleistungen – in den Bereichen Bildung, Gesundheit und Versorgung mit Nahrungsmitteln – zur Verfügung zu stellen. Genau darum geht es in diesem Fall. Aber die israelische Armee nimmt diese Verantwortung in den palästinensischen Gebieten nicht wahr. Man kann also mit Fug und Recht die Frage stellen, ob wir heute nicht die

ropäische Union keine Sanktionen gegenüber dem jüdischen Staat beschlossen. Sie fördert und unterstützt zwar Reformen im Rahmen der palästinensischen Autonomiebehörde, kann aber nicht das Ende der Gewalttaten fordern. Die Vereinigten Staaten, die im Irak stark gefordert sind, scheinen heute wenig geneigt zu sein, diplomatische Schritte zur Lösung der palästinensischen Frage zu unternehmen. Sollte es in der Region zu entscheidenden Veränderungen kommen, die auch die Sicherheit Israels garantieren, könnten sie auch von Israel Konzessionen fordern. Doch das ist keineswegs sicher, da Israel auf die bedingungslose Unterstützung Washingtons zählen kann. Wenn auf die beiden Parteien Druck ausgeübt wird, könnten sie wieder in Verhandlungen eintreten und zu einer politischen Übereinkunft kommen. Es sollte jedoch unterstrichen werden, daß die Bildung eines palästinensischen »Staates« in einem Teil der Gebiete von 1967 zu einem rein kosmetischen Akt geraten kann, durch den die Herrschaft und Kontrolle Israels über die palästinensischen Gebiete festgeschrieben würde. Ariel Sharon hat es sehr geschickt verstanden, sich die internationale Lage zunutze zu machen. Indem er die Attentate auf israelischem Boden mit den Angriffen auf das World Trade Center und Yassir Arafat mit Osama Bin Laden gleichsetzte, hat der Ministerpräsident die amerikanische Regierung überzeugt, daß die Vereinigten Staaten und Israel den gleichen Krieg führen. Als der Angriff auf Bagdad stattfindet, zieht Ariel Sharon erneut eine Parallele, diesmal zwischen dem Präsidenten der palästinensischen Autonomiebehörde und Saddam Hussein. Er weist insbesondere auf die Hilfsleistungen des irakischen Regimes für die Familien von »Kamikaze«-Kämpfern hin, die durch die Büros der Baath-Partei[8] geleistet werden und sich völlig der Kontrolle der palästinensischen Regierung entziehen. Die Palästinenser rechnen

---

Hilfstruppen der israelischen Armee sind und ob wir die Rechnung dafür nicht der israelischen Regierung präsentieren sollten. Außerdem ist nicht hinnehmbar, daß Israel uns Schwierigkeiten macht, während wir seine Arbeit tun; Mitarbeiter von Hilfsorganisationen werden auf dem Flughafen länger als nötig festgehalten, Lastwagen mit Hilfsgütern werden aufgehalten.« Le Monde, 11. Dezember 2002.

8 Arabische nationalistische Partei, auf die sich Saddam Hussein stützte und die in den palästinensischen Gebieten praktisch nicht präsent ist.

kaum mit einem Eingreifen der Amerikaner. Die Weigerung der Regierung von George W. Bush, Yassir Arafat weiterhin als Gesprächspartner anzuerkennen, die Hinnahme der israelischen Übergriffe in den palästinensischen Gebieten sowie eine gewisse Gleichgültigkeit gegenüber den Erfordernissen der »road map«[9] verheißen nichts Gutes. Außerdem sind die Palästinenser überzeugt, daß die Vereinigten Staaten den Krieg gegen den Irak geführt haben, um die strategische Überlegenheit des jüdischen Staates in der Region zu verstärken. Sie befürchten auch, daß Israel die Tatsache, daß die Ereignisse im Irak im Mittelpunkt der internationalen Aufmerksamkeit stehen, nutzt, um die Repression zu verschärfen, gegen die Zivilbevölkerung vorzugehen und die Vertreibung vieler Palästinenser aus dem Westjordanland nach Jordanien zu organisieren.

Die Palästinenser haben nicht die Möglichkeit, ein neues Verhältnis zu Israel zu entwickeln. Sie sind geschwächt und können nicht mit Hilfe von außen rechnen. Viele von ihnen zweifeln an der Wirksamkeit des bewaffneten Kampfes, ohne jedoch eine alternative Strategie vorschlagen zu können. Eine andere Sichtweise und Einstellung zu dem Konflikt wäre wohl am ehesten von der israelischen Gesellschaft zu erwarten. Auch wenn die Bewegung der *refuzeniks* keine weiteren Kreise gezogen hat, weiß ein zunehmender Teil der Israelis, daß der Konflikt mit den Palästinensern in einer Sackgasse steckt. Wenn die repressiven Maßnahmen gegenüber den Palästinensern verschärft würden und Bilder von Massakern auf den Fernsehbildschirmen in Tel Aviv zu sehen wären, könnte der dadurch ausgelöste Schock viele Israelis aufrütteln. Doch sicher ist in dieser Situation nichts. Die israelische Gesellschaft ist durch widersprüchliche Tendenzen gekennzeichnet: während ein Teil der Linken die Rolle des Besatzers aufgeben, auf die Siedlungen verzichten und das

---

9 Ein von den Vereinigten Staaten, der Europäischen Union, Rußland und der UNO ausgearbeitetes Programm zur Reaktivierung des Friedensprozesses. Im ersten Abschnitt der »road map« wird gefordert, daß die Palästinenser die radikalen bewaffneten Gruppen zerschlagen, die Gewalttaten verüben; von Israel wird verlangt, daß es die Zerstörung von Häusern und die Angriffe auf Zivilpersonen einstellt und die illegalen Siedlungen auflöst, die seit 2002 in den palästinensischen Gebieten gebaut wurden.

Leben von Soldaten und Zivilisten schützen möchte, sind viele israelische Bürger und ihre politischen Repräsentanten nach wie vor überzeugt, daß Israel zur Zeit um sein Überleben kämpft. Das Kräfteverhältnis zwischen diesen Strömungen wird noch von anderen widerstrebenden Positionen bestimmt, und niemand weiß, welche Seite die Oberhand gewinnen wird. Letztlich geht es um die grundsätzlichere Frage, welchen Charakter der Staat haben soll. Angesichts der Tatsache, daß die Zahl seiner nichtjüdischen Bürger zunimmt, wird Israel sich mittelfristig entscheiden müssen, ob es ein jüdischer oder ein demokratischer Staat sein will. Von dem in dieser Frage eingeschlagenen Weg wird es teilweise abhängen, wie sich Israels Verhältnis zu seinen arabischen Nachbarn gestaltet. Um den Konflikt im Nahen Osten beizulegen und sich in seine arabische Umgebung zu integrieren, muß Israel eine strukturelle Unterlegenheit ausgleichen, nämlich die seiner Demographie. Im Vergleich zu den umliegenden Ländern würden sich die Palästinenser wahrscheinlich als die besseren Partner Israels erweisen. Um seine Existenz dauerhaft zu sichern, muß Israel einen Frieden herstellen, der auf echter Aussöhnung basiert. Jeder weitere Tote entfernt die beiden Parteien von diesem Ziel.

Danksagung

Ich möchte meiner Zuneigung und meiner Dankbarkeit gegenüber Daad, Ghassan, Majed, Um al-Abid und Walid Ausdruck verleihen, die mir freundschaftlich verbunden waren, mich unterstützt und mir ihr Vertrauen geschenkt haben. Ihnen allen wünsche ich ein langes Leben. Dem Kulturzentrum von Jaffa danke ich dafür, daß ich dort arbeiten durfte.

Zu Dank verpflichtet bin ich auch Pierre Aussedat für seine Hinweise zur Syntax (ich heiße Alfred willkommen), Heikel Ben Sedrine für seine unvergängliche Liebe, Laurent Charpentier für seine Geschicklichkeit und seine Tiefkühltruhe, Faraj Ghunaim für ihre Hilfe und Treue, Bibiane de La Roque für ihre Fürsorge und ihr engagiertes Lesen, Philippe Le Roux für sein hartnäckiges Nachfragen, Jean-Claude Lescure für seinen Eifer, Sandrine Rui für ihre Begeisterung und ihren scharfen Blick, Agnès Villechaise-Dupont für ihre klugen Vorschläge und ihre Ermutigung.

Diese Arbeit wurde vom LAPSAC (Laboratoire d'analyse des problèmes sociaux et de l'action collective) der Universität Bordeaux II unterstützt. Seinem Direktor, Professor Georges Felouzis, gilt ebenfalls mein Dank.

Ich danke Marc für sein Lächeln und seine Stimme, Michel für die Zeit und die Wünsche, die er mir gelassen hat.

Glossar

Demokratische Front für die Befreiung Palästinas, DFLP (Democratic Front for the Liberation of Palestine): spaltete sich 1969 von der PFLP unter Leitung von Naif Hawatmeh ab und versteht sich als marxistische Partei.

Fatah: 1959 von Yassir Arafat im Exil gegründet, ist sie die größte und einflußreichste palästinensische Organisation.

Hamas (Harakat al-Muquawama al-Islamiya, islamische Widerstandsbewegung): 1987 zu Beginn der Intifada von den Führern der Muslimbruderschaften, darunter Scheich Ahmend Jassin und Scheich Salah Shehade, gegründet. Die Hamas ist die zweitgrößte Bewegung in den besetzten Gebieten. Sie erkennt den Staat Israel nicht an und lehnt eine politische »Zweistaatenlösung« ab.

Intifada: palästinensischer Aufstand, der am 9. Dezember 1987 im Flüchtlingslager Jabalia im Gazastreifen begann und sich sehr schnell ausbreitete. Die Intifada endete offiziell am 13. September 1993 mit der Unterzeichnung der Osloer Prinzipienerklärung.

Islamischer Jihad (Islamischer heiliger Krieg): militante islamistische Bewegung, die Mitte der achtziger Jahre unter der Führung von Fathi Shikaki aus der Organisation der Muslimbruderschaften entstand.

Kommunistische Partei: gegründet 1919, Mitgliedsorganisation der PLO, nahm 1991 den Namen Palästinensische Volkspartei an.

Osloer Prinzipienerklärung, DOP (Declaration of Principles): Ein Abkommen, das am 13. Dezember 1993 in Washington, D.C., vom israelischen Premierminister Yitzhak Rabin und dem Vorsitzenden der PLO Yassir Arafat unterzeichnet wurde. Es sah die Errichtung palästinensischer Selbstverwaltungsgebiete (zunächst im Gazastreifen und Jericho) vor und legte die Grundlagen für die weiteren Verhandlungen fest.

Osloer Abkommen: Bezeichnung für eine Reihe von Abkommen, die zwischen September 1993 und September 1995 von Israel und der PLO unterzeichnet wurden und deren erste Verhandlungen in Oslo stattfanden. Dazu gehören die Declaration of Principles, das Oslo-I-Abkommen (auch Kairoer Abkommen oder Gaza-Jericho-Abkommen genannt), das Oslo-II-Abkommen (auch Taba-Abkommen genannt) und die Pariser Protokolle.

Oslo-I-Abkommen: Durch das am 4. Mai 1994 in Kairo unterzeichnete Abkommen wird die palästinensische Selbstverwaltung im Gazastreifen und in Jericho formell installiert.

Oslo-II-Abkommen: am 28. September 1995 wird nach Verhandlungen in Taba in Washington, D.C. ein Abkommen unterzeichnet, das die Zuständigkeit der palästinensischen Autonomiebehörde für die besetzten Gebiete für eine Interimsperiode erweitert. Das Westjordanland wird in drei Zonen (Jerusalem und Hebron ausgenommen) unterteilt. Über die schwierigen Fragen, wie den Status von Jerusalem, die israelischen Siedlungen und die palästinensischen Flüchtlinge soll in den Verhandlungen über den endgültigen Status der palästinensischen Gebiete gesprochen werden, die für 1999 vorgesehen sind.

Palästinensische Autonomiebehörde: Palästinensische Regierung, die als Ergebnis der Osloer Abkommen im Mai 1994 in Gaza und Jericho gebildet wurde und deren Wirkungsbereich später auf Teile des Westjordanlandes ausgedehnt wurde. Im Januar 1996 fanden erstmals Wahlen zum palästinensischen Legislativrat in den selbstverwalteten Gebieten statt.

Palästinensische Befreiungsorganisation, PLO: 1964, nach dem Gründungsbeschluß in Kairo, in Ostjerusalem als Zusammenschluß verschiedener palästinensischer politischer Fraktionen gegründet. 1969 übernahm die von Yassir Arafat geleitete Fatah die Führung der Organisation.

Pariser Zusatzprotokoll: am 29. April 1994 unterzeichnen Vertreter Israels und der PLO in Paris im Beisein von Alain Juppe ein Protokoll wirtschaftliche Kooperation zwischen Israel und der Palästinensischen Nationalbehörde für die Dauer der Interimsregelung.

Shabiba: Jugendorganisation der PLO.

Shebab: Arabischer Begriff für »junge Männer«. Im palästinensischen Kontext bezeichnet das Wort *Shebab* die Aktivisten, die an der Intifada teilgenommen haben. Daher tritt der Aspekt des Alters hinter das Kriterium der Beteiligung am Kampf zurück.

United Nations Relief and Works Agency, UNRWA: im Dezember 1949 von der Vollversammlung der Vereinten Nationen zur Unterstützung der palästinensischen Flüchtlinge in Gaza, dem Westjordanland, dem Libanon, Syrien und Jordanien gegründet.

Volksfront für die Befreiung Palästinas, PFLP (Popular Front for the Liberation of Palestine): 1967 von George Habash im Exil gegründete, marxistisch-leninistische Organisation.

Register